BASTEI LÜBBE

Ingrid Benedict

Laßt mir meine bunten Farben

Die Diagnose lautet »Krebs«.

Aber sie verweigert die Operation und stellt sich der Krankheit auf ihre Weise…

BASTEI
LÜBBE

BASTEI-LÜBBE-TASCHENBUCH
Band 61 160

1. Auflage 1989
2. Auflage 1990

Lizenzausgabe: Gustav Lübbe Verlag GmbH, Bergisch Gladbach
Printed in West Germany, August 1990
Einbandgestaltung: Manfred Peters
Satz: Prechtl, Passau
Druck und Bindung: Ebner Ulm
ISBN 3-404-61160-8

Der Preis dieses Bandes versteht sich einschließlich
der gesetzlichen Mehrwertsteuer

Nun aber bleiben Glaube, Hoffnung, Liebe;
aber die Liebe ist die Größte unter ihnen.

I. Korinther 13, Vers 13

Ich habe Brustkrebs!

Die histologische Untersuchung eines Knotens, den man mir am Freitagfrüh aus der linken Brust entfernte, hat das ergeben.

Mein ursprüngliches Einverständnis, die Brust noch im Rahmen der Operation abzunehmen für den Fall, daß sich Hinweise auf Krebs ergeben, hatte ich eine halbe Stunde vor dem Eingriff zurückgezogen.

Heute ist Montag. Eine lange Stunde haben sie auf mich eingeredet, die Herren Ärzte, mein Operateur und ein junger Mann, der mich in der allgemeinen Brustsprechstunde, die das Krankenhaus regelmäßig am Monatagnachmittag abhält, schließlich von der Notwendigkeit eines Eingriffs überzeugte.

Er hatte mich damals zunächst abgetastet, den Knoten geortet, wissen wollen, ob aus der Warze ab und zu Flüssigkeit austritt und mich schließlich zur Mammographie geschickt.

Und dort beginnt ein Verwirrspiel, das ich heute — drei Jahre danach — noch immer nicht begreife.

Die Röntgenärztin begrüßt mich herzlich und will wissen, mit welchem meiner Kinder ich diesmal hier bin. Wir kennen uns von zahlreichen Kontrolluntersuchungen, die ich bei Florian und Linda in regelmäßigen Abständen vornehmen lassen muß.

Meine Schwiegermutter war lungenkrank, meine Kinder hatten lange Zeit schwache Bronchien und müssen beobachtet werden.

»Nein, diesmal«, so nuschle ich, »bin ich dran. Es hat mich — wie mir scheint — erwischt. Ich habe einen Knoten in der Brust.«

Diese Mitteilung trifft sie zu überraschend. Sie hat keine Zeit mehr, sich in Allgemeinfloskeln zu flüchten. Übliches, wie

»Wird schon nicht so schlimm sein, Sie machen gar keinen kranken Eindruck« — ist noch nicht parat.

Ich habe sie überfallen. Sie macht große entsetzte Augen und bringt keinen Ton heraus.

Ich werde geholt und in einen kleinen Raum geführt. Er ist bedrückend eng, wird von dem Röntgenapparat beherrscht. An der Wand hängt ein kleiner Spiegel, davor ein Bord zum Abstellen der Handtasche. Einen Vorhang, hinter dem man sich ausziehen kann, gibt es nicht. Nebenan ist die Herren- und Damentoilette.

Die Prozedur, von der es immer wieder heißt, sie sei absolut schmerz- und beschwerdefrei, beginnt.

Ich habe Schmerzen, sie macht Beschwerden — ich habe Angst!

Der Arzt ist schweigsam, sachlich und reagiert auf meinen beginnenden Widerstand recht unwirsch.

»Wir müssen die Brust einquetschen, je flacher sie liegt, desto besser kann man den Knoten erkennen«, brummt er.

Ich sage ihm, daß mir die Brust weh tut, daß ich jetzt genug habe, daß mich seine Routine kränkt und daß ich gehen will. Er macht ungerührt weiter, versucht mich bei der Ehre zu packen, indem er betont, Millionen Frauen vor mir hätten so eine Mammographie überstanden, ohne Schaden daran zu nehmen. Das weiß ich selbst. Ich sage kein Wort mehr und nehme mir vor, alle meine Freundinnen vor diesen Untersuchungsmethoden zu warnen.

Endlich ist er fertig, sind alle Aufnahmen gemacht. Ich darf mich anziehen und werde darüber informiert, daß ich mich auf eine gute halbe Stunde Wartezeit gefaßt machen muß. Normale Röntgenaufnahmen sind schneller entwickelt, das hier dauert länger.

»Sie können sich draußen hinsetzen, oder einen kleinen Spaziergang im Park machen. Wir rufen Sie schon.«

Plötzlich ist er ganz freundlich zu mir. Mein Entsetzen und meine Angst haben ihn offensichtlich doch nicht ganz so ungerührt gelassen.

Vielleicht rettet er sich mit seiner Sachlichkeit und seinen gefühllosen Bemerkungen vor zuviel Mitleid. Wer weiß?

Ich gehe nicht in den Park, sondern lasse mich genau gegenüber der Tür nieder, durch die er mit den Aufnahmen verschwunden ist und warte.

Ich versuche in einer Zeitschrift zu lesen und lege sie sofort wieder weg.

Ich gehe auf und ab und höre einer Frau zu, die mit ihrem kleinen Buben redet. Er liegt auf einer Trage und wartet offenbar darauf, in einen der Röntgenräume geschoben zu werden. Er hebt seine kleinen Hände in die Höhe und die Mutter muß seine Finger zählen. Immer wieder. »Eins, zwei, drei . . . acht, neun, zehn.«

Plötzlich steckt er eine Hand unter die Wolldecke, die andere gibt er der Mutter: »Mami, wieviel Finger hab ich jetzt?« Du hast immer noch zehn. Ich kann aber nur fünf davon sehen.« »Wenn mir der Doktor drei davon abschneidet, wieviel Finger hab ich dann?«

Ich will die Antwort erst gar nicht hören und wende mich ab. Mein Gott, wie viele Brüste habe ich jetzt? Zwei! Wie viele habe ich, wenn mir der Doktor eine abschneidet? . . .

Endlich kommt die Radiologin auf mich zu. Sie hat das Kuvert mit meinen Aufnahmen in der Hand, strahlt mir entgegen.

»Na, sehen Sie, alles in Ordnung. Sie haben sich ganz umsonst aufgeregt.«

Ich verstehe überhaupt gar nichts mehr, bin einfach sprachlos. Sie führt mich zu einem Bildschirm, hängt eine Aufnahme davor, knipst das Licht an. Ich kann die Konturen meiner Brust erkennen und einen kleinen, kirschkerngroßen Punkt — offensichtlich den Knoten.

»Aber da ist er! Ich habe einen Knoten. Man sieht ihn doch!«

Meine Stimme ist belegt. Mein Herz klopft wie toll.

»Natürlich ist das ein Knoten, aber der schaut ganz und gar harmlos aus. Nichts geht von ihm ab. Der ist dort fixiert. Der macht Ihnen nicht zu schaffen. Sie können ganz beruhigt sein. Krebs sieht anders aus.«

Jetzt endlich begreife ich. Ich kann ganz beruhigt sein, ich habe keinen Krebs. Ich muß nicht operiert werden. Alles, alles war nur ein einziger Alptraum! Mir laufen die Tränen über die Backen, ich falle ihr um den Hals. »Danke, danke, danke!« Sie lacht.

»Bei mir brauchen Sie sich nicht zu bedanken. Glück hatten Sie ganz einfach, ein Riesenglück!«

Sie scheint fast so froh zu sein wie ich. Wir beide verstehen uns.

Ich will von ihr wissen, ob ich gehen kann oder ob ich noch einmal zu dem Arzt in der Brustsprechstunde zurück muß. Sie entläßt mich, meint, ich könne jetzt nach Hause. »Ihr Mann wird sich freuen«, vermutet sie. »Ich bin geschieden«, informiere ich sie kühl. »Na ja.« Die Bilder schicke sie dem Kollegen per Hauspost. Mich werde er wohl nicht mehr brauchen.

Und da habe ich eine Idee.

»Oh nein, ich bringe ihm die Bilder selber. Er schien so aufgeregt und so sorgenvoll, daß er sich vielleicht freut, wenn ich ihm sage, daß alles nur falscher Alarm war.«

Ich nehme den hellbraunen Umschlag, dessen Inhalt plötzlich jeden Schrecken für mich verloren hat und mache mich durch einen langen Gang auf den Weg zu der Brustsprechstunde.

Als er mich wegschickte, hatte er gemeint, ich bräuchte nach der Mammographie nicht mehr zu warten, bis ich an der Reihe sei, sondern sollte mich gleich bei ihm melden. Er komme dann so schnell wie möglich zu mir in den Nebenraum. Dort stehe ich nun und warte auf ihn.

Er stürmt förmlich herein und sieht immer noch so bekümmert aus wie vorher, als ich ihn verließ.

Er muß noch sehr jung sein, er ist mit Leib und Seele dabei — das merkt man ihm an.

»Die Aufregung war umsonst, es ist alles in Butter.« Ich attackiere ihn förmlich mit diesem Ergebnis. Er sagt kein Wort, nimmt mir den Umschlag aus der Hand, hängt eine Aufnahme vor den erleuchteten Bildschirm und betrachtet sie lange. »Wer sagt Ihnen eigentlich, daß alles in Ordnung ist?« Es dauert etwas, bis ich die Frage verstanden habe. Dann sprudelt es aus mir heraus. Ich erzähle ihm, daß die Röntgenärztin meinte, ich könne alle meine Sorgen vergessen. Ich mache keine Pause, lasse ihm keine Chance, mich zu unterbrechen. Er unternimmt zwar ein paarmal einen schwachen Versuch, läßt es aber schließlich bleiben. Ich rede und rede, ich lache, freue mich und bin schließlich endlich ruhig.

»Sie müssen sich operieren lassen!« höre ich ihn sagen. »Diese Aufnahmen sagen gar nichts über die Beschaffenheit des Knotens aus. Wir wissen nicht, ob er gut- oder bösartig ist. Wir wissen lediglich, wo er sich befindet, aber das war vor der Mammographie auch bekannt. Nur halt nicht so genau.«

»Aber Ihre Kollegin meinte doch . . .« Mitten im Satz höre ich ganz einfach auf. In meinem Kopf dreht sich alles. Mir wird schlecht, und endlich höre ich ihm zu. In zehn Minuten sind wir fertig miteinander. Er hat mich davon überzeugt, daß ich mich trotzdem operieren lassen muß, auch seine Mutter, seine Schwester, seine Freundin würde er zu diesem Eingriff überreden. Er würde sie nicht in Ruhe lassen, bis sie sich beugten, die Gefahr sei zu groß.

Er telefoniert mit der Station. Am Donnerstag soll ich anrücken. Am Freitagfrüh werde ich operiert. Er verspricht mir, sich noch am Donnerstag bei mir zu melden, um mich zu trösten.

Ich will von ihm wissen, ob es nicht besser sei, beide Brüste zu amputieren. Dann sei ich wenigstens wieder gleich, bräuchte keinen Spezialbüstenhalter zu tragen. Er schüttelt den Kopf, hält mich wohl für verrückt und ist in Gedanken schon bei der nächsten Patientin, die in seinem Sprechzimmer auf ihn wartet.

Am Ausgang läuft mir die Röntgenologin über den Weg. »Na, hat er sich auch gefreut?« erkundigt sie sich. »Am Freitag werde ich operiert. Er will es ganz genau wissen«, informiere ich sie. Sie schaut etwas verdutzt und verschwindet wortlos in einem Röntgenraum.

Jetzt also steht der junge Arzt an meinem Bett und hämmert mit Sätzen förmlich auf mich ein. Er will mich davon überzeugen, daß dieser histologische Befund eine Amputation unumgänglich macht. Er preist meine Vernunft, daß ich folgsam war und zumindest eine Probe entnehmen ließ. Jetzt erst wisse man genau, in welcher Gefahr ich mich befinde.

Der Chirurg schaut zum Fenster hinaus. Er hat längst aufgegeben zu argumentieren, der Junge macht seine Sache ohnedies viel besser.

»So eine Amputation ist nichts gegen das, was Sie dadurch gewinnen«, höre ich diesen sagen. »Brustkrebs, wenn man ihn rechtzeitig erwischt, ist heute heilbar. Sie haben beste Chancen, bleiben Sie hier und lassen Sie uns morgen weitermachen.«

Er lehnt nun am Türrahmen, man hatte ihn eilig gerufen, um mir beizustehen. Er hätte es auf einem Stuhl vermutlich gar nicht ausgehalten. Seine Augen sind dunkel und beschwörend, traurig, wie mir scheint. Ich vertraue diesen Augen, sie lassen mich keinen Moment los. Ohne daß ich es zunächst bemerke, drängt er *mich* in die Rolle der Trösterin. »Sie brauchen keine Angst zu haben, ich lasse mich ja operieren. Ich sehe ja ein, daß die Brust weg muß, nur jetzt nicht, nicht schon morgen.«

Da schaltet sich der Chirurg wieder ein. »Frau Benedict, die

Sache eilt. Sie riskieren zuviel, wenn wir nicht gleich operieren.«

Jetzt endlich kommen die Tränen, das erste Mal, seit die beiden in meinem Zimmer sind und mich zur Krebserkrankung gemacht haben. Ich würge an den Sätzen, habe fast keine Stimme für sie, drücke sie schließlich doch heraus.

»Nein, Herr Doktor, ich werde morgen dieses Krankenhaus verlassen. Ich werde mit meiner Tochter telefonieren und sie einladen, mit mir in den Süden zu fahren. Ich werde das bißchen, was ich an Papieren habe, verkaufen, um mir diese eine Woche Sonne und Meer leisten zu können.« Er will mich unterbrechen, aber ich lasse ihm keine Gelegenheit dazu. Jetzt bin ich dran!

»Seitdem ich geschieden bin, war ich nicht mehr im Urlaub. Das sind immerhin acht lange Jahre. Ich will, daß meine Tochter das Meer mit meinen Augen kennenlernt. Ich will mit ihr rumtoben, lachen und in der Sonne braten.« Die Vorstellung, nach Italien zu fahren, hat mich derart begeistert, daß ich vorübergehend vergesse, wem und warum ich das hier alles erzähle.

Beide Herren bleiben sachlich und wirken verständnislos, sind gegen diesen Ausflug in die Ferien, argumentieren schwach und können sehr schwer verbergen, daß sie eigentlich nur Angst haben, ich würde nie mehr wieder in dieses Krankenhaus zurückkehren, wenn ich erst wieder einmal draußen gewesen bin.

Ich bleibe ruhig und stur. Langsam habe ich wieder Oberwasser. Vorher, als die beiden in mein Zimmer kamen, fühlte ich mich in meinem Bett seltsam ausgeliefert. Dasselbe Gefühl befällt mich übrigens immer, wenn ich im Krankenhaus Besuch bekomme. Man kann als Bettlägeriger dem Besucher nicht entgehen. Er sitzt da, nachdem er endlich seinen Blumenstrauß losgeworden ist, will allein durch Anwesenheit Freude bereiten, will Heiterkeit, Mut, Anteilnahme verströmen und treibt mich automatisch in die Defensive. »Sag mir bitte, wenn ich dich anstrenge, dann gehe ich wieder« oder »Du brauchst gar nichts zu sagen, ich erzähl dir einfach ein bißchen was von draußen« — das alles sind leere Versprechungen und rein rhetorische Angebote. Ich fühle mich von Besuchern fast immer bedrängt — sofern ich als Patientin im Krankenbett liege, mitten im Raum, ohne schützende Wand, der ich mich gähnend zuwenden kann.

Schließlich einigen wir uns auf einen Kompromiß. Ich werde mich morgen einer gründlichen Untersuchung unterziehen, Computer-Tomogramm, Knochenszintigraphie, Ultraschall und Röntgen. Man sagt mir eine Beruhigungsspritze zu, damit ich meine Platzangst überwinde und mich in die enge Röhre des Computers einpassen lasse. Was ein Knochenszintigramm eigentlich wirklich ist, daß man dabei radioaktiv gespritzt wird, hält man hingegen nicht für mitteilenswert. Im Rahmen der allgemeinen Annäherung verspreche ich dann auch, mich gleich nach meinem Italienurlaub zur Amputation einzufinden. Man reicht sich die Hände, lächelt einander zu, froh, daß das Gefecht beendet ist, und wünscht sich »Eine gute Nacht«.

Jetzt liege ich in meinem Bett und lasse den Satz langsam auf der Zunge zergehen: »Ich habe Brustkrebs«. Mir wird es gehen wie unzähligen Frauen in der ganzen Welt, wie zwei, drei Freundinnen, die ich im Laufe der letzten Jahre habe leiden und schließlich sterben sehen.

Ich werde einen ausgestopften Büstenhalter tragen, meine Bikinis wegwerfen müssen. Ich werde einen dicken Arm bekommen und Schmerzen haben, wenn ich meine Arme um einen Hals legen will. Ich werde mich nie mehr unbefangen ausziehen können, wenn meine Kinder in der Nähe sind, ich werde darauf achten müssen, daß ich die Badetür immer fest verschließe, wenn ich dusche. Ich werde nie mehr flirten, nie mehr lieben können, denn die Versprechungen, die meine Augen, meine Lippen, meine Hände geben, wird mein Körper nicht mehr einhalten können, nicht mehr einhalten wollen. Ich habe Brustkrebs!

Zwei Wochen und drei Tage sind erst vergangen, seit ich den Knoten entdeckt habe.

Die Kinder machen Sommerferien. Tochter Linda, sie wird Ende August 12 Jahre, ist mit dem Vater für zwei Wochen in Kitzbühel, Sohn Florian — er kommt im nächsten Schuljahr in die Kollegstufe, nachdem er sich nun doch dazu durchgerungen hat, Abitur zu machen — verbringt mit Freundin Susanne und zwei Freunden einige Wochen in einem Ferienhaus auf Teneriffa. Seit gestern sind sie weg.

Heute ist also mein erster kinderfreier Tag. Es ist heiß draußen, ich habe beschlossen, nur Obst zu essen und ansonsten den Tag im Garten zu verbringen, am besten in der Nähe unseres kleinen Swimmingpools. Ich liege im Gras, über mir blauer Himmel, Sonne. Sie brennt auf die Haut. Das Oberteil meines Bikinis habe ich ausgezogen. Eine kleine Ameise krabbelt auf meinem Bauch und verursacht Pein. Zunächst versuche ich mich zusammenzunehmen und das penetrante Gekitzel einfach zu ignorieren. Das mißlingt. Trotzdem will ich sie nicht verscheuchen. Ich beschließe, sie auf ihrem Weg über meinen Körper zu beobachten. Das lenkt ab. Ich habe Zeit und ich bin glücklich. Da komme ich manchmal auf die unsinnigsten Ideen. Meine Freunde belächeln diese Fähigkeit. Ich genieße bei ihnen den Ruf, mit einem dicken Blumenstrauß voller Erlebnisse nach Hause zu kommen, auch wenn ich nur mal schnell zum Bäcker um die Ecke gehe.

Die Ameise, inzwischen habe ich ihr längst den Namen Roswitha gegeben, nimmt Kurs auf meinen Nabel. Er scheint ihr zu mißfallen, sie macht einen großen Bogen um den Krater, verweilt ein wenig, überlegt sich eine neue Route und steuert meine linke Brust an.

Vielleicht heißt sie gar nicht Roswitha, vielleicht ist sie ein strammer Ameisenmann mit Namen Jonathan, der es liebt, auf sonnenwarmen Brüsten herumzukrabbeln.

Er begibt sich auf den weich geschwungenen Hügel, erklimmt den Aussichtsturm, will sich auf meiner Brustwarze einen Überblick über das übrige Gelände verschaffen. Ich begleite ihn mit meinen Augen. Mein Blick saugt sich auf dem Vorhof fest. Ich sehe keine Brustwarze, sondern eine Schwellung, so, als sei ich von einer Wespe gestochen worden.

Ich setze mich auf. Die Ameise tritt ihren Rückzug an. Ich weiß nicht, ob sie ins Gras gefallen ist oder noch irgendwo auf mir herumturnt. Mit dem Zeigefinger der rechten Hand betaste ich ganz vorsichtig dieses fremdartige Gebilde, kreise es ein, hebe mit der anderen Hand die Brust etwas an, um sie besser betrachten zu können.

Ich habe mich nicht geirrt, mit meiner linken Brustwarze ist etwas nicht in Ordnung. Ich drücke fest dagegen, presse die Brust zusammen. Nichts. Ich habe keine Schmerzen, ich spüre nichts.

Ich lege mich zurück ins Gras und hoffe insgeheim, daß ich mich ganz einfach getäuscht habe. Die Sonne ist plötzlich zu heiß, das Gras kratzt unangenehm auf der Haut, ich springe ins Wasser und schwimme wie eine Verrückte. Beim Auftauchen beobachte ich meine nackten Brüste. Rechts ragt die Warze in die Höhe, wie immer, wenn es mir kalt ist, links hat sich nichts verändert.

Ich nehme mein Handtuch, wickle es um den Oberkörper, schleiche mich wortlos an meiner Mutter vorbei, die im Liegestuhl liegt und vor sich hindöst. Haustüre zu! Ich will jetzt allein sein!

Im Bad stelle ich mich vor den Spiegel, immer noch in der Hoffnung, ich hätte mich getäuscht. Ganz langsam lockere ich das Handtuch und betrachte mich. Fast wundere ich mich ein wenig, daß mir die Veränderung an meiner Brust nicht schon längst aufgefallen ist. Sie sticht ins Auge, läßt sich nicht wegwischen.

Freilich, beim morgendlichen Duschen pressiert es in der Regel immer. Da bleibt keine Zeit für genußreiches Abtrocknen, für Einölen. Da muß es schnell gehen. Der Blick in den Spiegel informiert lediglich darüber, ob die Frisur sitzt oder ob die Nase glänzt, nichts weiter.

Warum habe ich mich nie abgetastet, so wie es immer empfohlen wird! Beim Frauenarzt war ich auch schon ewig nicht mehr. Ich habe gar keinen. Der Gynäkologe, der meine Kinder auf die Welt gebracht hat, ist vor Jahren nach Celle gezogen und dort gestorben. Einmal war ich noch bei einem Kollegen von ihm. Der verordnete mir einen kleinen Eingriff, entfernte Verwachsungen an der Gebärmutter und entließ mich nach vier Tagen Krankenhausaufenthaltes mit der Ermahung, mich regelmäßig bei ihm zu melden.

Das habe ich tunlichst unterlassen. Schließlich fehlte mir nichts. Die Pille nahm ich ohne Unterbrechung in der Annahme, sie werde mir schon nicht schaden. Und überhaupt habe ich die Gesundheit und Stabilität einer russischen Kolchosenbäuerin! Meinte ich.

Jetzt stehe ich im Bad und inspiziere meine linke Brust so, als ob sie gar nicht mehr zu mir gehört. Nackt gehe ich ins Wohnzimmer und setze mich auf die schwarze Ledercouch. Sie ist eiskalt. Mir ist eiskalt. Immer wieder schaue ich auf meine linke Brust. Sie ist mir fremd, hat ein Eigenleben, von dem ich nichts weiß. Die rechte Brust und ich — wir gehören zusammen, mit meiner linken Brust habe ich nichts zu tun. Ich weiß, daß ich diese Gedanken wegschieben, daß ich aufwachen und den Tatsachen ins Auge sehen muß, aber ich fühle mich gelähmt. Ich bin so grenzenlos erschrocken, fassungslos — so schrecklich allein und ausgeliefert, einem Unheil, das ich auf mich zukommen sehe, ohne es abwenden zu können. Noch habe ich keine Kraft, mich zu wehren!

Ich muß jemanden fragen, mit jemandem sprechen, sonst schnappe ich über. Im Garten liegt meine Mutter immer noch in der Sonne. Wir beide hatten es nie leicht miteinander, wir sind einfach zu verschieden. Vertraute waren wir nie. Schon rein äußerlich unterscheiden wir uns. Meine Mutter ist klein, blond, sie macht irgendwie einen rundlichen Eindruck, obwohl sie es nicht wirklich ist. Vielleicht liegt es daran, daß sie dereinst, vor vielen Jahren, beschlossen hat, den Typ der Wienerin darzustellen. Und das bedeutete für sie taillierte Kostümchen, schmale Kleider, die in der Taille von einem breiten Gürtel zusammengehalten werden, knapp Sitzendes, Enges, Korrektes. Dazu viel, viel Schmuck, hohe Pumps und dauergewelltes, silberglänzendes Blondhaar, sorgfältig frisiert, durch Haarspray zur Bewegungslosigkeit verdammt.

Ich hingegen wirke immer nur sportlich, auch wenn mein geschiedener Mann sich in den 15 Jahren Ehe unverdrossen darum bemüht hat, mich auf »damenhaft« umzudisponieren. Ich fühle mich halt nur in Jeans und T-Shirts wohl, in flachen Collegeschuhen und weichen Espadrilles. Sicher hatte die Dauerwelle auch meine braunen Haare dereinst fest im Griff, aber schließlich ließ ich mir einen Bubikopf schneiden und der ist mir — mit geringen Abweichungen — bis heute geblieben. Ich plaziere mich also vor den Liegestuhl meiner Mutter, so, daß ich Schatten auf sie werfe und sie damit sanft in die Wirklichkeit zurückhole. Sie scheint tatsächlich geschlafen zu haben, während für mich mit einem Schlag meine ganze Welt aus den Fugen geraten ist.

»Da schau mal her, Mutti, ich glaube, ich habe da einen Knoten in der linken Brust.« Ich sage das ganz leichthin, ohne Emotion, so nebenher, als ob ich nichts weiter Wichtiges mitzuteilen hätte.

Sie reißt die Augen auf und setzt sich kerzengerade hin. Meine Mutter weiß alles über Krebs, zumindest alles, was die Illustrierten darüber zu berichten haben.

Sachkundig greift sie nach meiner linken Brust, findet die Warze nicht mehr und diagnostiziert kühl: »Du hast recht. Da ist ein Knoten. Die Warze ist eingezogen. Das ist immer so bei Krebs. Du mußt zum Arzt.«

Eigentlich bin ich ganz froh über diese sachliche Reaktion, sie holt mich irgendwie zurück auf den Boden der Tatsachen. Außerdem regt sich in mir — wie oft, wenn meine Mutter etwas kategorisch erklärt — sofort ein gewisser Widerstand. Was heißt, das ist immer so bei Krebs? Ist doch noch gar nicht klar, ob das wirklich ein Krebsknoten ist. Schließlich gibt es auch gutartige Tumore. Zum Arzt gehe ich sowieso nicht. Zumindest überlege ich mir das erst einmal gründlich.

Oben in der Wohnung ziehe ich mir eine Leinenhose und ein weißes T-Shirt an. Dann gehe ich zu meinen Freunden zwei Häuser weiter. Der Büstenhalter drückt mich plötzlich, und ich lasse ihn weg. Das Thema Krebs ist zunächst einmal beendet. Ich will einfach nicht mehr daran denken, wenigstens heute nicht.

Meine Freunde — das ist eine neunköpfige Familie, bestehend aus der liebevollen Oma, aus deren Küche Tag für Tag duftende Köstlichkeiten auf den riesigen Eßtisch gelangen, das sind ihre beiden Töchter Helga und Gisi, das sind die Kinder Robbi, Frank, Mark, Holger und Trixi, das ist Helgas geplagter Ehemann Uli, das einzig männliche Familienmitglied, und ein leicht neurotischer, bildschöner Setter namens Hai.

»Meine Familie!« Elf Jahre ist es nun her, daß ich mit der Oma ins Gespräch kam. Stolz schob sie damals einen monströsen Kinderwagen vor sich her, in dem die putzigsten Zwillinge lagen, die ich jemals gesehen hatte. Trixi, mit verstrubbelten blonden Haaren und blauen Augen, schaute mich vergnügt an. Ihr Zwillingsbruder Holger, schwarzer Schopf und dunkle Kugelaugen, schrie wie am Spieß. Die Mutter Helga hat noch einen größeren Buben, der in strengen Momenten Robert und in zärtlichen Minuten Robbi genannt wurde. Dieser feine Unterschied besteht noch heute. Der leidenschaftliche Fußballer Robbi weiß genau, was es geschlagen hat, wenn die Mutter »Robert« zur Ordnung ruft. Mark und Frank sind die Buben von Gisi, einer ehemals erfolgreichen Geographin, die nach gescheiterter Ehe mit ihren Buben nach München zog und bei der »Familie« Unterschlupf gefunden hat.

Die Kinder, mit Ausnahme von Mark, der beleidigt ist und sich vor den Fernsehapparat zurückgezogen hat, toben im Wasser, die Erwachsenen sitzen auf der Terrasse und unterhalten sich. Sie haben noch gar nicht gemerkt, daß ich zu ihnen gekommen bin. Der Wachhund Hai weiß längst, daß ich zur Familie gehöre und wedelt wegen der großen Hitze, die auch jetzt am Abend noch spürbar ist, nur pflichtbewußt dreimal mit dem Schwanz. Mehr will er von mir nicht wissen. Ich bleibe so stehen, daß sie mich nicht sehen können und betrachte sie der Reihe nach.

Die Oma hat die Hände über dem Bauch gefaltet, ein Zeichen äußerster Entspannung. Helga strickt den wievielten Pullover auch immer in diesem Sommer, ihre Schwester Gisi liest Spannendes aus der Zeitung vor und Uli kämpft ganz offensichtlich mit sich, ob er den Kindern ins Wasser folgen oder mit seinem Hund einen Spaziergang machen soll.

Ich mag diese Menschen, ich mag das Geschrei, das die Kinder machen, meine Freundin Helga, die meist vernünftiger ist als ich, obwohl ich eigentlich die ältere bin. Ich mag ihre Schwester Gisi, der keine Verspannung entgeht und die mit erbarmungslosen Händen verkrampfte Muskelpartien lockert. Ich weiß, daß Uli auch mich und meine Kinder längst unter seine Fittiche genommen hat, bereit ist, auch noch auf uns aufzupassen. Sie alle sind »meine Familie«, die ich jetzt mehr brauchen werde denn je. Ich gehe auf sie zu und nehme mir vor, ihnen heute Abend kein Wort über den Knoten in meiner Brust zu sagen. Das hat

Zeit. Heute will ich bei ihnen unterschlupfen, will sie unbefangen lachen hören, ein Glas Wein mit ihnen trinken, Skatspielen und alle Rämsche verlieren. Wie so oft!

Die Wirklichkeit holt mich erst am nächsten Morgen, einem Sonntag, wieder ein. Ich habe gut geschlafen, aber um 6 Uhr früh bin ich hellwach. Draußen gießt es, der Sommer ist ganz offensichtlich mal wieder für eine Weile vorüber.

Ich spiele mit meiner Katze, erzähle ihr lange und ausführlich, daß das Frauchen vermutlich Krebs hat, ins Krankenhaus und vielleicht auch bald sterben muß. Mein Ton ist sanft und liebevoll. Mein ahnungsloser Gipsy fühlt sich wohl und beginnt zu schnurren. Wenn ich aufhöre, ihn zu streicheln, stupst er mich mit der Nase. Schließlich stehe ich auf, nachdem einige Versuche, wieder einzuschlafen, fehlgeschlagen sind.

Die Gedanken brausen durch den Kopf, machen Angst, bereiten Herzklopfen. An der Kellertüre begegne ich meiner Mutter. Sie will wissen, wie es mir geht, ob es bei unserer Verabredung zum Mittagessen bleibt, und dann kommt eine Frage, die wenig später wahre Tränenfluten bei mir auslöst.

»Ist der Knoten schon kleiner geworden?« Zunächst weiß ich gar keine Antwort darauf. Irgendwie rührt mich diese Formulierung. Meine Mutter scheint plötzlich zu glauben, ein Krebsknoten reagiert ähnlich wie eine Beule. Zunächst ist er groß, mit der Zeit geht er wieder zurück, um endlich ganz zu verschwinden. Das muß sie sich über Nacht selber zusammengereimt haben, denn zu lesen ist so etwas nicht, nicht einmal in den uninformiertesten Blättern. Ich murmle, daß wir natürlich zum Essen gehen, wenn ich aus der Kirche zurück bin, und dann heule ich eine Stunde in mein Kopfkissen, hemmungslos, mit immer neuen Tränen.

Am Montag meldet sich mein praktischer Arzt bei mir, von meiner Mutter aufgescheucht. Sein Ton ist wie immer leicht ironisch, er haßt große Gefühlsausbrüche, Sentimentalitäten aller Art.

»In diesem Jahr scheinst du den Kanal ja nicht voll zu kriegen«, grantelt er.

Stimmt, seit Anfang Januar hatte ich mich immer wieder elend gefühlt. Einmal streikte die Galle. Nach einer Kolik rief ich ihn um Hilfe. Er unterbrach die nachweihnachtlichen Feiertage, um mich daheim zu untersuchen. Ich versprach ihm, sobald wie möglich in seinem Labor zu erscheinen. Ergebnis: erhöhte Leberwerte. Therapie: Diät und keinen Alkohol. Darauf steigere ich, ohne es zunächst zu bemerken, meinen Zigarettenkonsum auf täglich 60 Zigaretten. Ich sitze mit dem Heizkissen auf dem Bauch vor einer Kanne Kamillentee, um Leber und Galle zu erfreuen und huste mir die Seele aus dem Leib. Am 28. Februar, einem Sonntag, beschließe ich, am nächsten Tag mit dem Rauchen aufzuhören. Am Nachmittag teile ich diesen Vorsatz allen mit, die mir über den Weg laufen und stoße auf äußerste Skepsis. »Schön wär's ja«, bekomme ich zu hören. »Aber von 60 auf Null, das glaubst du wohl selber nicht.«

Am Montag, dem 29. Februar, beginne ich meinen Kampf gegen das Nikotin. Meine Kinder sind vorgewarnt. Ich kündige Nervosität, Hysterie, schlechte Laune und dergleichen schlimme Folgen mehr an und überstehe diese Zeit überraschend gut. Der Hausarzt, selbst ein starker Raucher, hält eine dauerhafte Abstinenz für unwahrscheinlich. »Außerdem brauchst du Kreislaufmittel, du wirst ganz schöne Beschwerden bekommen. Schließlich ist dein Körper seit vielen Jahren an das Gift gewöhnt.« Ich lehne sämtliche medizinischen Hilfsmittel trotzig ab. Dieses Mal ist es mir wirklich ernst. Ich will es schaffen, ganz ohne »Mätzchen«. Es geht mir überraschend gut. Die Zigarette, die mein Sohn beim Frühstück raucht, und die ich ihm ausdrücklich erlaubt habe, stört mich nicht sonderlich. Mein Vater räuchert mich ein, als er mich tags darauf in seinem Auto mit in die Stadt nimmt. Helga verläßt das Wohnzimmer, um in der Küche eine Zigarette zu rauchen. Ich hole sie zurück. Ich kann ohne weiteres zuschauen, ohne selbst nach einer Zigarette zu verlangen.

Anfang März wache ich eines Nachts mit einem äußerst lästigen Reizhusten auf. Er will nicht vergehen. Tagsüber wird er zwar leichter, aber nachts kann ich fast nicht mehr durchatmen. In der Apotheke werden mir verschiedene Mittel und Mittelchen empfohlen. Ich inhaliere, lutsche Bonbons, mache Brustwickel. Trotzdem bekomme ich keine Luft. Nachts sitze ich am geöffneten Fenster, weil ich Angst habe zu ersticken.

Nachdem ich auch untertags vor lauter Atemnot nicht mehr reden und mich kaum noch bewegen kann, ohne nicht sofort blau anzulaufen, rufe ich meinen Arzt schließlich doch an. Er ist im Skiurlaub.

Von seiner Frau, ebenfalls einer Ärztin, wird mir empfohlen, mich an den Notarzt zu wenden. Ferndiagnosen lägen ihr nicht, kommen könne sie nicht. Nach drei Stunden Wartezeit, die ich röchelnd auf meinem Bett verbringe, erscheint ein massiger Mann in meinem Zimmer. »Heute ist viel los«, erzählt er. »Vielleicht schlägt das Wetter um. Was haben Sie? Wo fehlt's denn?«

Nachdem er von mir nur ein unverständliches Gestammel hört, knipst er die Deckenbeleuchtung an und erschrickt. »Herrje, Sie sind ja ganz blau. Sind Sie am Ende herzkrank?« Er horcht mich ab und versichert mir nach einer langen Untersuchung, daß er noch nie so rasselnde Bronchien gehört habe wie bei mir.

Er gibt mir sofort eine Spritze, und nachdem keine Besserung eintritt, noch eine zweite. »Rauchen Sie?« fragt er mich, nachdem er sich neben mein Bett gesetzt hat, um auf die Wirkung des Medikaments zu warten. »Nein«, schüttle ich den Kopf. »Dann versteh' ich überhaupt nicht, was Ihnen fehlt. Sie müssen Asthma haben«, beschließt er. Langsam werde ich müde. Er verspricht mir, am nächsten Tag noch einmal vorbeizuschauen, auch wenn dann ein anderer Kollege als Notarzt unterwegs ist. Außerdem könne ich ihn jederzeit nachts anrufen, wenn sich der Zustand verschlimmere. Er muß viermal zu mir kommen, dann bin ich über den Berg.

Als mein Arzt aus den Skiferien zurückkommt, erhält er meine Nachricht. Sofort ruft er mich an, läßt sich alles erzählen und befindet dann, daß ich »wohl ein bissel arg dumm« sei. »Hast du denn dem Kollegen nicht gesagt, daß du kein Asthma, sondern vor vier Wochen das Rauchen aufgehört hast? Das waren ganz einfach schwere Entzugserscheinungen und nichts weiter. Mein liebes Kind, jetzt darfst aber mal aufhören. So oft wie heuer hast du mich noch nie gebraucht«, tadelt er mich. Ich verspreche ihm Besserung und verkneife es mir, ihn daran zu erinnern, daß ich jahrelang wirklich eine brave, also eine gesunde Patientin war und mir das Kranksein generell überhaupt nicht liegt. Eigentlich müßte er das selber wissen.

Jetzt also ist er am Apparat und will wissen, ob er sich bei meiner Mutter vielleicht verhört habe. »Wenn du einen Knoten fühlst, mußt du sofort zum Frauenarzt. Am besten, du gehst gleich zum Chef der Gynäkologischen in dem Krankenhaus, in dem du dann auch weiterbehandelt wirst. Ich rufe dort an, damit du schnell einen Termin bekommst.«

Er ist besorgt, das höre ich. Er ist geschäftig, sachlich und ohne wirkliche Anteilnahme. Es geht ihm jetzt um eine mögliche Brustkrebs-Patientin, nicht um mich. Wir sind seit vielen Jahren befreundet, er kennt viele meiner privaten Kümmernisse, er hat das Scheitern meiner Ehe miterlebt, er behandelte den Mann, mit dem ich anschließend zusammenlebte, er hat mich immer als einer der Ersten besucht, als ich meine Kinder zur Welt brachte, aber heute findet er kein tröstendes Wort. Was die gynäkologische Untersuchung und die Brustsprechstunde ergeben haben, scheint ihn dann nicht mehr zu interessieren. Daß ich operiert werden muß, erfährt er von meiner Mutter. Ich höre nichts mehr von ihm.

Doch am Abend, bevor ich zur Operation ins Krankenhaus gehe, unternehme ich noch einmal einen schwachen Versuch, mir Trost bei ihm zu holen. Gegen zehn rufe ich ihn an. Er wird von seiner Frau ans Telefon geholt.

»Werner, Werner, ich habe so fürchterliche Angst, die schneiden mir bestimmt die Brust ab, was mach ich nur?« Ich schluchze in den Apparat.

»Was willst denn«, höre ich ihn in weiter Ferne sagen. »Die Jüngste bist du doch auch nicht mit deinen 45 Jahren. So notwendig brauchst du doch deine Brust nimmer. Sei froh, wenn der Dreck draußen ist. Deine Eierstöcke und das ganze Zeug gehörten auch schon lange raus. Und sei ja nicht so verrückt und mach einen Rückzieher. Wenn erst mal Sauerstoff an die Krebszellen kommt, verbreiten die sich wie der Teufel.« Gute Nacht, Werner, scher du dich zum Teufel!

Heute ist Donnerstag. Um 8 Uhr früh bin ich in der Klinik. Ich gehe allein hin. Die Tochter ist halbwegs informiert und bleibt beim Vater. Der Sohn sonnt sich noch immer ahnungslos auf Teneriffa, mein Vater kurt zur Zeit in einem Sanatorium, meine Mutter fühlt sich von all dem total überfordert, Freunde und Bekannte sind im Urlaub. Schließlich ist August, Ferienmonat, Sommer.

Einen Koffer mit Wäsche habe ich bereits bei mir, ein anderer, vollgestopft mit Büchern, wartet noch zu Hause. Ich mache mich auf mindestens drei Wochen Krankenhaus-Aufenthalt gefaßt. So eine Brustamputation dauert mit Sicherheit länger als eine Blinddarm-Operation.

Den Weg von meinem Zuhause zur Klinik habe ich zu Fuß zurückgelegt, den schweren Koffer immer wieder abgestellt. Ich bleibe in meiner Gegend. Ich werde im Krankenhaus die Glokken meiner Kirche und von der Turmuhr dieselben Schläge hören, die mich auch in meinem Bett daheim wecken.

Es dauert noch ein wenig, bis der Chirurg zu mir kommt. Die Stationsschwester hat mir inzwischen mein Zimmer zugewiesen. Ursprünglich hatte man ein Zweibettzimmer für mich vorgesehen, aber ich bestehe auf einem Einzelzimmer. Ich will keine unendlichen Krankengeschichten hören, weder von anderen noch über andere. Seit meinem Entschluß, mich operieren zu lassen, habe ich mich eingeigelt, ich will keinen Menschen mehr an mich ranlassen, will ganz allein sein, nur in mich hineinhören und mich kennenlernen. Ich will wissen, wieviel ich aushalte, ohne daß ich mich an die Hand eines anderen klammere.

Es klopft. »Ich werde Sie operieren«, informiert mich ein grauhaariger Herr im weißen Kittel. Seine Hände sind feinfühlig und sachlich, als er mich untersucht. Er tastet die Brust sorgfältig ab, kreist den Knoten mit Zeigefinger und Daumen ein, befindet, daß er gut spürbar ist. »Bis morgen früh, Sie sind als Erste dran«, verabschiedet er sich.

Eine junge, überaus sympathische Ärztin wischt herein. Stirnrunzelnd betrachtet sie die dicke Schlagzeile eines Boulevardblattes, das ich mir gekauft habe, um die Wartezeit zu verkürzen. »Krebs ist heilbar!« »Sie sollten so ein Zeug nicht lesen«, brummelt sie. Sie setzt sich nach einer kurzen Untersuchung an den kleinen Tisch und will meine sämtlichen überstandenen und eventuell noch vorhandenen Krankheiten wissen. Ich erzähle ihr, daß ich eigentlich nie ernsthaft krank war, daß die Geburten meiner Kinder normal verliefen, wenn man davon absieht, daß sich der Sohn 17 Stunden Zeit ließ, das Licht der Welt zu erblikken. Wir lachen plötzlich miteinander. Ich habe sie auf Anhieb gern, sie scheint mich auch zu mögen. Das schmale, kühl wirkende Zimmer ist für einen Moment hell und freundlich. Da kommt's: »Frau Benedict, Sie wissen, es ist Vorschrift. Sie müssen jetzt unterschreiben, daß Sie mit einer Amputation samt

Entfernung der Lymphdrüsen einverstanden sind, für den Fall, daß die histologische Untersuchung, die während der Operation im Haus gemacht wird, Hinweise auf Krebs ergibt.«

Das Lachen bleibt mir im Halse stecken. Ich umklammere den Kugelschreiber, sie hat ihre Unterschrift. Zwar versucht sie, diese plötzlich entstandene Mauer zwischen uns wieder einzureißen, aber es gelingt ihr nicht. Sie weiß zu genau, was ich empfinde. Da geht sie besser.

Der Anästhesist will wissen, ob ich rauche, welche Medikamente ich nehme und ist zufrieden mit meinem Blutdruck. »Bis morgen früh«, verabschiedet er sich aufgeräumt.

Eine Schwester erscheint, nennt ihren Namen. Ich höre gar nicht hin, weil ich ohnedies weiß, daß ich mir Schwesternnamen noch nie merken konnte. Ich bekomme umgehend Blut abgezapft, erhalte die Speisekarte und stoße auf Unverständnis, als ich mitteile, daß ich nicht im Krankenhaus, sondern daheim essen werde. Man habe mir zugesagt, ich könne nach den vormittäglichen Untersuchungen noch einmal nach Hause und müsse erst gegen 18 Uhr wieder einrücken. Und so würde ich es auch halten.

Ich schwebe aus dem Krankenhaus, renne nach Hause. Schonzeit ist angesagt, ich kann tun und lassen, was ich will. Noch! Das Pech ist nur, daß ich eigentlich gar nichts mehr will, daß mir einfach nichts anderes mehr einfällt, als Löcher in die Luft zu starren. Schließlich wasche ich mir die Haare und föne so lange an ihnen herum, bis das schon reichlich strapazierte, altersschwache Gerät seinen Geist aufgibt. Dieser Defekt wird unvermittelt zur Katastrophe für mich. Ich brauche unbedingt einen Fön. Wenn ich im Bett liegen muß, verkleben die Haare im Nu. Ich werde fürchterlich aussehen. Eine amputierte Brust und fettige Haare — plötzlich wird mir alles zu viel.

Ich weine wie ein kleines Kind, völlig unkontrolliert. Im Moment ist gar nicht sicher, was mir mehr Entsetzen einjagt, die morgige Operation oder der streikende Fön.

Mit verquollenen Augen suche ich Zuflucht bei der »Oma«, die Haus und Hund hüten muß, nachdem die »Familie« verreist ist. Sie will mich in die Arme nehmen, weil sie Angst als Ursache für meine Tränen vermutet.

»Nein, Oma, mein Fön ist kaputt, und ich brauche doch einen fürs Krankenhaus.« Unfähig, darin ein Drama zu sehen, runzelt sie die Stirn und gibt mir kopfschüttelnd Gisis. »Kind, mußt dich nicht so aufregen.« Ich verabschiede mich von ihr, bleibe tränenlos, beim Hund fließen sie wieder. Der sitzt vor mir, hat seine dicke Pfote in meinen Schoß gelegt und leckt meine Hand ab. Offenbar schmecken ihm meine Tränen.

Um fünf Uhr nachmittags bin ich wieder in meinem Zimmer. Mein Nachthemd, das ich beim Verlassen des Krankenhauses auf das Bett gelegt hatte, signalisiert so etwas wie Begrüßung. Ich packe meine Bücher aus, richte mich häuslich ein. Dann setze ich mich angezogen auf das Bett. Versuche zu lesen scheitern kläglich. Die Buchstaben laufen davon. Blicklos schaue ich aus dem Fenster. Draußen scheint die Sonne, Menschen reden, rund um mich herum ist Leben. Auf dem Gang höre ich Stimmengewirr. Das Krankenhaus hat für Berufstätige am Abend noch einmal eine Besuchszeit eingerichtet. Zu mir kommt niemand. Warum auch? Ich bin ja noch nicht einmal richtig hier.

Das Telefon klingelt, zum ersten Mal. Eine langjährige Freundin will wissen, ob ich mich schon eingewöhnt habe. Eingewöhnt? Ich lache laut. »Ich habe mich noch nicht einmal ausgezogen, und das werde ich so schnell auch nicht tun. Wenn ich erst einmal das Nachthemd anhabe, ist das letzte Restchen Freiheit dahin. Heute bin ich noch gesund und munter. Mir fehlt überhaupt nichts. Der Knoten stört mich nicht. Meine Brust tut nicht weh, aber morgen um die Zeit, meine Liebe, da werde ich in diesem Bett liegen, werde Schmerzen haben, werde unbeweglich und nicht in der Lage sein, alleine auf die Toilette zu gehen. ich werde ein kleiner Haufen Unglück sein, angewiesen darauf, daß die Schwestern, wenn sie zu mir kommen, freundliche Gesichter machen.«

Ich spucke diese Sätze ins Telefon, die Freundin muß sich zunächst notgedrungen aufs Zuhören beschränken.

Ich weiß gar nicht, wie sie es dann doch geschafft hat, aber nach dem Telefonat beginne ich wirklich mich auszuziehen, langsam zwar, aber immerhin.

Die Nachtschwester stellt sich vor. Sie wirkt kühl und unbeteiligt. Sie gibt mir ein Beruhigungsmittel, verspricht mir, noch eines zu bringen »wenn es mit dem Schlafen gar nicht klappen wird«. Allerdings — nach Mitternacht gäbe es dann nichts mehr. »Sonst kriege ich Schwierigkeiten mit dem Anästhesisten.«

Und dann beginnt für mich eine Nacht, die ich wohl mein Leben lang nicht vergessen werde. Es wird schnell dunkel draußen, die Geräusche sind leiser. Nebenan im Schwesternzimmer höre ich Lachen. Jemand raucht. Der Geruch zieht in mein weit geöffnetes Fenster. Lesen kann ich noch immer nicht. Ich höre ein bißchen Musik im Radio, doch die Lieder machen mich traurig. Ich schaue aus dem Fenster und suche den Himmel nach Sternen ab, aber es ist wohl noch zu hell draußen, um sie zu sehen.

Ich drehe mich auf die andere Seite und werde durch einen Lichtschein gestört. Er bewegt sich an meinem Schrank entlang, berührt die Wand, verschwindet wieder. Ein bißchen wirkt das alles, als ob jemand mit einer Taschenlampe in mein Zimmer leuchten würde. Es dauert ein wenig, bis ich begreife. Das Krankenhaus hat einen Landeplatz für Rettungshubschrauber, und was da das Zimmer periodisch in Licht taucht, ist der Scheinwerfer, der dem Piloten als Orientierungshilfe dient.

Unvermutet fühle ich mich an Suchscheinwerfer erinnert, die

Gefängnisse beleuchten, Gefangene an der Flucht hindern, KZ-Häftlinge noch zusätzlich einsperren. Kalter Schweiß sammelt sich auf meinem Körper, so groß ist die Angst. Ich will Vorhänge zuziehen, Rolläden runterlassen, finde weder Kordeln noch Riemen, krieche zurück ins Bett.

Irgendwie erwarte ich, daß die Welt untergeht, jetzt sofort!

»Lieber Gott, hilf mir, was soll ich machen?« Es ist nicht neu, daß ich mit Gott rede, aber es ist absolut ungewöhnlich, daß ich ihn um etwas bitte.

Das habe ich bis jetzt selten getan. Gebete waren immer Dank an ihn. Alles, was mir an Gutem widerfahren ist, hielt ich stets für ein Zeichen seiner Liebe zu mir. Den Mut, ihn wirklich um etwas zu bitten, hatte ich nie. Das geschah wohl auch in erster Linie, um mich selbst vor Enttäuschungen zu bewahren.

Meine Überlegungen dabei sind kindlich genug. Ich habe mich immer davor gefürchtet, daß man meine Bitten abschlagen könnte. Schon als kleines Mädchen beschritt ich unendliche Umwege, wenn ich meinen Vater oder meine Mutter um etwas bitten wollte. Und wenn ich es dann schließlich doch tat, dann brachte ich fast kein Wort heraus, so stark klopfte mein Herz. So lang ich die Bitte nicht klar formuliert hatte, bestand immer noch Hoffnung, daß sie in Erfüllung gehen würde. In dem Moment, wo sie erst einmal im Raum stand, rückte die Entscheidung näher, also auch die mögliche Enttäuschung.

Mit meinen Wünschen wollte ich Gott nie in Zugzwang bringen. Ich fürchtete mich zu sehr vor einem Schachmatt. Meine Gebete waren und sind meist heute noch Dank für Gewährtes und selten Bitte um Erfüllung meiner Wünsche und Hoffnungen.

In dieser Nacht ist meine Hilflosigkeit wohl zu groß, um solche Überlegungen anzustellen. Ich suche das Gespräch mit Gott.

Was ist los mit meinem Leben? Warum hat es so dicke schwarze Flecken? Warum so wenig schöne Erinnerungen?

Warum hast Du mich eigentlich immer nur am Rande mitschwimmen, hast mich nie als Erste ankommen lassen?

Die Mauern meines Hauses haben immer gewackelt, haben es nie wirklich gestützt.

Ein Elternhaus mit vielen Geschwistern gab es nicht. Der Vater war nach dem Krieg beschäftigt, Karriere zu machen, war bienenfleißig, ehrgeizig, erfolgreich — zu Hause war er wenig. Ein Kind genügte.

Auch der Mutter lag ein Familienleben nicht. Sie wollte Ordnung und Sauberkeit, alles mußte korrekt sein, Zärtlichkeiten gab es nicht.

Zehnjährig wanderte ich mit zwei großen Koffern in ein Internat, blieb dort acht Jahre, kam nach Hause zurück, von einer Fremde in die andere. An meine Jahre, zunächst als Volontärin, später als Reporterin, in einer Münchner Tageszeitung erinnere ich mich gerne. Doch wirklich frei von familiären Zwängen wurde ich auch dort nicht. Der Vater dominierte nach wie vor, bestimmte und bedrohte, ohne es zu wissen und wirklich zu wollen.

Er lief Amok, als er hörte, daß ich mit einem verheirateten Kollegen liiert war. Man mischt sich in keine Ehe, man weiß doch schließlich, was verheiratete Männer von jungen Mädchen wollen, man wirft sich nicht einfach weg. Man tut, man tut nicht. Es gehört sich, es gehört sich nicht! Ein tödliches Karussell.

Daß besagter Mann kein Abenteuer suchte, daß er tatsächlich schon in Scheidung lebte, bevor er mich näher kennenlernte, spielte dann eigentlich keine Rolle mehr. Man hatte uns längst auseinandergepreßt. Wir hatten keine Chance, er mit zwei kleinen Kindern, ich neunzehnjährig und voller Zukunftsangst. Daß wir uns beide wirklich liebten, interessierte eigentlich niemanden. Man hatte sich zu sehr in Schablonen verrannt. Für uns beide ist diese Liebe hingegen heute noch sehr wichtig — achtundzwanzig Jahre danach.

Ich wollte endlich raus aus der Abhängigkeit vom Vater, heiratete schließlich, tat mein Bestes, um ein Familienleben meiner Vorstellung aufzubauen, mit gemütlichen Abenden daheim, mit üppig gedeckten Tischen, großem Freundeskreis und vor allem mit Kindern, mit meinen eigenen und mit befreundeten. Ich gluckte über meiner Familie, versuchte alle meine Lieben unter meinem Rock zu wärmen, festzuhalten.

Als Erster brach der Mann aus. Er brauchte gesellschaftliches Leben, wollte jeden Tag einen neuen Menschen kennenlernen, liebte Partys und schätzte Damen von Welt. Die burschikose, fröhliche, jeans-behoste Mittdreißigerin, die mit ihren Kindern auf dem Teppich tobte, jeden Hund streichelte und absolut nichts von Nerzjäckchen und Perlenkolliers hielt, jagte ihn schließlich in die Flucht.

Sieben Jahre gemeinsames Leben mit einem Jugendfreund schlossen sich an. Beide hatten wir eine Scheidung hinter uns. Insgesamt lastete die Sorge für vier Kinder auf uns, schlechte Erfahrungen mit anderen Partnern hatten uns füreinander verdorben. Wir trennten uns wieder, die Freundschaft ist gottlob geblieben.

»Was ist los mit meinem Leben, lieber Gott?« Längst rede ich laut mit ihm, hier in diesem unfreundlichen Zimmer mit kreisendem Scheinwerfer. »Bitte, bitte, hilf mir! Sag Du mir, was ich machen soll. Zeig mir, daß Du mich lieb hast, daß Du mich mit Deiner Botschaft meinst, im Augenblick nur mich, niemanden sonst!«

Bis heute kann ich nicht sagen, was dann mit mir passiert ist. Ich war mit einem Mal völlig ruhig, konnte klar denken, war ohne Zweifel und voller Entschlossenheit. Ich werde mich morgen früh operieren lassen. Sie können den Knoten entfernen, sonst nichts. Ich werde die Brust nicht abschneiden lassen, nicht morgen. Ich habe mich in meinem Leben so oft zu etwas zwingen lassen, man hat mir soviel kaputt gemacht, und ich habe tatenlos dabei zugesehen oder war zu feige, mich wirklich zu wehren. Damit ist es vorbei! Morgen bestimme ich, was zu tun ist!

Ich darf das nicht vergessen, wenn sie kommen und mir die erste Spritze verpassen wollen. Ich muß bitten, daß mich der Chirurg noch einmal besucht, bevor er mich operiert. Ich muß hart bleiben. Ich muß mir unbedingt die unterschriebenen Formulare mit der Vollmacht zur Amputation geben lassen und sie sofort vernichten, bevor ich in den Operationssaal komme. Dann können sie mir nichts mehr tun.

Noch in dieser Sekunde schlafe ich ein.

Kein Scheinwerfer, keine Nachtschwester, kein Stationstelefon wecken mich mehr. Ich schlafe tief.

Linda und ich sitzen im Omnibus, der uns über Nacht von München nach Cattolica bringen soll, ans Meer, an die Sonne, in die Wärme.

Mein Vater hat uns diese Reise geschenkt. Ich brauche also meine Ersparnisse nicht anzugreifen.

Als er durch die Mutter nun doch von meiner Erkrankung erfahren hatte, brach er seine Kur ab und kam umgehend zu mir ins Krankenhaus. Im Gegenlicht saß er mir gegenüber. Ich konnte sein Gesicht nur schwer erkennen. Etwas verkrampft versuchte er, die Situation herunterzuspielen.

Es hatte Differenzen zwischen uns gegeben, die letzten Monate, wir hatten wenig miteinander gesprochen und uns auf Sachliches beschränkt. Jetzt lag die Tochter plötzlich wie ein Häufchen Elend im Bett und brauchte Streicheleinheiten anstelle von Vorwürfen.

Er brachte einen Vorschlag mit, der meine Situation schlagartig verändern sollte. Aber das merkte ich erst später. »Hast du schon mal etwas von Professor Hackethal gehört? Den treff' ich in der nächsten Woche beruflich. Ist es dir recht, wenn ich ihm von dir erzähle und eventuell einen Termin für dich ausmache?«

Es war mir recht, obwohl ich bis zu diesem Zeitpunkt noch reichlich wenig von und über diesen umstrittenen Mediziner wußte. Ich hatte seinen Beitrag zum Thema Sterbehilfe zur Kenntnis genommen. Daß er im Kampf gegen den Krebs eigene Wege eingeschlagen und damit gute Erfolge erzielt hatte, war mir hingegen ziemlich neu.

Mein Vater und ich waren übereingekommen, daß ich erst einmal die Woche Urlaub genießen sollte, soweit wie möglich unbelastet von Kommendem, und er sich inzwischen darum bemühen werde, ein Gespräch zwischen mir und dem Professor zu vermitteln.

Linda hat ihren Kopf an meine Schulter gelegt und schläft. Es ist ein Uhr in der Nacht, der Bus hat eben den Brenner-Paß hinter sich gelassen und schaukelt in Richtung Gardasee. Rund um mich schläft fast alles. Ich habe anderes zu tun. Meine Platzangst macht mir zu schaffen. Als ich noch gedämpfte Unterhaltung hörte, als die Tochter noch wach war und sich von mir zum wiederholten Mal das Meer beschreiben ließ, war diese Angst noch erträglich. Aber jetzt hat sie mich fest im Griff.

Am dunklen Himmel finde ich einen besonders glitzernden Stern. Mit den Augen halte ich mich daran fest. Ab und zu verschwindet er hinter einem der Berge, die den Gardasee einsäumen, aber er taucht immer wieder auf und zwinkert mir beruhigend zu.

Seit meiner Entlassung aus dem Krankenhaus hat sich nicht mehr sehr viel getan. Wir haben Lindas Geburtstag gefeiert und beschlossen, ihr kein Wort über eine neuerliche Operation zu sagen. Der Termin, der 27. September, steht jetzt endgültig fest. Als ich in der Klinik war, damit der Chirurg die Fäden ziehen konnte, verhielt sich dieser mir gegenüber fast liebevoll. »Wie gut sind meine Chancen, wenn ich die Brust abnehmen lasse?« will ich von ihm wissen. »Nun«, so meint er bedächtig, »mit der

Abnahme ist es natürlich nicht getan. Wir müssen anschließend eine Strahlenbehandlung durchführen.«

Ich erschrecke zutiefst. Daran hatte ich ja überhaupt noch nicht gedacht. Irgendwie war ich der Meinung, die Abnahme stelle einen gewissen Endpunkt aller möglichen Scheußlichkeiten dar. Daß die Therapie weitergehen würde, hatte ich übersehen oder auch verdrängt.

»Aber zu einer Chemotherapie werden Sie mich bestimmt nicht bringen«, brause ich auf. »Wir werden sehen«, schiebt er diesen Protest ungeduldig beiseite, »zunächst ist sie sowieso nicht vorgesehen.«

»Wenn die Brust abgenommen ist und ich die Strahlenbehandlung hinter mir habe, bin ich dann gesund?« Ich lasse nicht locker und begreife gar nicht, daß ich damit Unmögliches wissen will, daß er mir ganz einfach keine Garantien auf einen Heilerfolg geben kann. Nachsichtig erklärt er mir, daß bei Krebserkrankungen zunächst immer die Fünfjahresfrist abzuwarten sei, daß man erst danach klarer sehen könne. Ich füge mich, stelle keine weiteren Fragen mehr, lasse mir von ihm einen schönen Urlaub mit meiner Tochter wünschen und verabschiede mich bis zum 27. September.

»Kommen Sie im Laufe des frühen Vormittags, damit wir die üblichen Laboruntersuchungen noch machen können«, rät er mir. Ich werde mein Möglichstes tun.

Bei Bologna macht der Bus eine Rast. Es ist jetzt 5 Uhr in der Früh. Bevor der letzte Teil der Reise anbricht, haben wir Gelegenheit, uns mit Espresso oder Cappucino zu stärken. Eine gute Stunde Fahrt bis ans Meer liegt noch vor uns. Wir haben alle müde Gesichter, verstrubbelte Haare und erwartungsvolle Augen.

»Sie dürfen auf keinen Fall jetzt einschlafen«, ermahnt uns eine Mutter mit Sohn, die hinter uns sitzt. »Der Sonnenaufgang ist wunderschön. Die Sonne ist wie ein riesiger glühender Ball.«

Beide machen diese Reise schon zum dritten Mal. Sie kennen sich aus, wissen, welches Hotel sie erwartet, kennen die Plätze, wo es die besten Scampi, den süffigsten Wein und die knusprigsten Pizzas gibt. Ich beneide sie ein bißchen um ihre Sicherheit. Ich habe nämlich ein wenig Herzklopfen. Es ist das erste Mal, daß ich ins Ausland fahre und für alles verantwortlich bin. Allein das Umrechnen in Lire bereitet größte Kopfschmerzen. Mit Tausendern um mich zu werfen, liegt mir nicht, auch nicht, wenn es sich dabei nur um Lire handelt. Als ich auf der Bank den Berg von Geldscheinen abholte, war ich zunächst richtig entsetzt.

Unlösbare Probleme schienen sich anzubahnen, nicht einmal die Hälfte der Scheine paßte in meinen schmalen Geldbeutel.

Verständigungsschwierigkeiten fürchtete ich hingegen nicht. Vor vielen Jahren parlierte ich ganz prächtig italienisch. Allerdings — das muß ich gestehen — unter dem Einfluß mehrerer Vini und dank der Spezialbetreuung eines feurigen Italieners mit Namen Arturo. Ich erzähle meiner Tochter von ihm. Sie lächelt mich an, kann sich wohl gar nicht vorstellen, daß ihre Mutter dereinst dem Charme eines italienischen Kellners erlegen ist.

Das »Caravelle« ist die letzte Station des Busses, der seine Reisenden in Riccione und Cattolica bereits an Hotels und Pensionen verteilt hat. Georg Lindinger, der Inhaber des Unternehmens, stellt uns die Chefin vor, dann verabschiedet er sich. Wir sind allein. Ab jetzt habe ich die Regie des Unternehmens Italienurlaub übernommen.

Wir sind beide hundemüde. Unser Zimmer ist noch nicht frei. Vorübergehend bringt man uns in einem schmalen Einzelzimmer unter, wo wir unser Gepäck unterstellen und uns ausruhen können. Es ist stickig da drinnen, durch das Fenster können wir auf einen gepflegten Swimmingpool und eine belebte Straße, die Viale Carducci, schauen. Um diese Zeit — es ist mittlerweile halb acht Uhr morgens — sieht man nur Geschäftsleute auf der Straße. Sie liefern Lebensmittel an, bringen frisches Weißbrot, knusprige Croissants, Obst, Gemüse. Sie holen leere Flaschen ab und ersetzen diese durch volle. Es ist noch nicht allzu heiß, man kann sich bewegen, ohne daß der Schweiß in Strömen fließt. Eine Stunde später ist dann nur mehr wenig von der alltäglichen Geschäftigkeit zu bemerken. Dann tauchen die ersten Touristen auf, dann wird nicht mehr gehastet, dann wird gebummelt.

Linda und ich haben unsere Badeanzüge übergestreift und kommen uns plötzlich albern und deplaziert vor. Im Spiegel stehen uns zwei übernächtigte Wesen gegenüber, deren Haut ziemlich weiß ist, die eigentlich ins nächste Bett und nicht an den Strand gehören.

Genau dorthin wandern wir aber jetzt. Wenn wir schon keine eigenen Betten haben, wollen wir zumindest zwei Liegestühle und einen Sonnenschirm.

Augustino, der rotlockige Bademeister, hat uns bereits ausgemacht. Mit breitem Lächeln kommt er auf uns zu. Er fragt uns nicht, was wir wollen, er weiß es. Jetzt kommt für mich die Stunde der Wahrheit. Einmal muß ich jetzt meine Italienischkenntnisse zur Diskussion stellen, und zum zweiten heißt es Unmengen von Lire auf den kleinen Holztisch zu blättern.

Ersteres gelingt so einigermaßen. Beim zweiten scheitere ich kläglich. Obwohl Augustino den Betrag dreimal nennt, verstehe ich nichts.

Die Tochter wird bereits unruhig und beginnt an der Mutter zu zweifeln. Augustino lächelt mich an. »Permesso«, meint er, greift in meinen Geldbeutel und nimmt sich die passenden Scheine heraus. »Grazie« sage ich und gebe ihm vor lauter Erleichterung, die schwierige Situation so genial gemeistert zu haben, noch 5000 Lire Trinkgeld. Nach meiner Rechnung sind das zehn Mark. Du lieber Himmel, zum Glück ist das Hotel schon in München bezahlt worden! Wenn ich so weitermache, können wir im Zimmer bleiben und uns auf das beschränken, was bereits beglichen ist.

Jetzt dösen wir endlich auf unseren Liegestühlen, in der ersten Reihe, direkt dem Meer gegenüber. Geld und Reisepässe sind noch in meiner Handtasche verstaut, die ich fest umklammere.

Von Entspannung keine Spur. Solange ich meine Koffer nicht ausgepackt und mein Nest nicht gebaut habe, bin ich nirgends daheim, auch nicht in meinem Traumland Italien.

Linda liegt neben mir und wartet vergeblich auf den von der Mutter zugesagten Freudenschrei. Nichts dergleichen ist von mir zu hören. Ich liege da und bin maßlos enttäuscht. Ich würge an einem dicken Knödel, der mir im Hals sitzt und den Namen Heimweh trägt. Nichts gefällt mir hier, rein gar nichts.

Es ist viel zu heiß, die Leute sind viel zu laut. Außerdem sprechen sie alle italienisch, die wenigsten deutsch. Für Italien nicht weiter verwunderlich, für mich plötzlich unerträglich. Das Meer macht einen langweiligen Eindruck, kein Wind regt sich, Wellen scheint es an der Adria nicht mehr zu geben.

Linda will mit mir ins Wasser gehen. »Ich kann doch nicht unser Geld unbeaufsichtigt lassen«, lehne ich ab. »Wenn das heute nachmittag im Hotel-Tresor ist, komme ich auch rein, jetzt nicht.«

Das Kind schaut ausgesprochen grantig drein. So hat sie sich ihre Begegnung mit dem viel gepriesenen Meer sicher nicht vorgestellt. Ich müßte sie aufmuntern, müßte ihr helfen, das Fremdsein abzulegen, denke ich im stillen und bringe nichts weiter raus als die blödsinnige Ermahnung: »Mach den Mund beim Schwimmen zu, das Wasser ist ziemlich salzig und schmeckt abscheulich.«

Ich könnte mich ohrfeigen, aber hier am sonnigen, heiß ersehnten Strand von Cattolica habe ich nur einen einzigen Wunsch: ich möchte heim, so schnell wie möglich. Lieber noch im Krankenhaus liegen als hier in der Fremde verloren sein. Was ist, wenn meine Narbe aufbricht und die Brust zu bluten anfängt? Zwar hat der Chirurg gemeint, ich könnte beruhigt ins Wasser gehen, aber was weiß der denn schon? Was heißt Brustkrebs auf italienisch? Was mache ich mit Linda, wenn ich hier ins Krankenhaus muß? Ich steigere mich in eine derartige Hysterie hinein, daß ich fast keine Luft mehr bekomme. Ich werde den Aufenthalt hier abbrechen, mir vom Hotel das Geld wieder ausbezahlen lassen und mit dem Taxi nach München zurückfahren. Vielleicht gibt es auch Krankenflüge? Rimini hat einen Flughafen. Ich muß heim! Ich bin krebskrank! Linda fliegt als Begleitperson mit. Die Krankenversicherung wird schon bezahlen. Schließlich habe ich sie jahrelang nichts gekostet. Jetzt bin ich krank! Jetzt brauche ich Hilfe!

Die Entwarnung kommt am späten Nachmittag. Inzwischen haben wir unser erstes Mittagessen hinter uns, bewohnen ein für italienische Hotelverhältnisse großzügig geschnittenes Zimmer im 4. Stock mit Blick aufs Meer, haben einige Stunden geschlafen.

Jetzt gehen wir zwei am Strand spazieren. Wir halten uns an den Händen. Ich erzähle Linda von einem Urlaub, den ich vor 18 Jahren mit ihrem Vater hier verbrachte. Ich zeige ihr das Albergo, in dem ich mit meinem Vater vor 35 Jahren gewohnt habe. Ich merke, wie ich langsam entkrampfe, alles ganz leicht wird in mir.

»Kind, wir sind in Italien«, lache ich, »wir zwei machen Urlaub hier, ganz allein, nur wir zwei.« Wir hüpfen im Sand, spritzen uns an, fahren mit den Zehen durch den warmen Sand. Auf unseren Liegestühlen entwerfen wir einen Schlachtplan. Wir werden nicht zu spät aufstehen, denn schließlich haben wir nur eine Woche zur Verfügung, da können wir keine Zeit so einfach herschenken. Lieber gehen wir am Abend früher ins Bett.

Wir müssen natürlich mit dem Tretboot fahren. Vergnügt erinnere ich mich daran, daß Peter, mein Mann, immer Höllenängste ausgestanden hat, wenn er sich mit mir auf ein Tretboot begab. Während mich stets die Weite des Meeres lockte, bestand er darauf, eine Sightseeing-Tour entlang dem Strand zu unternehmen. Man mußte das Boot jederzeit verlassen und anstandslos zu Fuß ans Ufer gelangen können, meinte er.

Ich will Linda Gabicce Monte zeigen, einen kleinen Ort, der an den Hang gebaut ist. Wir haben so viele Dinge vor!

Im Hotel sieht uns wohl jeder unsere Freude an. »La Mamma et la sua figlia«, die Mutter und ihre Tochter werden sehr schnell ein Begriff, ohne daß wir es auf diese Popularität abgesehen haben. Eine besondere Faszination übt das abendliche Shopping in den Straßen auf die Tochter aus.

Stundenlang wandert sie an den Verkaufsständen entlang, vergleicht Preise und Qualität, um dann mit geradezu traumwandlerischer Sicherheit das Teuerste zu ergattern. Sie hat von der Oma und dem Vater ein Taschengeld zugesteckt bekommen, das muß unter die Leute gebracht werden. Ich habe da keinerlei Einspruchsmöglichkeiten.

Urlaubsfreundschaften schließen wir mit niemandem. Wir haben einfach keine Zeit dazu. Es ist so herrlich, alles gemeinsam zu entdecken, darüber zu lachen. Wir brauchen eigentlich keine Ansprache. Zwar stellt sich nach drei Tagen heraus, daß ich das Ehepaar mit zwei Töchtern und Enkelkind, das neben uns die Liegestühle bezogen hatte, von München her kenne, aber das ist kein Grund für uns, ab jetzt immer zusammenzukleben.

Unsere Urlaubsruhe gerät vorübergehend ins Wanken, als die Tochter eines schönen Tages zwei sonnenheiße Engländer von den Klippen lockt und ihnen einen Platz auf unserem Tretboot anbietet. Hocherfreut nehmen die Herren die Einladung an. Mir hat es zunächst die Sprache verschlagen, während Linda ihr Schulenglisch zur Diskussion stellt. Bemerkenswert, was sie plötzlich für einen Wortschatz hat. Ich komme aus dem Staunen gar nicht mehr heraus.

Erst als ich das englische Wort für »geschieden« vernehme, blinken in mir Warnsignale auf. Woher kennt das Kind dieses Wort? Mir bleibt wenig Zeit, darüber zu rätseln, denn einer der Herren hat sich bereits auf den Platz neben mir geschwungen und versucht, das Ruder in die Hand zu nehmen. »Mami, warum redest du denn nichts?« erkundigt sich die Tochter. »Du kannst doch Englisch.« Ich kann nicht! Ein warnender Blick läßt sie verstummen. Schweigend steuere ich das Ufer an und bitte Augustino das Boot aus dem Wasser zu ziehen. Ein Glück, daß »terrible« und »terribile« ziemlich ähnlich klingen. Die »schrecklichen« Engländer trollen sich auf jeden Fall. Sie haben verstanden. Linda ist zunächst verwundert über die ungewohnte Schroffheit ihrer Mutter, versteht mich aber dann doch. »Ich will den Urlaub mit meiner Tochter verbringen, nicht mit zwei liebestollen Engländern«, schimpfe ich.

Vier Tage haben wir noch vor uns, vier wunderschöne Urlaubstage liegen hinter uns. »Linda, in vier Tagen ist alles vorbei«, beschwere ich mich beim Frühstück. Ihre Antwort verblüfft mich und stimmt mich nachdenklich. »Aber Mami, wir haben doch erst die Hälfte unseres Urlaubs verbraucht. Genauso lange können wir noch hier bleiben.« Wir unterschiedlich zwei Menschen über dieselbe Sache denken. Für mich ist die Hälfte schon vorbei. Linda hat die Hälfte noch vor sich. Zwei Welten trennen uns in diesem Moment.

Während ich auf der Terrasse meinen Campari trinke und auf die Tochter warte, die mit zwei kleinen Engländerinnen zum Flippern abgewandert ist, kommt die Signora, die Besitzerin des Hotels, auf mich zu. Sie spricht ein wenig Deutsch, ist klein, rundlich und trägt stets leichte Hängekleidchen, eines schicker als das andere. »Signora Benedict, fühlen Sie sich wohl bei uns?« will sie von mir wissen. Das ist keine unverbindliche höfliche Routinefrage. Sie interessiert sich tatsächlich dafür. Die

Lindingers, von meinem Vater über meine Krebserkrankung informiert, haben die Signora gebeten, sich besonders um mich zu kümmern und mich im Auge zu behalten.

Daß diese dafür besonders geeignet ist, wissen sie. Vor einem Jahr hat man ihr die Brust abgenommen.

Es geht ihr gut. Sie fühlt sich prächtig, hat sich durch diese Prozedur nicht den geringsten seelischen Defekt zugezogen.

»Fausto ist lieb zu mir, wie immer«, sagt sie. »Was will ich mehr?« Fausto ist ihr Mann, ebenfalls klein und ebenfalls von eindrucksvoller Eleganz.

»Wann lassen Sie sich die Brust abnehmen?« fragt sie interessiert und ohne die mindeste Dramatik in der Stimme. Sie ist und bleibt die einzige Frau in meinem Bekanntenkreis, die ihre Amputation trägt wie einen Schnupfen, der im Abklingen ist. »Kommen Sie mit«, bittet sie mich in einen kleinen Nebenraum. Bis ich so richtig zur Besinnung komme, hat sie ihr Kleid geöffnet und mir die Narbe gezeigt. Sie ist schön verwachsen, da gibt es nichts daran zu kritisieren. Sicherlich eine chirurgische Meisterleistung, eine Haute-Couture-Brustamputation sozusagen, doch mich packt das große Grausen. Ich will keine Narben sehen.

»Ich werde Ende September operiert«, gebe ich Auskunft. »Aber bitte sagen Sie kein Wort zu meiner Tochter. Sie hat noch keine Ahnung. Ich will es ihr irgendwann hier erzählen. Den Zeitraum werde ich bestimmen.« »Kopf hoch, Frau«, ermutigt mich die Signora. »Es ist gar nicht schlimm. Ich gehe zum Baden wie immer. Ich mache Liebe wie immer. Alles ist wie immer.«

Beim Abendessen brauche ich einen kräftigen Schluck Rotwein, um die dunklen Schatten zu verdrängen, die sich plötzlich wieder zwischen mich und den Himmel geschoben haben. Linda merkt nichts von meinem Tief. Sie hat beschlossen, daß wir heute mit unseren Münchner Bekannten ins Delphinarium gehen und freut sich darauf. Patschnaß bespritzt kommen wir gegen 23 Uhr nach Hause. Linda spielt noch ein wenig mit Teufel, dem hoteleigenen Schäferhund.

Ich vermeide eine neuerliche Begegnung mit der Signora und lasse mich auf einen anregenden Flirt mit Signore Martinelli, einem grauhaarigen Industriellen aus Bologna ein. Er bewundert meine Sprachkenntnisse, meint daß ich braun bin wie ein »pollo arrosto«, und prostet mir zu. Ich finde, daß er mir mit seiner südländischen Bewunderung sehr gut tut. Aber das sage ich ihm besser nicht. Mehr Zeichen seiner Bewunderung will ich nicht.

Peter ruft an und teilt mir mit, daß Florian aus dem Urlaub zurück und nun zu ihm gezogen ist. Mein Sohn ist auf der Flucht vor der kranken Mutter. Er weiß — im Gegensatz zu seiner Schwester — jetzt genau Bescheid über meinen Zustand und hat offensichtlich Angst davor, mir zu begegnen und irgenwelche Zeichen beginnenden Siechtums an mir zu bemerken. Es hat Streit gegeben zwischen uns in der letzten Zeit.

Der Abnabelungsprozeß ist für uns beide besonders schmerzhaft. Ohne es wirklich zu wollen, versuche ich, ihm meine Lebensweise aufzudrängen, er wehrt sich dagegen, bisweilen recht direkt und ohne Rücksicht.

Ich nehme die Mitteilung gelassen entgegen. München mit all seinen Problemen ist weit weg. Ich werde sie lösen, wenn ich wieder daheim bin.

Heute steht die Besichtigung des Yachthafens auf unserem Programm. Beim Verdauungsespresso an der Hotelbar habe ich Pedro kennengelernt, einen Liliputaner, der hier im Hotel wohnt und in einem Nachtlokal in Gabicce Monte allabendlich auftritt. Er ist mit den Hotelbesitzern befreundet, sitzt immer mit ihnen zusammen, sucht keinen Kontakt mit anderen.

Neugierige Blicke, die ihn ansteuern, übersieht er geflissentlich. Er weiß, daß er auffällt. Schließlich verdient er sein Geld damit. Er lädt mich zu einem Cognac ein, will wissen, woher ich komme, wie lange ich hier bleibe, ob mir das Leben hier gefällt.

»Ich habe Sie und Ihre Tochter beobachtet. Sie lachen viel. Sie müssen sich sehr gut verstehen«, vermutet er. Ich erfahre von ihm, daß er in Monte Carlo und Mailand wohnt, verheiratet ist und eine Tochter hat. Vor Jahren hat er sich dem Show-Business zugewandt. Er filmt in Europa und Amerika, er ist ein gesuchter Musical-Clown im Fernsehen.

Schließlich lädt er mich und Linda zu einer Bootsfahrt mit Vittorio ein. Auf seinem Segelschiff gleichen Namen fährt dieser tagaus, tagein Touristen zwischen Cattolica, Gabicce Mare und Punte Ala hin und her und sorgt mit gewagten Wendemanövern für leichtes Gruseln unter seinen Passagieren. Ein Hauch Abenteuer muß schon dabei sein!

Er kennt Pedro natürlich und weist uns einen windgeschützten Platz zu. Die Kinder im Boot bestaunen den Liliputaner in Shorts, Hawaiihemd und Käppchen. Die Erwachsenen starren ihn an. Ich würde sie am liebsten allesamt im Meer versenken, so unangenehm sind mir diese aufdringlichen Blicke, Linda schaut auf die Seite und tut so, als gehöre sie nicht zu uns. Pedro verzieht keine Miene, plaudert mit mir, allmählich legt sich die Befangenheit. Vittorio übergibt das Ruder seinem Sohn, setzt sich zu uns und schenkt in kleine Pappbecher Vino domestica ein. »Cin, cin.« Wir prosten uns zu.

Als wir wieder zurück sind, will Pedro an der Strandbar mit mir noch einen Espresso trinken. Linda empfiehlt sich, ich überlege fieberhaft, wie er es schaffen wird, den unverhältnismäßig hohen Barhocker zu erklimmen. Soll ich ihm dabei helfen? Bleiben wir stehen? Ich weiß es nicht.

Doch der Barkeeper löst das Problem souverän. Er will wissen, was wir wünschen und serviert uns die Getränke auf einem Tablett, das er in den Sand stellt. Wir lassen uns dort nieder.

Alles ist in Ordnung. Am Abend will Pedro mir nun den Yachthafen zeigen. Ein Taxi fährt uns hinüber. Linda ist im Hotel geblieben und hat verkündet, daß sie auf mich warten wolle. »Wirst schon nicht so spät kommen«, sagt sie hoffnungsvoll. Es wird ein lustiger Abend.

Längst habe ich mich an die Blicke gewöhnt, die uns begleiten. Pedro führt mich in einige Nobelkneipen, wird überall freudig begrüßt, gibt Autogramme. Ich habe den dritten Gin Fizz hinter mir, ein Schwips bahnt sich an. Da stoßen wir auf Enrico, einen Kollegen von Pedro. Auch er hat heute abend frei, ist eigentlich noch ohne Programm, fragt, ob er sich uns anschließen kann. »Wer ist diese Signora?« will er von Pedro wissen.

»Una signora molto simpatica«, wird ihm mitgeteilt.

Basta! Ich halte die Auskunft für zu dürftig, sortiere mein Italienisch und erzähle ihm ein wenig von mir. Enrico hat große verträumte Augen und macht ein wenig den Eindruck, als sei er gerade erst vom Himmel auf die Erde gefallen. Er will noch einen Wein mit uns trinken. Ich stimme zwar zu, bestehe aber darauf, daß wir nach Cattolica zurückfahren und uns dort eine Bar suchen. Die Herren sind damit einverstanden und ich bin froh, daß ich mich wieder meinem Hotel und damit der Tochter nähere.

Der Zufall läßt uns eine kleine Pizzeria abseits der Viale Carducci entdecken. Wir sitzen in einem gemütlichen Garten vor einem groben Holztisch. Von dem Touristenrummel, der Abend für Abend in Cattolica angesagt ist, spürt man hier überhaupt nichts. Außer unserem sind noch drei weitere Tische besetzt, einer von den Besitzern. Wir bestellen einen Liter Rotwein und zwei Pizzabrote. Enrico und Pedro diskutieren irgendein Problem, ich bekomme wenig mit, eigentlich höre ich ihnen auch gar nicht zu.

Ich registriere den Namen »Laura«, vergesse ihn aber wieder. Meine Aufmerksamkeit gilt vielmehr drei Katzen, den scheußlichsten, die ich jemals auf einem Haufen gesehen habe. Einer schmutzig graugestreiften fehlt ein Auge. Sie sitzt mir in der Dunkelheit gegenüber, das gesunde Auge ist unverwandt auf mich gerichtet, an der Stelle des anderen gähnt ein dunkles Loch.

Die weiße — sie scheint noch sehr jung zu sein — jagt alles, was sich bewegt, unter anderem auch ihren eigenen Schwanz. Es ist lustig, ihr zuzusehen, wie sie sich unverdrossen um die eigene Achse dreht. Sie ist klapperdürr.

Das dritte Tier ist zutraulich und ganz offensichtlich schrecklich hungrig. Es ist neben mich auf die Bank gesprungen, stupst mich zunächst mit seiner kleinen Nase, um auf sich aufmerksam zu machen. Ich streichle das struppige Fell. Daß die Katze allerdings weniger Wert auf meine Zärtlichkeit und mehr auf mein Pizzabrot legt, wird mir schnell klar. Immer, wenn ich ein Stück davon abbreche, legt sie ihre Pfote auf meinen Arm, so als wolle sie mich daran erinnern, daß sie auch noch da ist.

Ich nehme mir vor, morgen abend mit Linda hierher zu gehen, damit sie die Kätzchen sieht. Sie hat meine Liebe zu Tieren geerbt, ebenso wie Florian, der in unserem Bekanntenkreis ein gesuchter Tier-Sitter ist. Wer immer in den Urlaub fährt und ein Haustier alleine daheim lassen muß, wendet sich erfolgreich an meinen Sohn. Selbst ein Papagei gehörte zeitweise zu seinen Klienten.

Daß bei uns bereits eine zweite Karaffe mit Rotwein steht, merke ich nur am Rande, so sehr bin ich mit den Katzen beschäftigt. Die übrigen Gäste sind inzwischen gegangen. Der Familientisch hingegen ist voller geworden. Daß sie Pedro erkannt haben, war klar, als ein junges Mädchen, offenbar die Tochter des Hauses, unsere Bestellung aufnahm. Jetzt, wo die Familie noch durch einige Freunde Verstärkung bekommen hat, berät man ganz offensichtlich darüber, ob man den bekannten Liliputaner auch ansprechen könne.

Die »Mamma« faßt sich schließlich ein Herz, steuert auf Pedro zu und bittet ihn, sich in ihr Gästebuch einzutragen. Er lacht sie an, ist freundlich und unbefangen und bittet schließlich den ganzen Clan samt Freunden an unseren Tisch. Der Platz reicht nicht mehr, wir bauen an. Rund um mich klingt es italienisch, es wird gelacht, gestikuliert, sich zugeprostet, mich scheint man völlig vergessen zu haben. Mir macht das nichts aus. Erstens weiß ich mein Hotel in der Nähe und zweitens fühle ich mich daheim unter diesen Menschen.

Ich habe keine Ahnung mehr, worüber sie reden. Wieder einmal regt sich in mir die alte Liebe zu diesem Land, zu seinen Menschen, zu seiner Wärme, seiner Freundlichkeit, seiner Fröhlichkeit.

»Ti piace!« Enrico, der Zauberer, hat den Arm um mich gelegt und will wissen, ob es mir gefällt. »Ma si, mi piace molto. Sono felice.« Enrico, es gefällt mir sehr. Ich bin glücklich. Einen kurzen Augenblick zieht er mich fester an sich. Ich bekomme Herzklopfen!

Linda macht ein brummiges Gesicht. Enzo, unser Frühstückskellner, hat den Sonnenschirm aufgespannt, weil die Butter wegzuschmelzen droht. Es wird heute heiß werden, Vittorio, den man bis zu unserer Terrasse hinauf singen hören kann, wird ein gutes Geschäft machen.

Die Tochter nimmt übel, ganz zweifellos. Als ich gegen ein Uhr in unser Zimmer schlich, um sie nicht aufzuwecken, machte sie ein Auge auf und drehte sich wortlos auf die andere Seite. Jetzt bekomme ich die längst fällige Standpauke. »Ich habe auf dich gewartet, Mami, das war doch ausgemacht. Warum bist du denn so lange ausgeblieben?« Ich erzähle ihr von dem Abend, vom noblen Yachthafen, der mich nicht so sonderlich beeindruckt hat, von der gemütlichen Pizzeria, gleich in unserer Nähe, von den häßlichen Katzen, und ein bißchen erzähle ich auch von Enrico. Außerdem verspreche ich ihr, daß wir heute abend gemeinsam dorthin gehen werden. Beim Mittagessen erfahre ich, daß mich Enrico und Pedro zu ihrer Abendvorstellung eingeladen haben. Ich sollte mit meiner Tochter ein Taxi nehmen und zum Monte fahren. Pro forma berate ich mich mit Linda, was wir tun sollen. Doch eigentlich ist schon von vornherein klar, daß wir die Katzen besuchen werden. Auf ein lautes Nachtlokal, auch wenn man im Freien sitzt und sich die Musikwellen etwas verteilen, haben wir beide nicht die geringste Lust.

Samstagfrüh! Unser letzter Tag! Am Abend um acht Uhr fährt uns der Bus wieder zurück nach München. Ich bin unsagbar traurig. Der Kummer kriecht schon am Morgen in mir hoch und lähmt mich. Mit der Signora habe ich vereinbart, daß wir das Zimmer noch den ganzen Tag über bewohnen und auch im Hotel essen wollen, obwohl das Arrangement bereits am Morgen mit dem Frühstück abgelaufen ist.

Wir können ohne Aufpreis bleiben, das Haus ist nicht mehr voll. Außerdem wollen uns Fausto und seine Signora heute abend zum Abschiedsessen einladen, bevor wir zum Bus müssen.

Ich bringe mit Müh und Not ein weiches Ei hinunter, die Semmel bleibt mir im Hals stecken. Linda hingegen plappert ununterbrochen auf mich ein. Sie freut sich auf München. Sie freut sich auf so vieles. Ich beneide sie darum. Es ist immer so bei ihr gewesen. Nach einer Reise mit dem Vater, die sie mit großer Begeisterung antrat, war die Heimkehr genauso schön für sie. Es graut ihr auch nie vor der Schule, wenn die Ferien sich dem Ende zuneigen. Im Sommer freut sie sich auf den Winter. Im Frühjahr kommt der Sommer bald, im Herbst sind die Abende daheim so schön gemütlich, wenn es draußen nebelt. Ein glückliches Kind!

Mir wird plötzlich klar, daß ich ihr von meiner neuerlichen

Operation noch nichts erzählt habe. Sie weiß nicht, daß ich diese Reise mit ihr nur gemacht habe, weil ich zurück ins Krankenhaus muß. Sie hat keine Ahnung, daß die Diagnose »Krebs« lautete, daß man mir die Brust abnehmen wird und daß ich bestrahlt werden muß. Es war einfach nie Gelegenheit dazu, ihr reinen Wein einzuschenken. Wir waren so unbeschreiblich glücklich und unbeschwert. Ich ließ einfach nicht zu, daß uns die Schatten von München hier einholen.

Im Bus werde ich ihr heute abend alles erzählen, nehme ich mir vor. Wir sitzen dann ganz eng zusammen, können uns an den Händen halten, sie kann spüren, daß ich lebe, wenn sie ihren Kopf an meine Schulter legt, um zu schlafen.

Am Vormittag sind wir mehr im Wasser als auf unseren Liegestühlen. Einer deutschen Zeitung haben wir entnommen, daß es in München nur noch 3 Grad hat und in der Nacht die Gefahr von Bodenfrost besteht. Also nichts wie hinein in die lauwarme Adria. Die Sonne hängt hier zuverlässig am Himmel, man sieht ihr an, daß sie auch morgen wieder strahlen wird, zumindest hier in Italien.

Das Schwimmen ist heute für mich ein beinahe sinnliches Vergnügen. Mein Körper wird verändert sein, wenn ich irgendwann wieder im Meer baden werde. Ich werde ihn nicht mehr leiden können. Es hilft nichts, wenn die Signora mir sagt, alles sei wie immer, nichts habe sich nach der Amputation geändert. Sie ist verheiratet, ihr Mann läßt sich nichts von seinem Unbehagen anmerken. Ich bin eine alleinstehende Frau. Ich habe keinen Ehemann mehr, mit dem mich viele gemeinsame Jahre und Erinnerungen verbinden und zusammenknüpfen.

Ich brauche meinen Körper als Visitenkarte. Das heißt nun beileibe nicht, daß ich Affären suche. Es bedeutet lediglich, daß er einen Teil meines Selbstbewußtseins darstellt. Ich weiß, daß ich immer eine begeisterungsfähige Geliebte war. Leidenschaft ist ein sehr wichtiger Teil in meinem Leben.

Nach Scheidung und Trennung vom Freund war ich zwar allein geblieben, aber das war meine freiwillige Entscheidung gewesen und geschah nicht, weil mich ohnedies niemand mehr begehrte.

Nach dem Mittagessen bezahle ich die Rechnung. Wir wollen von dem eventuell verbliebenen Lire noch Einkäufe machen, außerdem habe ich eine Fahrt mit Vittorio im Sinn.

Von Pedro, der keineswegs böse ist, daß wir nicht in seine Vorstellung gekommen sind, habe ich auch Abschied genommen. Vielleicht sehen wir uns im nächsten Sommer wieder hier. Enrico läßt mich grüßen. Er mußte zurück nach Florenz. Dort lebt seine krebskranke Frau. Man hat ihr kürzlich die Brust abgenommen. Enrico wußte nichts davon. Gestern nacht hat er telefonisch von der Operation erfahren. Er fuhr sofort zu ihr. Pedro erzählt mir das so nebenher und begreift natürlich nicht, warum ich plötzlich zu zittern beginne.

Der Nachmittag vergeht viel zu schnell. Um sechs Uhr wollen wir den Strand verlassen, keine Minute vorher. Die letzte Fahrt mit Vittorio ist herrlich. Als er etwa in der Mitte der Route wie üblich mit seinem zur Geldtasche umfunktionierten Waschbeutel zum Kassieren kommt, lächle ich ihn an. »Vittorio, heute abend fahren wir nach Hause. Wir sehen uns lange nicht mehr.« »Nächstes Jahr wieder, Frau«, tröstet er mich. Ich leere meinen Geldbeutel aus. Alles, was an Münzen übriggeblieben ist, landet in Vittorios Kasse.

Die Koffer sind gepackt, die Haare frisch gewaschen, das letzte bißchen Salzwasser sorgfältig abgeduscht. Linda kontrolliert zum hundertsten Mal, ob Schränke, Schubladen und Regale auch wirklich leer sind, ob sie auch bestimmt keine ihrer gesammelten Muscheln vergessen hat. Ich stehe am Balkon, schaue aufs Meer hinaus, beneide die Möwen um ihren unbeschwerten Höhenflug und bete »Lieber Gott, ich will hier noch einmal zurückkommen. Ich will das alles noch einmal sehen! Laß mich das Meer noch einmal spüren! Lieber Gott, gib mir Kraft!«

Beim Abendessen ernähre ich mich hauptsächlich von Rotwein, während Linda höllisch aufpaßt, daß ja kein Spritzer Tomatensoße ihr weißes T-Shirt verschmutzt. Wir werden uns nach dem Gänseblümchenprinzip bekleiden. Hier ist es um halb acht Uhr noch heiß, wenn wir morgen früh in München aussteigen, wird es nicht wärmer als drei Grad sein. Wir müssen immer mehr anziehen, je näher wir dem Brenner kommen, uns sozusagen der metereologischen Schallmauer nähern.

Wir wollen uns von der Signora verabschieden, uns für die Einladung zum letzten Abendessen bedanken, da macht diese einen Fehler.

»Sei tapfer, Frau«, sagt sie liebevoll. »Operation ist nicht schlimm. Wenn Brust weg, dann gehen besser. Werden alles gut.«

Ich verstehe gar nicht, warum sie das alles in deutsch sagen muß, wir haben uns doch sonst immer auf italienisch unterhalten.

Linda steht neben mir, sie wird von dieser Neuigkeit ganz einfach erschlagen. »Warum hast du mir denn nicht gesagt, daß du wieder ins Krankenhaus mußt«, würgt sie heraus. Ihre Tränen hängen schon an den Wimpern. Meine fließen bereits. Die Signora merkt sofort, was sie angerichtet hat und schickt Mario, den Getränkekellner, weg, damit er zwei Cognacs holt. Für Linda lehne ich ab, dafür kippe ich beide hinunter.

Jetzt also weiß sie es, auf die brutalste und gnadenloseste Weise. Hätte ich ihr doch irgendwann etwas davon gesagt. Tausend verpaßte Gelegenheiten gehen mir durch den Kopf. Für lange Erklärungen hier in der Hotelhalle bleibt keine Zeit mehr. Der Boy wartet bereits mit unseren Koffern, wir müssen zum Bus. Die Signora entschuldigt sich für ihre Voreiligkeit, hat selbst Tränen in den Augen vor lauter Reue. Ich nehme sie in die Arme und versichere ihr, daß ich keineswegs böse, daß ich wohl selbst dumm gewesen bin, weil ich Linda bisher noch nicht aufgeklärt habe. Bussi rechts, Bussi links auf die Wangen. Ciao. »Vediamo il prossimo anno!« Wir sehen uns im nächsten Jahr wieder!

Im Bus empfängt uns ein wie üblich nervöser Reiseleiter. Er teilt uns die Plätze zu, bewundert unsere Bräune, unsere verweinten Augen bemerkt er nicht. Vielleicht will er sie auch gar nicht sehen. Schließlich kommt es öfters vor, daß weibliche Wesen weinend Abschied von Italien nehmen. Allerdings sind in der Regel wohl mehr glutäugige Enzos oder leidenschaftliche Raffaels die Ursache für rotgeweinte Augen. Daß wir andere Gründe dafür haben, sieht man uns ja nicht an.

Als der Bus auf die Autobahn rollt und sich das Reisefieber auch bei den anderen Insassen spürbar gelegt hat, reden Linda und ich über das, was auf uns beide zukommen wird.

Ich erzähle ihr, daß ich zwar Professor Hackethal noch konsultieren werde, im übrigen aber sicher bin, daß man mir am 27. September die Brust abnimmt. Sie wird bei unseren Freunden wohnen, sich mit Trixi das Zimmer teilen. Nach drei Wochen hoffe ich wieder daheim zu sein. Sie kann mich immer besuchen, jeden Tag, wenn sie will. Das Krankenhaus ist schließlich bei uns um die Ecke. Die Bestrahlung wird ambulant gemacht, da brauche ich nur stundenweise weg.

Linda hört sich alles an. Sie unterbricht mich ganz selten, ist bemerkenswert ruhig und gefaßt. »Wo ist der Flori, wenn du im Krankenhaus bist und ich bei den Geigers?« »Er ist für eine Weile zum Papi gezogen und versorgt sich dort selbst.« Jetzt weiß sie auch das!

Ein Glück, daß wir eine solch schöne Woche hatten. Davon werden wir zehren können, wenn die Sorgen und der Kummer zu arg drücken. Linda hat ihren Kopf an meine Schulter gelehnt, ihre Schlafhaltung wieder eingenommen. Ich bin froh, daß sie jetzt nicht in ihrem Zimmer alleine schlafen muß, sondern daß sie beim Aufwachen zwischendurch immer wieder spüren kann, daß der Krebs zunächst noch nichts verändert hat an mir und meinem Körper.

Enricos Frau hat sich amputieren lassen. Sie hat ihrem Mann nichts davon gesagt. Erst als alles vorüber war. Ich kann das nicht verstehen.

In München empfängt uns das erwartete Regenwetter. Am Ostbahnhof verlassen wir todmüde und frierend den Bus, bekommen vom Chauffeur unsere Koffer in die Hand gedrückt und werden von ihm mit den besten Wünschen verabschiedet. »Gewöhnen Sie sich gut wieder ein in München«, empfiehlt er uns. Der Fahrer des einzigen Taxis am Standplatz sieht uns ungerührt zu, wie wir die Koffer über die Straße in Richtung seines Autos wuchten. Obwohl er annehmen muß, daß wir mit ihm fahren wollen, bewegt er sich erst, als wir direkt vor ihm stehen.

Wütend zische ich ihm unsere Adresse entgegen. Auf dem Weg dorthin werde ich meinen Zorn los. Ich schimpfe auf das Wetter im allgemeinen und auf die Unhöflichkeit der Münchner Taxifahrer im besonderen. Er hat kapiert und behauptet, er habe uns nicht gesehen. »Wenn man die ganze Nacht durchfahrt, ist man in der Früh halt müd«, entschuldigt er sich schließlich. Zu Hause angekommen, zeigt er sich dann schließlich doch noch von einer besseren Seite. Er trägt unser Gepäck bis ins Wohnzimmer, und ich bin wieder halbwegs versöhnt. Linda schicke ich sofort ins Bett. Nach fünf Minuten ist sie eingeschlafen.

Ich sitze im Wohnzimmer auf dem Boden und lasse mich von meiner Katze begrüßen. Schnurrend schleicht sie immer wieder an mir entlang, streichelt mich mit ihrem Schwanz, legt sich auf den Rücken, spielt mit meinen Fingern, beißt und kratzt ein bißchen. Schließlich reiße ich mich los und suche nach Spuren, die mein Sohn bei seinem Auszug hinterlassen hat. Im Bad fehlt sein Rasierapparat, nur noch die leere Halterung klebt an den Kacheln. Schlagartig fühle ich mich an den Auszug meines Mannes nach der Scheidung erinnert. Auch damals registrierte ich das Fehlen des Rasierapparates als besonders deprimierend. Ich verstehe gar nicht, warum.

Gemeinsam mit Gipsy steige ich die Treppe hinauf und wage einen Blick in sein Zimmer. Seltsamerweise fehlt hier auf den ersten Blick garnichts. Er hat offenbar nur sein Schulzeug und seine Bettdecke mit zum Vater genommen, vielleicht auch ein paar Lieblingsplatten, aber das kann ich nicht beurteilen.

Ich stellte mir das entsetzte Gesicht des Vaters vor, wenn der Sohn mit seiner lauten Musik durch die Wohnung fetzt. Unwillkürlich amüsiert mich der Gedanke und ich lächle vor mich hin. Irgendwie bin ich sicher, daß dieses Vater-Sohn-Intermezzo nicht sehr lange dauern wird.

Diese Annahme verstärkt sich noch, als ich den leicht verzweifelten Kindsvater am Montag in aller Früh mit einem langen Zettel bewaffnet beim Einkaufen treffe. Fast hat er keine Zeit, mich zu begrüßen und sich zu erkundigen, ob wir wieder gut in München angekommen sind. »Sag mal, wo ist dieser komische Brotaufstrich?«, will er wissen. Ich lache schallend. Der Sohn hat dem Vater eine lange Besorgungsliste hinterlassen. Er selbst schläft noch.

Ich erinnere Peter daran, daß er mir immer vorgeworfen hat, ich würde mir von den Kindern zu viel gefallen lassen und sie zu wenig fordern. Mein Hinweis, jetzt sei ja wohl er dran, scheint ihm keine besondere Freude zu machen. Immerhin nimmt er sich vor, daß das sein letzter Einkauf sein wird.

Florians Anruf erreicht mich zwischen der dritten und vierten Wäschetrommel, irgendwann am Vormittag. Er klingt etwas kleinlaut und erkundigt sich, wann er mal vorbeikommen und mit mir wegen weiterer Schritte verhandeln kann.

Ich verschiebe dieses Gespräch um zwei Tage. Bis dahin hoffe ich, meinen Haushalt wieder in den Griff bekommen zu haben und nicht weinen zu müssen, wenn mir ein etwas fremd gewordener Sohn gegenübersteht.

Mein Vater meldet sich. Er hat am 19. September für mich einen Termin bei Professor Hackethal ausgemacht. Am Nachmittag um 3 Uhr müssen wir in seiner Klinik am Chiemsee sein. Er wird mit mir dorthin fahren. Die Aussicht auf diese Sprechstunde läßt mich ziemlich kalt. Ich erwarte mir von seinen Untersuchungen nichts Neues. Mittlerweile habe ich mich damit abgefunden, daß ich am 27. September amputiert werde, mache mir keine Hoffnungen auf ein Wunder.

Die Tage bis dahin vergehen im Flug. Linda und ich sind oft eingeladen. Wir müssen von unserem Urlaub erzählen, unsere gesamte Umgebung scheint bestrebt zu sein, uns zu streicheln.

Der Sohn ist mittlerweile auch wieder zu Hause. Der Beginn des neuen Schuljahres hatte recht schmerzhaft gezeigt, daß sich der Terminkalender des Vaters mit dem des Sohnes schlecht vereinbaren ließ. Beide mußten beinahe gleichzeitig aus dem Haus, sie kamen sich überall in die Quere, also trennte man sich wieder. Peter ist das Leben mit Kindern nicht mehr gewöhnt.

In meinem Bad ist also wieder ein Rasierapparat, ich habe wieder zwei Kinder, für die ich sorgen muß. Florian und ich leben zwar immer noch auf Distanz, sparen Gespräche über Schule, Auto, Freizeit, Zigaretten und ähnliche Reibungspunkte aus und verstehen uns deshalb ganz gut.

Wir haben alle drei Angst vor dem 27. September. Linda und ich können darüber reden. Der Sohn frißt alles in sich hinein. Er ist mit Sicherheit derjenige, der unter meiner Krankheit lange Zeit am meisten zu leiden hat.

Der 19. September ist ein strahlender, warmer Herbsttag. Ich trage weiße Jeans, einen gleichfarbigen Baumwollpulli und rote Sandalen.

Meine Italienbräune hat sich erhalten, ich sehe mit Sicherheit nicht aus wie eine Krebspatientin, die sich einer letzten entscheidenden Untersuchung unterzieht, bevor sie operiert wird.

Mein Vater und ich sind blendend aufgelegt. Ich erzähle ihm von Italien, wir lachen viel. Es ist das erste Mal, daß wir wieder diesen seit langem zwischen uns üblichen heiteren Smalltalk praktizieren.

Er plätschert so an der Oberfläche dahin und tut niemandem weh. Natürlich wissen wir beide, daß es da eine ganze Menge Vorbehalte gibt. Pläne, die mein Vater mit seiner Tochter einstmals hatte, wurden von mir recht gnadenlos durchkreuzt. Und das hat er mir bis heute nicht verziehen.

Er kann immer noch nicht verstehen, warum ich vorhandene Talente nicht genutzt habe. Er sah meine Zukunft nicht als Hausfrau, sondern als erfolgreiche Journalistin oder Rechtsanwältin. Daß ich früh heiraten, sehr bald Kinder bekommen und für ein Berufsleben unerreichbar bleiben würde, war so gar nicht in seinem Sinne gewesen. Er hat mir dieses Abwandern in den Alltag eigentlich nie wirklich verziehen. Diskussionen, die sich bisweilen einfach nicht vermeiden lassen, zeigen, wie dünn die Haut über seinen »Wunden« ist.

Klage ich über die Lernunlust der Kinder, erinnert er mich sofort an meine schulischen Mißerfolge, die er ausschließlich auf meine Faulheit zurückführt. Zeige ich ihm Narben, die Verletzungen bei mir hinterlassen haben, tröstet er nicht, sondern erklärt mir recht sachlich, wie hoch mein Verschulden daran war.

Nun, jetzt sind wir gemeinsam unterwegs, um von Professor Hackethal zu erfahren, was er als Behandlungsmethode vorschlägt. Über meine Erkrankung haben mein Vater und ich eigentlich noch nicht ernsthaft gesprochen. Er hat sie zwar registriert, aber er ist offenbar auch gleichzeitig zu der Ansicht gekommen, daß sie so schlimm einfach nicht sein darf.

Die Privatklinik Chiemseewinkel entpuppt sich als zweigeschossiges Nobelquartier mit viel Holz, Geranien und einladenden Balkonen. Sie ist in Sichtweite des Sees, mitten im Grünen. Irgendwie wirkt sie wie ein bayrischer Lockvogel für norddeutsche Touristen.

Ich habe später einmal erlebt, daß ein junger Amerikaner mit seinem Mädchen an der Rezeption für das Wochenende ein Doppelzimmer mit Balkon mieten wollte. Erst mein Hinweis auf die Lampen, die den Schwestern den Weg zu den hilferufenden Patienten zeigen, überzeugte ihn schließlich davon, daß er sich nicht in einem Hotel, sondern in einem Krankenhaus befand.

Am Eingang erkundigen wir uns bei einer jungen Frau nach dem Sprechzimmer und sind im Nu darüber informiert, daß sie Patientin und am letzten Dienstag vom Professor operiert worden ist. »Ganz hervorragend«, wie sie versichert. Man sähe überhaupt nichts. Beschwerden habe sie keine, »glücklich und dankbar« sei sie, daß sie der Zufall hierher geführt habe.« Kein Arzt kommt mehr an mich ran.« Das hat alles höchstens 10 Minuten gedauert, und schon kennen wir fast die ganze Krankengeschichte der Frau. Sie will wissen, ob auch ich operiert werde. Daß es bei mir an der Brust liegt, hat sie ganz einfach vorausgesetzt, obwohl hier im Haus auch andere Operationen durchgeführt werden.

Sie rät mir, für diesen Fall unbedingt an einem Mittwoch in die Klinik zu gehen. Der Professor operiert nämlich nur einmal in der Woche, am Dienstag, verlangt aber eine gründliche Vorbereitungszeit auf die Operation mit entsprechender Behandlung. »Kommen Sie erst am Samstag, müssen Sie über eine Woche warten. Treffen Sie aber am Mittwoch ein, dauert es nur 6 Tage.« Ich verspreche, diese Überlegungen zu berücksichtigen, wenn ich einen Operationstermin ausmachen würde und betrete recht verwirrt die Klinik.

Auch das Innere erinnert nicht an ein Krankenhaus, eher an eine Kurklinik. Ich nehme eine Unmenge an Blumengestecken wahr, alle künstlich, eine breite Treppe, die ebenso wie der übrige Boden mit einem weichen, rot-grünen Teppich ausgelegt ist.

Ich sehe Menschen in Bademänteln. Sie haben meistens noch ein Handtuch über den Arm gehängt und tragen Mappen bei sich. Ich beobachte junge Mädchen in weiß-grau gestreiften Kleidern, offenbar Schwestern, und eine Frau in weißer Hose, weißem T-Shirt, weißen Schuhen und einem offenen weißen Mantel, sicherlich eine Ärztin. Sie ist noch sehr jung, hat lange schwarze Haare und weist uns den Weg zum Sprechzimmer.

Im Vorzimmer des Professors notiert man, daß ich mich pünktlich zum angegebenen Termin eingefunden habe. Dann werde ich in ein kleines Nebenzimmer gebeten.

Dort bekomme ich einen weißen Frotteemantel. »Der Professor findet, daß es für die Patienten angenehmer ist, wenn sie schon ausgezogen zu ihm kommen«, klärt mich eine stupsnäsige Schwester auf, die mich wiegen und messen muß. Ich versichere ihr, daß ich diese Idee auch für gut halte, weil es unangenehm ist, wenn man sich vor einem Arzt Stück für Stück entkleiden muß.

Ansonsten bin ich schweigsam und befangen. An Krankenhausatmosphäre habe ich mich mittlerweile gewöhnt. Dies hier macht mich unsicher. Gewaltsam muß ich mich daran erinnern, daß ich nicht für einige Wochen ein Zimmer mieten und Urlaub machen möchte, sondern daß in wenigen Minuten das Thema »Krebs« wieder zur Debatte stehen wird. Brustkrebs!

Amputation! Bestrahlung! Chemotherapie! Ein Wort entsetzlicher als das andere.

Eine große, stämmige Dame betritt den Raum und lächelt mich an. Ihr weißer Mantel über einem dunklen Tweedrock und einer beigen Leinenbluse ist geöffnet. Sie wirkt rundherum gesund, kräftig, aktiv, hat glatte Haut, lange glänzende Haare, naturbelassen, selbstverständlich. Ein wenig sieht sie aus, als habe man sie engagiert, um für Vollwertkost, Bierhefe und Buttermilch Reklame zu machen. Später stellt sich dann heraus, daß sie tatsächlich Hackethals Ernährungsexpertin ist. Zunächst vermittelt sie bei mir den Eindruck von Gesundheit, Freundlichkeit, Vertrauenswürdigkeit. Sie hat einen Fragebogen in der Hand und will wissen, welche Krankheiten, Operationen und andere Behandlungen ich bereits hinter mir habe. Sie muß wenig notieren. Ich war wirklich selten krank.

Dann bringt sie mich unvermittelt völlig aus dem Konzept. »Haben Sie Kummer? Wovor haben Sie Angst? Stimmt es in Ihrer Familie? Wie läuft Ihre Ehe? Haben Sie Kinder? Verstehen Sie sich mit ihnen? Was bedrückt sie am meisten, und wie lange schon?«

Zunächst bin ich ziemlich sprachlos. Der unerwartete Fragenkatalog überrascht mich zu sehr.

Wann hat sich in letzter Zeit jemand nach meinem seelischen Wohlergehen, nach eventuellen Kümmernissen gefragt? Ich kann mich nicht daran erinnern.

»Sehen Sie, wir wollen von den Patienten noch vor einer Behandlung wissen, wie es in ihrem Inneren aussieht«, bekomme ich zu hören. »Es bringt nichts, wenn man den Körper alleine sieht, die Psyche des Menschen ist meistens genauso wichtig, wenn er krank ist.«

Da sie merkt, daß mir diese unerwartete »innere Einkehr« etwas schwerfällt, schlägt sie vor, mich alleine zu lassen.

»Nehmen Sie sich Zeit. Der Professor hat sowieso noch einen Patienten bei sich. Und Ihrem Vater werde ich sagen, daß er sich gedulden muß. Hier haben Sie Papier und Kugelschreiber. Notieren Sie alles, was Ihnen zu meinen Fragen einfällt.« Sie klopft mir auf den Rücken und verläßt mich.

Jetzt sitze ich also an einem wunderschönen Herbsttag, bekleidet mit einem weißen Bademantel, auf einem hellen Ledersessel vor einem Bauernschreibtisch, schaue auf die Kampenwand und soll schriftlich niederlegen, wie es in meinem Inneren aussieht. Eine absurde Idee! Draußen vor der Türe wird mein Vater sicherlich langsam nervös, weil er eine Zigarette rauchen will und aus der Tatsache, daß es in dem Wartezimmer keinen Aschenbecher gibt, bereits geschlossen hat, daß Rauchen hier verboten ist.

Die Sonne malt Kringel auf den Schafwollteppich. Eine Wespe kämpft verbissen gegen das Fliegengitter am weit geöffneten Fenster an. Immer wieder stößt sie mit dem Kopf dagegen. Sie müßte doch schon längst einen Brummschädel haben, geht es mir durch den Kopf. Aber offenbar ist der einzige Schädel, der weit und breit brummt, mein eigener.

Ich bringe keinen Satz zu Papier, bin einfach nicht vorbereitet auf diese Untersuchung der Seele. Die Brust, die Achselhöhlen, die Halspartie, sie alle waren dran, nicht mein Herz. Und trotzdem steht plötzlich der erste Satz auf dem Papier: »Ich habe Angst.«

Es ist mir entschlüpft. Und dann scheint die anfängliche Hemmung überwunden. Ich schreibe, ohne auf Punkt und Komma, auf Stil und Rechtschreibung, auf elegante Formulierungen zu achten, zwei, drei Seiten runter. Mit immer schneller werdenden Fingern.

Ich vertraue diesem Papier an, daß ich mich alleine fühle, unverstanden von den Eltern, verlassen von meiner Familie, daß ich Sorgen habe, finanzielle, gesundheitliche, menschliche, daß ich Angst habe, sterben und meine Kinder alleine zurücklassen zu müssen, daß ich befürchte, daß man sie umgehend in ein Internat stecken wird, daß ich mich nach einem Menschen sehne, der nicht immer nur Erwartungen in mich setzt, sondern der mich hätschelt, mich streichelt und mit mir träumt. Ich bin noch nicht fertig, als mein Vater klopft und mir mitteilt, daß der Professor auf uns wartet.

Er fragt mich, ob es mir recht ist, wenn er mit ins Sprechzimmer kommt. Natürlich bin ich damit einverstanden, eigentlich ist es mir ziemlich egal. Ich bin noch derart mit dem, was ich da hastig zu Papier gebracht habe, befaßt, daß ich gar nicht zuhöre.

Unerwartet groß ist er, einen kleinen Bauchansatz und wenig Haare hat er. Mit lustigen blauen Augen über einer halben Brille strahlt er, eine weiße Hose und ein weißes Hemd trägt er: Professor Dr. Julius Hackethal, Deutschlands zur Zeit meist geschmähter Mediziner.

Einen Nestbeschmutzer hat man ihn genannt, einen Scharlatan, einen Mörder in Weiß, Eitelkeit, Geldschneiderei, Verantwortungslosigkeit, Ehrlosigkeit, Großmannssucht hat man ihm nachgesagt. Illustrierte und Magazine widmeten ihm Titelseiten, verunstalteten sein Bild mit zur Warnung gekreuzten Gebeinen, verzerrten sein Gesicht zur teuflischen Fratze. Dieses Ungeheuer kommt also auf mich zu und nimmt mich zur Begrüßung ganz einfach in den Arm. »Schön, daß Sie zu mir gekommen sind, bevor Sie Endgültiges entscheiden. Ich freue mich darüber. Vielleicht kann ich Ihnen helfen.«

In diesem Moment springt in mir ein dicker Ring, der mein Herz zusammengepreßt, der mir die Luft abgeschnürt und den Blick zur Sonne und zu den Sternen zeitweise erschwert hat.

Zu diesem Mann, der mir mittlerweile hinter einem dicken Schreibtisch gegenübersitzt, fasse ich sofort Vertrauen. Noch nie bin ich einem Menschen begegnet, der mir vom ersten Augenblick an soviel Sicherheit und Zuversicht übermittelt hat wie dieser Arzt.

Zunächst läßt er mich erzählen, will von mir wissen, wie ich in dem Münchner Krankenhaus behandelt wurde, erfragt von mir die Diagnose und den histologischen Befund, obwohl er beides vor sich liegen hat. Er unterbricht mich kein einziges Mal, als ich erzähle, daß ich am 27. September zur Amputation in dieses Krankenhaus zurückkehren werde.

»Warum sind Sie zu mir gekommen?« will er wissen. »Mein

Vater und Freunde haben von Ihnen erzählt. Ich selber weiß eigentlich nichts von Ihnen«, gebe ich wahrheitsgemäß zu. »Seien Sie froh«, grinst er.

Er untersucht mich. Seine Finger sind zart, aber gründlich. Millimeter für Millimeter tastet er sich an meiner linken Brust entlang. An der Operationsnarbe im Warzenbereich ist eine Verhärtung spürbar. Er kennzeichnet sie mit einem roten Kreis. Ich muß die Arme hinter dem Kopf verschränken, er gräbt in den Achselhöhlen herum, wandert mit seinen Fingern an den Schlüsselbeinen entlang, kehrt zurück zur linken Brust, prüft noch einmal die Verhärtung, befühlt die rechte Brust, verharrt besonders lange an deren Warze, kann nichts finden.

Während der Untersuchung redet er nur wenig. Er macht mich auf die harten Stellen an der linken Brustwarze aufmerksam und meint, daß auch er, wenn ich mit einer Behandlung durch ihn einverstanden wäre, dort aufschneiden müsse. Nur eine Notoperation könne endgültig klären, ob die Verhärtung eine Folge des ersten Eingriffs sei, oder ob man dort nachlässig geschnitten habe, weil anzunehmen war, daß die Brust ja ohnedies abgenommen wird. Alles andere sei frei von eventuellen Knoten. Absolut frei.

Er sagt das mehr zu meinem Vater, der sich abgewandt hat, offenbar aus Rücksicht auf mich. In unserer Familie lief man niemals nackt über den Gang, ein Badetuch, das Intimes wenigstens spärlich verhüllte, war obligatorisch.

Daß seine Tochter diese Hemmungen nicht kennt, kann der Vater nicht wissen. Wir haben nie über so etwas gesprochen. Auch jetzt hält sich sein Interesse an meiner kranken Brust in Grenzen.

Lediglich einmal reagiert er, als Professor Hackethal in sein Diktiergerät etwas von »einer großen Brust« spricht. »Das darf doch nicht wahr sein. Meine Tochter und eine große Brust. Früher mußte man gleich zweimal hinschauen, damit man merkte, wo vorne und hinten ist.« Er lacht, ich lache und der Professor ebenfalls.

Die gute Stimmung bleibt im Raum, vereint sich mit den Sonnenstrahlen, die das Zimmer hell und freundlich machen.

Nachdem er Details über meine linke Brust verlauten ließ, äußert er sich nun auch über die andere. »Rechte Brust, nichts Besonderes.« Mag sein, daß Sie ein begnadeter Chirurg sind, ein Kavalier sind Sie auf jeden Fall nicht«, unterbreche ich ihn sofort. Verdutzt schaltet er den Knopf aus. »Wie bitte?« »Ich meine, daß diese Bemerkung doch recht abfällig ist. Man kann das doch auch etwas charmanter formulieren.« Hackethal lacht, daß ihm die Tränen über die Backen laufen. »Sie sind vielleicht ein verrücktes Huhn«, gurgelt er. »Wie hätten Sie's denn gern?« Zu zweit basteln wir an einer neuen Formulierung. »Rechte Brust recht ansehnlich, jedoch ohne Befund.« Darauf einigen wir uns schließlich.

Irgendwie ist es ihm gelungen, mich wieder zu einem ganz normalen Menschen zu machen. Gut, ich bin wegen einer Krebsdiagnose zu ihm gekommen. Aber er geht mit diesem Wort um, als sei es ohne besondere Bedeutung. Er sagt im übrigen auch nicht »Krebs«, sondern »Krebsid«, als handle es sich dabei nur um eine Abart davon.

Nachdem die Untersuchung abgeschlossen ist, schildert er mir seine Behandlungsmethode. Auch er müsse schneiden, um festzustellen, ob die Verhärtung Krebsidzellen enthält. Auch bei ihm werde ich bestrahlt, allerdings mit der niedrigstmöglichen Strahlenmenge von 2500 Rad, gezielt nur auf die Stelle, wo der Knoten saß. Chemotherapie komme jedoch unter gar keinen Umständen in Frage. In der Klinik gibt es Vollwertkost für die Patienten, es gibt Mistel- und Magnesiumtabletten, Thymus- und Therapiespritzen in den Bereich des Tumors, um dort die Durchblutung zu fördern. Es gibt Blutwäschen, Ultrarotbestrahlungen, Massagen, Bäder. Ich höre mir dieses Programm schweigend an.

»Können Sie mir garantieren, daß mit einer Nachoperation samt anschließender Bestrahlung die Sache überstanden ist?« will ich wissen. Dieselbe Frage also, mit der ich meinen Münchner Operateur traktiert hatte. »Natürlich nicht«, erwidert er sofort. Er empfiehlt mir, die Sache noch einmal zu überschlafen. »Sie müssen sich jetzt nicht entscheiden«, meint er. »Ich denke, Ihre Chancen sind gut. Sie sind rechtzeitig zu mir gekommen. Ich kann Ihnen wohl besser helfen, als so manchen anderen, die fast schon zu Tode therapiert wurden und für die ich die letzte Rettung sein soll.«

Ich brauche keine Bedenkzeit mehr. Ich habe mich längst entschieden. Beide Ärzte können keinen Garantieschein auf Heilung ausstellen. Lediglich ihre Behandlungsmethode unterscheidet sich. Der eine geht mit scharfen Geschützen vor, er will amputieren, bestrahlen, eventuell chemotherapieren. Der andere hat mehr Verständnis für meine seelische Not. Er weiß, daß eine Frau ihre Brust nicht so einfach abschneiden läßt, mögen auch noch so viele vernünftige und medizinische Gründe dafür sprechen. Ich werde zu ihm gehen, mich von ihm behandeln lassen. Ich werde das Risiko eingehen, von dem man mir in München gesagt hatte, es sei viel zu hoch. Dort hat man gemeint, wenn ich nicht amputieren ließe, hätte ich nicht mehr lange zu leben.

Vielleicht haben sie recht, die konventionellen Doctores, vielleicht bin ich wirklich bald tot, aber die Zeit, die mir noch bleibt, möchte ich nicht verstümmelt und nicht ohne Hoffnung erleben. Ich bin sicher, daß ich mein Leben noch einmal in den Griff bekomme, und dieser Arzt mit seinem Schwung, seiner Liebenswürdigkeit und vor allem mit seiner Respektlosigkeit gegenüber dem Ungeheuer Krebs wird mir dabei helfen! Ich will leben! Jetzt!

Ich lasse meinen Vater und den Professor an meinen Überlegungen teilhaben. Der Vater schaut nachdenklich, der Professor ruft nach seiner Frau, um die Zimmerfrage und den Operationstermin abzuklären.

Li Hackethal erscheint auf der Bildfläche, ein blondlockiger Quirl mit umwerfendem Temperament. »Julius, bist du wahnsinnig, wir haben kein Zimmer! Wir haben die nächsten Jahre überhaupt kein Zimmer mehr frei, so wie das hier ausschaut. Ich kann die Leute doch nicht übereinander legen!« Die Zeit, die seine Frau braucht, um wieder Luft zu holen, nützt er, um ihr mitzuteilen, daß Frau Benedict am 2. Oktober operiert wird, also am 26. September ein Zimmer braucht, damit sie auf die Operation vorbereitet wird.

»Gut«, zischt es zurück, »Julius, mach nur so weiter. Ich schnapp' noch mal über!«

Ich kenne Li nun schon seit drei Jahren. Sie schnappt nicht über, sie ist immer in Aktion und sie ist ganz nebenher der gute Geist des Hauses, der immer dann auftaucht, wenn Not am Mann ist. Sie schafft einfach alles, und ihr Julius schafft sie irgendwann einmal. Das wenigstens befürchtet sie.

Als ich mich von den beiden verabschiede, scheinen sie mir schon irgendwie vertraut. Daß mich mit beiden einmal eine tiefe Freundschaft verbinden wird, weiß ich zu diesem Zeitpunkt noch nicht. Mit ihrem »Bis bald« und »Machen Sie's gut« schaffen sie es sogar, daß ich mich auf ein Wiedersehen mit ihnen freue. Auch wenn das eine neuerliche Operation bedeutet, weil ich Krebs habe.

Zu Hause werde ich von meinen Kindern, von meiner Mutter, von meinen Freunden erwartet. »Wie war's? Was meint er? Was machst du?«

Ich sage ihnen allen, daß ich zu Professor Hackethal gehen und den Kampf gegen meinen Brustkrebs aufnehmen werde, daß der im übrigen nicht mehr Krebs, sondern Krebsid heißt und daß er, seitdem er einen neuen Namen, auch seinen Schrecken für mich verloren hat.

Bis spät abends tagen wir auf dem Balkon, Helga und Gisi, Brigitte und Guggi, meine beiden Nachbarinnen, Florian und Susanne.

Wir schaffen einige Flaschen Wein, lachen viel, blödeln und albern herum. Die dumpfe Stimmung, die seit Wochen auf uns lastete, hat sich verflüchtigt. Es wird neue Wege geben . . .

Am nächsten Morgen, einem Freitag, rufe ich in dem Münchner Krankenhaus an und sage meinen Operationstermin ab. Durch Zufall habe ich den Chef der Chirurgie am Apparat. Er weiß von nichts, hört nur, daß ich nicht kommen kann und verspricht, dies dem Kollegen, der mich operieren sollte, auszurichten.

Später erfahre ich, daß der Terror sofort begann, als dieser davon hörte. Er telefonierte mit meinem alten und meinem neuen Hausarzt. Beide sollten mich zur Vernunft bringen, mir den Hackethal, diesen Wahnsinnigen, ausreden, ich sei im höchsten Maße gefährdet. Beide Ärzte paßten schließlich, der alte, weil er meinen eisernen Willen bereits seit vielen Jahren, und der neue, weil er mich noch nicht gut genug kennt.

Die Zeit, die mir vor meiner Operation noch bleibt, nütze ich, um mich bei Lindas neuen Lehrern vorzustellen und anzukündigen, daß die nächsten vier Wochen Helga für Unterschriften und Rückfragen zuständig ist. Ich bespreche mit Florian, wie er sich am besten selbst versorgt. Linda räumt so nach und nach ihre Habseligkeiten in Trixis Schränke und Regale.

Ich kaufe mir zwei schicke neue Nachthemden, lasse mir meine Haare vorsorglich schneiden, damit sie mich im Bett nicht allzu sehr stören und fahre schließlich mit meinem Vater durch wolkenbruchartige Regengüsse in Richtung Chiemsee, um dort mit Hilfe von Professor Hackethal in seinem »gastlichen Krankenhaus ohne Angst«, wie es ein Prospekt verspricht, dem Krebs den Kampf anzusagen.

Eine Kostenübernahmeerklärung meiner privaten Versicherung habe ich in der Handtasche. Beim ersten Aufenthalt erweist sie sich noch als überaus großzügig. Dieses Entgegenkommen verliert sich indessen, je häufiger ich in die Klinik zurück muß, um dort weiterhin beobachtet und versorgt zu werden.

Ich muß gestehen, je näher wir der Klinik kommen, desto tiefer sinkt mein Stimmungsbarometer. Nur noch schwach erinnere ich mich an die gute Laune, die ich hatte, als wir nach dem Sprechstundentermin wieder in Richtung München gefahren waren.

Heute, am 26. September um 10 Uhr vormittags, fühle ich mich elend und hoffnungslos. Vielleicht liegt es auch an dem naßkalten Herbstwetter, vielleicht macht mir auch die Trennung von den Kindern und der Katze mehr zu schaffen, als ich das zugeben wollte — auf jeden Fall steige ich weinend aus dem Auto meines Vaters, der verstohlen auf die Seite schaut, um nicht reagieren zu müssen.

Als wir die Rezeption ansteuern und uns erkundigen, welches Zimmer für mich reserviert wurde, nähert sich eine hochgewachsene, attraktive Blondine.

»Kann ich Ihnen irgendwie helfen?« will sie wissen. Sie kann. Wie sehr, das zeigt sich erst etwas später. Sie ist Patientin, seit zwei Wochen hier, hat Brustkrebs, wird in Traunstein bestrahlt.

Während wir in der Halle warten, bis wir gerufen werden, erzählt sie uns alles, was wir ihrer Meinung nach so wissen sollten. Ich sitze ziemlich schweigsam dabei, erfahre, daß sie woanders schon einmal operiert wurde, daß man auch ihr die Brust hatte abnehmen wollen und daß sie buchstäblich im letzten Moment durch ihren Freund auf Professor Hackethal aufmerksam gemacht worden war.

Seit sie hier ist, fühlt sie sich blendend. Die Bestrahlungen bekommen ihr gut, die Vollwertkost überzeugt sie ebenso wie alles andere, was man hier unternimmt, um ihren Körper widerstandsfähiger zu machen. Ursula, sehr schnell hat sie mir diese Vertrautheit angeboten, scheint auf den ersten Blick rundum zufrieden zu sein.

Daß sie später immer wieder von Zweifeln geplagt sein wird und sich schließlich woanders doch die Brust abnehmen läßt, konnte zu diesem Zeitpunkt noch niemand ahnen. Sie verläßt uns. Eine Vollmassage mit anschließender UV-Bestrahlung steht auf ihrem Laufschein. »Ich muß mich beeilen. Wir Bestrahlten sind in dauernder Zeitnot. Die Fahrt nach Traunstein — dort wird bestrahlt — mit allem Drum und Dran dauert etwa drei Stunden. Wenn wir zurückkommen, jagen sich die Termine. Wir müssen die Spritzen abholen, und an die Luft sollten wir auch.« Sie schildert den täglichen Streß so komisch, daß ich zu lachen anfange.

Bevor sie verschwindet, verspricht sie mir, dafür zu sorgen, daß ich beim Mittagessen an ihrem Tisch sitzen kann. »Dann sind Sie nicht ganz so fremd hier.«

Ich beziehe ein gemütliches Dachzimmer im 2. Stock mit Balkon und Blick auf den See. Im Vorraum des Patientenappartements, wie es hier heißt, ist eine Schrankwand, vis-à-vis ein kleines Bad.

Ein bäuerlicher Schreibtisch, auf dem ein Fernsehapparat steht, ein runder Tisch, ein kleiner Sessel und ein niedriges Bett verbreiten eine wohlige Atmosphäre in meinem Zimmer. Von Krankenhaus keine Spur. An den Wänden hängen bunte Bilder. Es gibt keine kahlen weißen Wände hier. Während ich dabei bin, meine Sachen in den geräumigen Schränken unterzubringen und mein Vater mir sämtliche wichtigen Telefonnummern aufschreibt, weil ich dafür viel zu zittrig bin, erscheint eine Elfe namens Elfi. »Ich bin hier die Stationsschwester«, verkündet sie, und man glaubt ihr das kaum. Sie ist zart, zerbrechlich und ganz einfach nur lieb. Sie erklärt mir das Telefon, übergibt mir die Hausordnung, kündigt einen jungen Arzt an, der neben dem Professor mein zuständiger Leibarzt sein wird und empfiehlt mir im übrigen, mich mit allen Bedürfnissen und Fragen getrost an sie zu wenden, mittels Haustelefon, mittels Schwesternglocke, oder auch persönlich, ganz wie ich will. Mit einem Lächeln schwebt die Elfe Elfi zur Türe hinaus. Daß sie sehr viel Kraft hat, sowohl körperliche als auch seelische, habe ich später oft erlebt. Sie spritzt phantastisch, bettet um wie keine zweite und sitzt an den Betten Schwerkranker und Sterbender, die nur sie um sich dulden wollen. Heute lebt sie mit ihrem Mann in Indien.

Es wird Zeit, daß wir uns verabschieden, mein Vater und ich. Ich werde nicht mit ihm hinuntergehen, sondern ihm von meinem Balkon aus zuwinken. Ich will tapfer sein oder zumindest von der Ferne aus so scheinen. Ein letztes Bussi, ein gewohntes »Mach's gut, Alte. Kopf hoch«, — dann ist er aus dem Zimmer.

Ich gehe zur Balkontüre, will das Fliegengitter öffnen. Es bleibt verschlossen. Ich klopfe, stampfe, trommle dagegen. Es bewegt sich nicht. »Vati« brülle ich und rase den Gang entlang. »Vati!« Er wartet noch auf den Lift und fährt erschrocken herum, als er mich so kreischen hört. Gemeinsam gehen wir zurück. Ich hänge an seinem Arm und schluchze. »Ich bring das blöde Gitter nicht auf. Ich kann dir doch dann nicht zuwinken, und du glaubst da unten vielleicht, ich hätte dich schon vergessen!«

Jetzt bin ich keine 45 Jahre mehr alt, oh nein, jetzt in diesem Moment bin ich 10 Jahre, werde von meinem Vater im Internat, einem alten Schloß, abgeliefert bei einer knopfäugigen Frau Jecke, die immer ein passendes Volkslied auf den Lippen hatte. Schon jetzt habe ich Heimweh nach meinem Vater, obwohl er noch im Schloß ist und ich seine Hand noch halten kann. »Ich mag diese fremde Frau nicht, die jetzt meine Familienmutter ist, ich möchte wieder heimfahren, zu meinen Puppen und zu meinen Teddybären. Die sitzen auf meinem Bett und warten auf mich.« Natürlich läßt sich das Fliegengitter ganz einfach öffnen, auch für Fliegen und Mücken stellt es kein ernsthaftes Hindernis dar, wie ich am nächsten Morgen an meinen zerstochenen Armen feststellen kann.

Ich stehe auf dem Balkon und winke meinem Vater. Wir benützen seit meiner Kindheit einen Geheimgruß, den haben wir einmal in einem Film gesehen und sofort übernommen. Mit der rechten Hand zeichnen wir einen Halbkreis in die Luft, so eine Art Regenbogen. Er steigt ins Auto, fährt an. Ich könnte ihm noch nachsehen, bis er auf die Autobahn stößt, doch das will ich nicht mehr.

Ich gehe ins Zimmer zurück und rufe meine Mutter an. Ich gebe ihr meine Nebenstelle durch und bitte sie, meine Kinder zu grüßen, wenn sie aus der Schule kommen. Da mir nur mehr eine halbe Stunde bleibt bis zum Mittagessen, setze ich mich auf den Sessel, der bemerkenswert unbequem ist, und versuche in der Zeitung zu lesen.

Da klopft es. Ein junger Arzt kommt auf mich zu. Er ist klein, hat einen wuscheligen blonden Lockenkopf und ist mir auf Anhieb sympathisch.

»Ich bin Dr. Herbst, Ihr Leibarzt. Wenn es Ihnen recht ist, dann werde ich Sie jetzt untersuchen.« Es ist mir recht. Doch da fällt sein Blick auf meinen Radiowecker. »Jesses, es ist ja gleich halb eins. Wissens' was, da gehens' zuerst zum Essen, und in einer Stunde komme ich wieder.« Auch das ist mir recht.

Am Eingang des Speisezimmers wartet bereits Ursula auf mich. Sie nimmt mich an der Hand und führt mich zu ihrem Tisch. Ich stelle mich einer vierköpfigen Gesellschaft vor und fühle mich entsetzlich fremd, trotz der mir zumindest ein wenig bekannten Ursula. Rechts neben mir sitzt ein älterer Herr. Er hat sichtlich

Schwierigkeiten beim Schneiden seines Fleisches, außerdem befindet sich nur eine winzige Portion auf seinem Teller. Er hält eine 800-Kalorien-Diät, wie ich später erfahre.

Mir gegenüber sitzt ein Amerikaner mit Namen Jim. Er hat zwar einen Nachnamen, der dem Schild auf seiner Serviettentasche zu entnehmen wäre, aber alle nennen ihn nur Jimmy. Seine Backen sind rot, er hat liebe Augen und hält offenbar recht wenig von Essenskultur. Die Suppe wird lässig geschlürft. Einige wenige Tropfen erreichen sogar seinen Mund, der Rest tropft ab. Beim Frühstück am nächsten Tag muß ich übrigens feststellen, daß ihn auch mit Honig eine unglückliche Liebe verbindet. Er ißt ihn leidenschaftlich gern, allerdings braucht er einen Honigtopf offenbar nur anzusehen, um bis zum Ellenbogen klebrig zu werden. Die übrige Nahrungsaufnahme gestaltet sich für ihn problemlos. Er schneidet erst alles auf, dann wird es mittels einer Gabel zu einem Brei zusammengemischt und anschließend recht hörbar ausgelöffelt. Jimmy macht das prächtig. Man gewöhnt sich an ihn.

Beim ersten Mittagessen habe ich da allerdings noch meine Schwierigkeiten. Später nicht mehr.

Neben ihm stochert »Sir Henry«, eine energische 83jährige Dame mit Namen Henrici, in ihrem Fleisch herum. »Staubtrokken«, schimpft sie, »und natürlich ohne Soße.« Nach dem Essen erfahre ich von Ursula, daß »Sir Henry« in der Küche ausdrücklich Anweisung gegeben hat, man möge ihr Putenfleisch und dieses ohne jegliche Soße servieren. Sie will unter allen Umständen ihre schlanke Figur erhalten. Eine selbstverschuldete Dürre also!

Die Mannschaft wird komplettiert von einer »ambulanten« Düsseldorferin, die sich hier lediglich Thymusspritzen geben läßt und ansonsten nur die Bäderabteilung in Anspruch nimmt. Gemeinsam mit ihrem Dackel namens Pürschi hat sie in Bernau ein Appartement bezogen. Mittags wird sie in der Klinik verköstigt.

Ebenso ihr Dackel Pürschi. Sobald einer von uns ein Stück auf seinem Teller liegen läßt, flötet sie:« »Ach, essen Sie das nicht mehr? Da wird sich mein Pürschi aber freuen!« Schon hat sie es an sich genommen und in einer kleinen Dose versenkt.

Ursula und ich machen uns bald einen Sport daraus, sie in Spannung zu halten. Manchmal essen wir ganz langsam und bedächtig, legen immer wieder unser Besteck hin, um sofort weiterzuessen, wenn sich Frauchen mit ihrer alles vereinnahmenden Gabel nähert. Selbst der Nachtisch ist nicht sicher vor ihr. »Mein Pürschi ist ein Prachttier und überhaupt nicht heikel. Er frißt einfach alles.« Man sieht es Pürschi auch an. In den zwei Wochen, in denen ich ihn täglich begrüße, hat er mehrere Pfunde zugenommen.

Nachdem die ersten Anlaufschwierigkeiten überwunden sind, werden wir übrigens ein viel beneideter Tisch. Bei uns spricht man nicht über die Krankheit oder so gut wie nicht. Wir lachen viel über Kleinigkeiten. Allein der ältere Herr mit seiner Diät ist ein Quell ständiger Freude. Er hat gebeten, daß man ihm zum Frühstück und zum Abendessen die angegebene Menge vom Buffet holt, damit er ja nicht in Versuchung kommt, doch zu sündigen. Das geht gut bis zu einem Sonntag. Er sitzt schon an seinem Platz, als Ursula und ich kommen. Er ist unruhig und ständig um seine Serviettentasche besorgt. Wenig später erfahren wir auch den Grund. Er hat sich heimlich dem Frühstücksbuffet genähert, blitzartig ein weiches Ei eingesteckt und selbiges in seiner Serviettentasche verstaut. Er genießt es jetzt, von uns vor den Blicken der Bedienerinnen gut geschützt. Ähnlich »diebisch« reagiert Herr Hacker, so sein Name, als es an einem Abend Bratheringe und Pellkartoffeln gibt. Zunächst bedankt er sich artig für das zugestandene Knäckebrot mit einer halben Packung Butter und je einer Wurst- und Käsescheibe.

Doch dann schlägt er zu! Unter dem Vorwand, er wolle sich noch einen Nieren-Blasen-Tee bestellen, verläßt er uns. Als er an den Tisch zurückkehrt, glänzen seine Augen. Beide Hände hat er in den Sakkotaschen vergraben. Müßig zu erwähnen, daß sich da drin zwei riesige Kartoffeln und drei Butterstücke verbergen.

Beim Schälen seiner Beute muß ich ihm allerdings behilflich sein. Ein kürzlich überstandener Schlaganfall hat seine Hände ungeschickt werden lassen. Auch seine Psyche ist verändert. Von einer Minute zur anderen bricht er in Tränen aus, fünf Minuten vorher haben wir noch gelacht. Herr Hacker und ich verstehen uns prächtig. Ich werde seine Komplizin bei seinen Beutezügen am Buffet und trockne die Tränen, wenn sie wieder unvermittelt hervorbrechen.

Nach dem Mittagessen erwartet mich also Dr. Herbst auf meinem Zimmer. »Sie gehen auch zu Fuß die Treppe hinauf, wie ich«, stellt er fest, als ich mich in meinem Bad für die Untersuchung fertig mache. »Da habens' recht, das hält fit.«

Ich lasse mich streicheln mit diesem Lob und verschweige, daß mich lediglich meine Platzangst davon abhält, einen Aufzug zu betreten. Soll er ruhig einen guten Eindruck haben von meiner Vitalität. »Also, ich sehe da gar keine Probleme bei Ihnen«, stellt er fest. »So wie Sie beinand sind, überstehen Sie das alles locker. Ich glaube auch gar nicht daran, daß die Verhärtung ein neuer Krebsknoten ist. Für mich ist das lediglich Fettgewebe.«

Er will mir nicht nur Mut machen, er ist wirklich überzeugt davon, daß es mir gutgeht. »Am Dienstag ist die Operation, die macht der Chef natürlich selbst. Ich komme jeden Tag zur Visite. Wenn Sie außerdem etwas brauchen, können Sie mich jederzeit ansprechen. Sie werden mich schon irgendwo finden. Irgendwann läuft man sich in diesem Haus immer über den Weg. Spätestens bei der Therapiespritze, alle zwei Tage.« Mit dem Rat — »So, jetzt packen Sie sich zusammen und gehen Sie spazieren, der Regen hat aufgehört« — verabschiedet er sich wieder. Ich habe ihn sofort ins Herz geschlossen. Viele andere auch. Wann immer ich gefragt werde, wer mein Leibarzt ist, und der Name Dr. Herbst fällt, höre ich wahre Loblieder. Und begegnen tun wir uns tatsächlich auf Schritt und Tritt. Er ist ständig in Aktion, immer unterwegs.

Bei der Rezeption erkundige ich mich nach einem Weg nach Bernau. Er wird mir narrensicher beschrieben. Ich höre mit größter Aufmerksamkeit zu und weiß im selben Moment, daß diese ausführlichen Erklärungen zwecklos sind. Mein Orientierungssinn ist seit eh und je gleich Null. Ich soll mich, sofort, wenn ich aus dem Haus komme, *rechts* halten, durch die Birkenallee gehen, die Landstraße überqueren, unter der Bahnunterführung durchgehen, rechts in die Kastanienallee einbiegen — schon bin ich in Bernau. Ich verlasse die Klinik, halte mich sofort *links*, durchmesse nahezu unpassierbares Schilfgestrüpp, wundere mich ein wenig, und schon bin ich auf dem Weg nach Prien. Na bitte!

Im Prinzip macht mir dieser Fehltritt nichts aus, denn ich weiß, daß ich in den kommenden Wochen noch Gelegenheit genug haben werde, die gesamte Umgebung kennenzulernen.

Noch bis vor einem Vierteljahr hätte ich es übrigens nicht gewagt, alleine spazieren zu gehen. Ich war genau genommen immer ein schrecklicher Angsthase. Bei Dunkelheit mußten mich Helga und Ulli nach Hause begleiten, obwohl ich auf Sichtweite von ihnen wohne. Das Heimkommen vom Kegeln mit der Trambahn setzte mir arg zu. Unsere Straße ist typisch für Villenviertel. Ab 20 Uhr spielt sich alles hinter verschlossenen Rolläden ab. Erst als ich geschieden und für meine Familie alleine verantwortlich war, gewöhnte ich es mir ab, unter Betten, hinter Vorhängen und Türen nach unerwünschten Eindringlingen zu fahnden.

Seit meiner Krebsdiagnose hat sich das alles schlagartig geändert. Stundenlang bin ich alleine an der Isar entlangspaziert. Die

Dunkelheit hatte jeden Schrecken für mich verloren. Nachts schlief ich bei weit geöffneten Fenstern. Die Haustüre blieb unverschlossen. Eines Nachts hörte ich auf der Wiese gegenüber unserem Haus laute Schreie. Während ich früher angstvoll unter die Bettdecke gekrochen wäre, zog ich mir diesmal lediglich einen Bademantel über und lief auf die Straße. Betrunkene demolierten ein Straßenschild. Ich blieb an der Gartentüre stehen und schaute ihnen ungerührt zu.

Eigentlich wäre es mir die ganze Zeit über recht gewesen, wenn man mein Sterben mittels eines Holzknüppels beschleunigt hätte.

Auf meinen Wegen am Chiemsee war ich augenblicklich völlig ohne Angst. Die Tatsache, daß in Bernau, also in unmittelbarer Nähe des Krankenhauses, ein Zuchthaus ist, aus dem hin und wieder Häftlinge ausbrechen, störte mich nicht im mindesten. Geheimnisvoll rauschende Schilfgräser, die mich um einiges überragten, erregten zwar mein Interesse. Angst einflößen konnten sie mir indes nicht.

So gegen vier bin ich wieder zurück in der Klinik. Es riecht nach Kaffee. Ich hole mir eine Tasse und setze mich in den Aufenthaltsraum für Raucher. Er ist im Gegensatz zum Nichtraucherabteil etwas belebter. »Sir Henry« bittet mich an ihren Tisch. Sie sitzt dort mit zwei Patientinnen, einer Kölnerin, die ganz offensichtlich eine Perücke trägt, und einer drahtigen jungen Frau, die in Südafrika lebt und dort von einem jungen Arzt auf Professor Hackethal aufmerksam gemacht worden war. Sie hatte Brustkrebs. In Johannesburg war lediglich der Knoten entfernt worden. Jetzt hat sie starke Schmerzen in der Wirbelsäule. Man vermutet Metastasen. Die Frau ist höchstens 40 Jahre alt, hat einen schmal geschnittenen blonden Bubikopf und wunderschöne blaue Augen. Ihre Stimme ist dunkel und wohlklingend. Die Art, wie sie erzählt, ist packend und bildhaft. Man könnte ihr stundenlang zuhören. Sie weiß das und hält gerne Hof. Freie Plätze an ihrem Tisch sind im Nu besetzt. Wölflein wird sie genannt.

Die Dame aus Köln erkundigt sich, wie ich den ersten Tag verbracht habe und ob es mir hier gefällt. Sie scheint große Schmerzen zu haben. Ihre Augen sind dunkel und traurig. Ich nehme eine kleine Dose Honig, süße damit ihren Tee und reiche ihr die Tasse, nachdem ich gemerkt habe, daß es ihr schwerfällt, ihren rechten Arm danach auszustrecken. Daß auch der linke nahezu bewegungsunfähig ist, fällt mir erst einige Tage später auf. Trotz offensichtlicher Beschwerden ist Frau Joly, so hat sie sich inzwischen vorgestellt, lustig und macht unsere Albernheiten begeistert mit. Nur am Abend, so gegen 19 Uhr, verläßt sie uns regelmäßig für eine Stunde. Später erfahre ich, warum. Sie geht dann in ihr Zimmer und wartet darauf, daß ihr Mann und die dreißigjährige Tochter anrufen. Die Tochter ist seit Geburt behindert, auf die Hilfe der Eltern angewiesen. Wenn diese nicht mehr leben, wird sie wohl in ein Pflegeheim müssen. Die Eltern sparen dafür. Die Krankheit der Mutter, die viel Geld verschlingt, bringt die Familie an den Rand des finanziellen Ruins.

Frau Joly wartet also auf den Anruf. Und wenn das Telefon dann läutet, bemüht sie sich allabendlich darum, Mut und Zuversicht zu verströmen. »Es geht mir gut. Es wird schon wieder werden. Ich fühle mich schon besser.«

Diese gnädigen Lügen bekommen Mann und Tochter Abend für Abend von ihr zu hören. Nach so einem Gespräch bricht Frau Joly jedesmal zusammen. Ihren Kummer vertraut sie einem Tagebuch an. Das sollen ihre Lieben einmal lesen, wenn sie gestorben ist. Sie erzählt mir, daß sie Gift auf die Seite geschafft hat, das sie nehmen will, wenn es zu Ende geht, wenn sie nicht mehr genügend Luft bekommt.

Noch während meines Aufenthaltes muß ich erleben, daß sich der Zustand von Frau Joly verschlechtert. Professor Hackethal hat sie zu sich gerufen und ihr eine Stunde lang behutsam klar gemacht, daß sie ab jetzt alles tun und lassen darf, was sie will. Sie kann Wunschkost bekommen, braucht sich nicht an das strenge Reglement der Behandlungen zu halten, soll ab und zu ein Glas Wein oder ein Bier trinken, soll sehen, daß sie so oft wie möglich in Gesellschaft ist.

Sie sitzt neben mir und erzählt mir das alles. Ich streichle ihre Hand, weine mit ihr. Beide Brüste hat man ihr amputiert, die Lymphdrüsen entfernt. Eine Totaloperation folgte. Man hat sie von einer Chemotherapie in die andere gehetzt. Nichts hat ihr geholfen. Ihre Arme wurden dick und unbeweglich, die Haare gingen aus. Metastasen tauchten auf, in der Leber, in der Lunge, in der Wirbelsäule.

Zu Hackethal ist sie gekommen, nicht weil sie hoffte, er könnte sie heilen, lediglich, damit er ihre fürchterlichen Beschwerden wenigstens ein klein wenig lindere.

»Sie haben gute Chancen«, sagt sie zu mir. »Sie sind rechtzeitig gekommen. Ihnen konnte man noch nichts vormachen. Sie sind stark. Bleiben Sie das auch.«

Am Morgen vor meiner Operation kommt sie in mein Zimmer und setzt einen kleinen Vogel auf mein Nachtkästchen, einen frechen Spatz aus Keramik.

Er steht noch heute an meinem Bett zu Hause. Frau Joly verließ Mitte Oktober die Klinik. Ich habe noch einige Male mit ihr telefoniert. Später mußte ihr Mann meine Grüße und guten Wünsche weitergeben, sie konnte den Hörer nicht mehr halten, hatte keine Luft mehr zum Reden. Im Januar ist sie gestorben. Das Gift hat sie nicht genommen.

Am ersten Abend lerne ich Ursula besser kennen. Nach dem Abendessen will sie zu mir ins Zimmer kommen, weil ich alleine wohne und ihre Zimmergenossin ruhebedürftig ist. Außerdem hat mir mein Vater ein paar Flaschen Rotwein mitgegeben, davon wollen wir eine köpfen, auf unsere unerwartete Bekanntschaft anstoßen.

Mein Zimmer ist schon so etwas wie ein Daheim für mich geworden. Der kleine Bär von Linda liegt auf dem Kopfkissen, aus dem Radiowecker kommt Musik, draußen ist es dunkel. Ich habe die bunten Leinenvorhänge zugezogen. Es ist gemütlich. An eine Krebsklinik erinnert im Moment nichts. Die schweren Fälle haben wir ausgesperrt. Ursula ist es gelungen, zwei Weingläser und einen Korkenzieher zu organisieren. Ich erfahre von ihr, daß sie Lehrerin ist, zwei erwachsene Töchter hat, von ihrem Mann getrennt lebt. Im Juli habe sie zum ersten Mal gemerkt, daß mit ihrer Brust etwas nicht stimmen konnte. Nachts wachte sie regelmäßig auf, weil ihr T-Shirt, das sie statt Nachthemd bevorzugt trägt, über der rechten Brust naß war.

Zunächst hielt sie die Flüssigkeit für Schweiß, als der aber nicht versiegte, auch wenn es ihr kalt war, wurde sie mißtrauisch und ging zu ihrem Frauenarzt. Der schickte sie zur Mammographie. Ein Probeschnitt ergab Krebs, angesiedelt in den Milchgängen.

Als sie amputiert werden sollte, entschied sie sich für die Hackethal'sche Methode. Ihre Brust blieb erhalten, sie ist überzeugt davon, richtig therapiert zu werden. Noch!

Sie will meine Krankengeschichte hören. Wir prosten uns zu und haben fast gleichzeitig die Idee, uns zu duzen. Mit dem Gefühl, eine Freundin gefunden zu haben, verabschiede ich Ursula. Morgen früh um acht Uhr wollen wir uns beide beim Frühstück treffen.

Wenig später liege ich im Bett, aber das Einschlafen bereitet Schwierigkeiten. Ich habe keinen Kummer, eigentlich auch kein Heimweh. Ich kann nur nicht schlafen. Schließlich stehe ich auf und erbitte im Schwesterzimmer eine Schlaftablette. Von der Nachtschwester höre ich einen langen Vortrag über Sinn und Unsinn von solchen Pillen. »Wenn Sie nicht einschlafen können, denken Sie ganz einfach an was Schönes, dann wird's schon klappen«, meint sie zuversichtlich.

Um mich nicht gänzlich ohne Medizin wegzuschicken, gibt sie mir ein Baldriangemisch mit auf den Weg. Die Tablette bewirkt nichts, wohl aber ihre Verpackung. Ich sehe darauf das Bild einer friedlichen Kleinstadt mit verwinkelten Fachwerkhäusern. Aus deren Fenstern dringt warmer Lichtschein, über allem wölbt sich ein dunkler Himmel, an dem ein lachender Halbmond und lauter strahlende Sterne aufgehängt sind. Auf den Giebeln der Dächer spazieren schwarze Katzen. Sie machen hohe Buckel und haben lustig gekringelte Schwänze. Eine nächtliche Idylle! Mit der Schachtel in der Hand schlafe ich schließlich ein.

Am nächsten Morgen erklärt mir Schwester Elfi, warum man im Haus Hackethal so ungern Tabletten verteilt, wenn es nicht unbedingt nötig ist. »Der Professor ist entschieden gegen diese ganze Chemie. Außerdem wirken Medikamente im Ernstfall wesentlich effektiver, wenn der Patient nicht durch Mißbrauch an sie gewöhnt ist.«

Mein erster Kliniktag ist ausgefüllt mit Untersuchungen und Tests. Der Plan aus der Badeabteilung liegt auch schon vor, für heute ist eine Massage vorgesehen. Das Mittagessen habe ich mehr überstanden als genossen. Die Esser von Vollwertkost und normaler Verpflegung sind gleichzeitig am Tisch, und das bereitet Pein. Zumindest mir, denn ich bin nun mal ein unverbesserlicher Fleischfresser. Für Ursula, die Dame aus Düsseldorf samt Dackel Pürschi und mich wird gebackener Sellerie serviert, auf Kartoffelpüree. Herr Hacker und der Amerikaner essen Roastbeef mit Bohnen, und die Dame Henrici schimpft mal wieder über ihr staubtrockenes Putenschnitzel.

Am Nachmittag gehe ich spazieren, diesmal mit Ursula. Sie kennt die Wege hier bereits bestens, ein Verlaufen ist diesmal ausgeschlossen. Ich entdecke einen kleinen Krämerladen und bitte die Inhaberin, mir täglich die in München gewohnte Zeitung zurückzulegen. »Nur nicht am kommenden Dienstag und Mittwoch«, schränke ich ein. »Da werde ich nämlich operiert.« Die Frau ist nicht überrascht. Hier in der Gegend ist man an Hackethal-Patienten gewöhnt.

Die kleine evangelische Kirche hat sich unter lauter buntem Efeu versteckt. Beinahe wären wir daran vorbeigegangen. Um 9 Uhr findet hier der Sonntagsgottesdienst statt. Ich werde also um halb neun aus dem Haus gehen müssen, um pünktlich zu sein.

Am Freitag teilt mir Li Hackethal mit, daß ich mein gemütliches Dachzimmer verlassen und in die Wachstation umziehen muß. Ich protestiere umgehend und heftig. »Sie werden doch nicht glauben, daß ich mich jetzt schon in ein Intensivbett lege, obwohl ich erst am Dienstag unter das Messer komme«, schimpfe ich. Es dauert ein wenig, bis ich mich beruhigt und die Gründe für diesen Zimmerwechsel begriffen habe.

Die Bettenplanung rechnet immer eine Woche pro Bett, das bedeutet eine Woche Vorbereitung auf die Operation in der offenen, eine Woche Operation und Nachbehandlung in der Pflegestation und zwei Wochen Bestrahlung wieder in der Allgemeinen. »Außerdem können Sie ganz beruhigt sein, so sehr unterscheiden sich die Zimmer in der Pflegestation auch nicht von den anderen«, lacht sie. Ich melde meine Zweifel an, sehe mich schon aufgebahrt zwischen sterilen Apparaturen in einem weißen ungemütlichen Zimmer mit Sehnsucht nach meinem Dachgeschoß.

Daß Li Hackethal nicht übertrieben hat, merke ich, als ich mein neues Zimmer besichtige. Es ist in der Tat haargenau so eingerichtet wie mein altes. Lediglich das Bett ist höher, hat Räder und steht in der Mitte des Raumes. Sonst ist alles gleich: der Schreibtisch, der kleine runde Tisch mit dem rüschenbehangenen Sessel, der Fernsehapparat, der Vorraum mit den Schränken, das Bad. Später bemerke ich, daß alle Zimmer in diesem Haus mit dem gleichen Mobiliar und denselben Bildern ausgestattet sind. Das verhindert Eifersüchteleien unter den Patienten.

Beim Umzug helfen mir die Schwestern, im Nu ist wieder alles auf seinem Platz. Mein kleiner Bär gewöhnt sich schon an das neue Bett.

Daß ich mich jetzt in der sogenannten Wachstation befinde, bemerke ich zunächst nicht. Lediglich zwei Rollstühle und ein Sauerstoffgerät auf dem Gang weisen darauf hin, daß hinter den verschlossenen Türen Schwerkranke liegen. Man trifft hier häufiger auf Schwestern oder auf Angehörige, die den ganzen Tag über bei ihren Kranken bleiben.

Das erste Wochenende in der Klinik naht. Ich habe allen, die ihren Besuch ankündigen wollten, abgesagt und darum gebeten, mich alleine zu lassen und erst dann zu kommen, wenn ich die Operation überstanden habe. Ich brauche jetzt dieses Alleinsein. Es stürmen täglich so viele Eindrücke auf mich ein. Ich möchte mich mit den Menschen unterhalten, die ich hier kennengelernt habe.

Es ist ein Bilderbuchwetter hier am Chiemsee. Am Samstagvormittag werde ich mit einem Herrn aus Hamburg, der stolz verkündet, er sei 76 Jahre alt, obwohl er aussieht, als habe er gerade erst die 60iger Marke erreicht, eine Wanderung am See entlang nach Prien machen. Am Sonntag möchte ich in die Kirche gehen und auf der Liegeterrasse meine Bücher durchschmökern. Ursula hat Besuch von ihrem Freund bekommen und verbringt das ganze Wochenende außerhalb der Klinik.

Am Samstag, nach dem Mittagessen, packe ich die gehorteten Frühstückssemmeln und gehe an den See, um Enten und Schwäne zu füttern. Auf dem Weg dorthin begegne ich Traudel, einer Schwester, die etwas älter ist als ihre Kolleginnen und die in der Regel Schwerkranke betreut. In ihren Freistunden schiebt sie sie meist mit dem Rollstuhl ein wenig spazieren. Traudel hat heute traurige Augen. »Frau Dollinger geht es so miserabel. Ich weiß gar nicht, was ich mit ihr machen soll.« Traudel weint sich bei mir aus. Ich habe von Frau Dollinger gehört. Sie ist erst 42 Jahre alt, hat Unterleibskrebs und verfällt zusehends. Ihre Schmerzen nehmen zu, die Mittel, die man ihr geben muß, werden immer stärker und schwächen die Frau immer mehr.

Für dieses Wochenende hat sie ihren Mann ausgeladen. Sie will ihn nicht sehen, weil sie nicht die Kraft hat, ihm etwas vorzumachen. Sagt sie ihm aber, wie elend sie sich fühlt, weint er. »Soll ich die Frau Dollinger mal besuchen?« frage ich Schwester Traudel. Sie stimmt sofort zu, nicht zuletzt deshalb, weil ich mir in den 4 Tagen, die ich nun in der Klinik bin, sehr schnell den Ruf eingehandelt habe, fröhlich und immer blendend aufgelegt zu sein. »Vielleicht können Sie sie mit Ihrem Temperament ein wenig aufheitern«, hofft sie.

Die Frau hat die Augen geschlossen, als wir eintreten. Ihre weißblonden Haare sind struppig, Gesicht, Hände, Arme, alles ist schmal und spitz. »Frau Dollinger, ich habe Ihnen Frau Benedict hergebracht. Die ist am Wochenende auch alleine und möchte Sie kennenlernen.« Die Traudel flüstert das alles. Frau Dollinger öffnet die Augen, dunkelblaue, kugelrunde, zärtliche Augen. Sie lächelt mich an, umarmt mich mit diesem Lächeln, scheint sich wirklich zu freuen, mich zu sehen. Traudel bemerkt das auch und verläßt leise das Zimmer. Ich stelle mich noch einmal vor, sage, daß ich gern ein bißchen bei ihr bleiben würde, daß ich sie nicht anstrengen, sondern ihr nur etwas Gesellschaft leisten will. »Das freut mich«, lächeln die Augen, bevor sie wieder zufallen.

Frau Dollinger hat gerade erst eine Spritze bekommen gegen ihre tobenden Schmerzen. Sie schläft ein. Ich bleibe noch ein wenig bei ihr sitzen und betrachte sie. Sie sieht todkrank aus, am Ende ihrer Kraft, ohne Reserven. Auf einem Zettel, den ich auf ihre gefalteten Hände lege, hinterlasse ich einen Gruß, mit der Bitte, mich durch die Traudel zu verständigen, wenn sie mich sehen will.

Ich gehe in mein Zimmer, setze mich auf mein Bett. Draußen ist es immer noch sonnig, aber meine gute Laune ist weg. Die Angst vor der Krankheit, vor der Hartnäckigkeit, mit der der Krebs sich in den Körper krallt und ihn nicht mehr losläßt, ist wieder an ihre Stelle getreten. Plötzlich scheint mir meine Hoffnung, ihn zu besiegen, sinnlos und aufgeblasen. Eines Tages werde ich auch so im Bett liegen, ohne Kraft, betäubt von Spritzen und immer stärker dosierten Schmerzmitteln.

Ausgerechnet durch Frau Dollinger werde ich aus meinen trüben Gedanken gerissen. Traudel ruft mich an und erzählt mir, daß diese jetzt wach sei und nach mir gefragt habe. Sie würde schrecklich gerne etwas an die Luft gehen und bittet mich, ob ich sie dabei begleiten könnte.

Ich sause sofort los. Sie sitzt auf ihrem Bett und wartet auf mich. Eine weiße Lederhose flattert um ihre dünnen Beine. In dem weiten Angorapullover hätten wir bequem zu zweit Platz. Sie hat ihre Haare zu einem Pferdeschwanz zusammengebunden, die Nase gepudert, die Lippen bemalt. Sie begrüßt mich, als würden wir uns schon lange kennen. »Würden Sie mich führen, nur ganz wenig?« bittet sie mich.

Den kurzen Weg zum See schafft sie fast nicht. Immer wieder müssen wir anhalten und warten, bis sie wieder Luft bekommt. Erschwert wird das alles, weil sie nicht davon abzuhalten ist, mit mir zu reden. Sie will mir einfach alles von sich erzählen, und das möglichst schnell. Wir setzen uns an einen Tisch im »Fischerstüberl«, einem Ausflugslokal direkt am See. Frau Dollinger bestellt Kakao für uns, ich kann sie sogar zu einem Stück Zwetschgenkuchen überreden. Die Bedienung, die Frau Dollinger offenbar kennt, ist ganz begeistert. »Sagens' amal, wie haben Sie das fertig gebracht! Sie ißt ja tatsächlich den Kuchen«, freut sie sich.

Es dauert eine Weile, bis diese schmale, zarte Frau ihr Stück bewältigt hat. Sie redet ohne Punkt und Komma. Ich erfahre von ihr, daß sie in Graz eine renommierte Bar haben, sie und ihr Mann Ferdl, daß die Ehe prächtig geht, obwohl sie aus Berlin und er aus Wien stammt, daß sie immer schon zart und zurückhaltend war und er ein bisweilen recht aggressiver Teddybär sein kann, daß er ein sehr begehrter Mann ist, den die Frauen anhimmeln. Sie vermutet sogar, daß sich da »einige Hoffnungen auf ihn machen, wenn ich sterbe.« Doch ihr Ferdl liebt sie, das weiß sie ganz genau. Sicher, manchmal gibt es da eine andere Frau für ihn, aber das interessiert sie nicht so sehr.

»Schließlich habe ich Unterleibskrebs und das schon seit langer Zeit. Mein Ferdl ist ein gesunder, vitaler Mann. Warum sollte er nicht ab und zu sein Vergnügen haben?« Wichtig sei nur, daß sie davon nichts erfahre, daß sie seine Liebe und seine Fürsorge habe. »Ein einziges Mal hat sich eine Frau aus unserem Bekanntenkreis den Ferdl für eine Nacht geangelt. Das war fürchterlich, für ihn und für mich. Er hat sich schrecklich geschämt. Und diese Kuh hat das Erlebnis überall herumerzählt in der Hoffnung, ich würde alles erfahren und den Ferdl dann rauswerfen.«

Frau Dollinger hat rote Backen bekommen beim Erzählen. Ihre Stimme ist schwach, aber beharrlich. Sie will offenbar einiges loswerden bei mir und ist schließlich selber erstaunt darüber. »Ich weiß auch nicht, warum ich Ihnen das alles erzähle, wo ich Sie doch eigentlich noch gar nicht kenne«, wundert sie sich. Ich lächle sie an.

Es dauert lange, bis wir wieder in ihrem Zimmer sind. Sie ist total erschöpft. Ich ziehe ihr Schuhe und Pullover aus, lege sie aufs Bett und decke sie zu. Sie ist sofort eingeschlafen. Von Traudel bekomme ich am Abend ein dickes Lob. »Wie haben Sie das fertiggebracht«, will sie von mir wissen. »Die Frau Dollinger hat fest geschlafen, ohne Spritzen. Sie läßt Sie schön grüßen und bittet Sie, morgen noch bei ihr vorbeizukommen, bevor Sie am Dienstag operiert werden.«

Der Montag unterscheidet sich durch nichts von den vorangegangenen Kliniktagen. Die Behandlungen sind dieselben wie immer. Ich mache mit Ursula einen langen Spaziergang. Allmählich gehen mir die Anziehsachen aus. Ich hatte mich auf Krankenhaus, also Krankenbett, eingestellt. Doch die schicken neuen Nachthemden ruhen ungenutzt im Schrank. Meine sauberen Blusen und Pullis indessen werden immer weniger. Außerdem fehlt mir ein Jogginganzug, stelle ich fest. Viele der Patientinnen wandern so bekleidet zu ihren Anwendungen, die typischen Morgenmäntel, buntgemustert und aus Kunststoff, sieht man hier ganz selten.

Am Nachmittag muß ich zum Professor. Er untersucht mich noch einmal, will wissen, wie ich mich fühle, ob ich Angst habe vor der morgigen Operation. Ich verneine das entschieden. Ich weiß, daß die Brust nicht abgenommen wird, daß nur eventuelle Verwachsungen herausgeschnitten werden. Wovor also sollte ich mich fürchten? Er lacht mich an und empfiehlt mir, den letzten Abend noch zu genießen. »Sie können ruhig noch mit den anderen ein Bier trinken«, meint er. »Es wird in der Klinik sowieso etwas ruhig sein, wenn Sie morgen aus dem Verkehr gezogen sind.« Zunächst verstehe ich ihn nicht so ganz. Dann erzählt er mir, daß er von einigen Patienten gehört habe, wie ansteckend mein Lachen und meine Fröhlichkeit auf sie wirke.

Er sei sehr froh darüber, sagt er zu mir. »Sie glauben gar nicht, wie wichtig das Lachen in einer solchen Klinik ist. Es kann die Atmosphäre verändern, kann Schwung geben, wo Hoffnungslosigkeit herrscht.«

Traudel habe ihm erzählt, daß Frau Dollinger sogar ihre kleinen Spaziergänge wieder aufnehmen will, wenn ich ihr dabei helfe. »Machen Sie nur so weiter«, verabschiedet er mich.

»Dann verpasse ich Ihnen noch ein Schwesternhäubchen und stelle Sie bei mir ein.«

Am Abend sitzen wir noch eine Stunde im Aufenthaltsraum. Unsere Tischrunde hat sich inzwischen vergrößert. Frau Waldmann gesellte sich zu uns, eine zierliche Frau aus dem Schwarzwald. Sie kommt schon zum dritten Mal in die Klinik und muß mit Sicherheit noch einige Wochen hier bleiben. Sie hat Unterleibskrebs, wurde in Stuttgart operiert. Ihr Zustand verschlechterte sich dort. Die Ärzte gaben sie auf. »An den Tumor kann man nicht hin.« Eine Bestrahlung schien zwecklos. Sie kam an den Chiemsee, erholte sich zusehends. Jetzt ist sie wieder hier, um ihre Widerstandskräfte zu aktivieren. Sie schwört auf die Hackethal'sche Behandlung, fühlt sich gut aufgehoben bei seinen Schwestern und Ärzten. »Ich gehe nie mehr in ein anderes Krankenhaus«, hat sie sich vorgenommen. Jetzt sitzt sie bei uns und strickt sich einen Pullover. Sie hat leichtes Fieber, keinen Appetit, aber einen unbeugsamen Willen, aus diesem Tal wieder herauszukommen. Zwei Jahre wird es dauern, bis ihre Kraft aufgebraucht ist. Ich begleite sie die ganze Zeit über, begegne ihr immer wieder, schreibe ihr, telefoniere mit ihr.

Herr Hacker hat sich auch eingefunden, um mich zu verabschieden. Doch er hält es nicht lange bei uns aus. Ununterbrochen laufen ihm die Tränen über die Backen. »Ich habe Angst um Sie«, sagt er zu mir. Ich verspreche ihm, ihn zu besuchen, sobald ich mich wieder ohne fremde Hilfe bewegen kann.

Mir wird das jetzt alles langsam zu rührselig, sogar »Sir Henry« ist traurig, daß ich morgen nicht beim Essen sein werde. »Am Donnerstag bin ich wieder beim Frühstück.« Mit dieser Zusage verabschiede ich mich. Ich will noch mein Versprechen einlösen und Frau Dollinger besuchen. Sie liegt mit starken Schmerzen im Bett und weint. Ich setze mich zu ihr, nehme ihre Hand. »Ich mache das nicht mehr lange mit«, sagt sie schwach. »Morgen will mich der Professor noch einmal untersuchen. Ich habe das nicht gewußt, einer Schwester ist das so rausgerutscht. Es ist alles so schrecklich schmerzhaft. Er muß mir unbedingt eine leichte Narkose geben.« Natürlich rede ich ihr gut zu, versuche ihr Mut zu machen, aber im Grunde genommen weiß ich natürlich, daß diese Frau ihrer Krankheit wirklich nicht viel entgegenzusetzen hat. Sie ist schwach und verzweifelt, ohne Kraft. Wunder werden auch hier nicht vollbracht.

Ich läute nach der Nachtschwester, sie gibt ihr eine Spritze und ich bleibe bei ihr, bis sie eingeschlafen ist. Gerade als ich mich aus dem Zimmer schleichen will, geht das Telefon. Ihr Mann meldet sich am anderen Ende der Leitung, möchte wissen, wie es seiner Frau geht. Ich will mich ihm vorstellen, aber er kennt mich bereits aus Erzählungen. »Lassen Sie meine Frau ned alleinigs«, bittet mich dieser fremde Mann. »Sie findet so schwer Anschluß, hat so wenig Zutrauen zu den Menschen. Zu Ihnen hat sie's. Bleibens' bei ihr.« Ich verspreche ihm das.

Endlich bin ich in meinem Zimmer. Es ist halb neun Uhr. Ich rufe meinen Sohn an. Wir machen aus, daß er sich morgen am frühen Abend bei mir melden wird, voher hat es keinen Sinn, denn ich werde noch mit der Narkose zu kämpfen haben. Mein Telefon läutet. »Die Familie« ist dran. Zuletzt kommt Linda an den Apparat. Sie mimt zunächst große Tapferkeit, ist ganz »cool«. Dann gibt es unvermittelt Tränen. Ein Schäferhund aus unserer Nachbarschaft mit Namen Coco, den sie betreut und öfters Gassi geführt hatte, ist in Italien überfahren worden. Meine Tochter ist nicht zu trösten. Uns allen ist klar, daß sie um den Hund weint und die Mutter meint. Da helfen keine tröstenden Worte. Ich lasse sie ausweinen, mehr kann ich nicht tun, telefonisch nicht.

Während ich mich ausziehe, läuft der Fernsehapparat. Ich achte nicht auf die Sendung, will lediglich Stimmen hören. Plötzlich erinnere ich mich an die Nacht vor meiner Münchner

Operation, an meine Verzweiflung, meine Angst, an den Suchscheinwerfer, an mein Gebet. Ich bete heute auch, aber diesmal ist es wieder ein Dankeschön. Ein Dank für mein Hiersein, für meine jetzige Gelassenheit, für meine Hoffnung, mein Vertrauen in den Arzt und in die Klinik, und vor allem ein Danke für die Gabe, anderen Menschen, die in ähnlicher Lage sind wie ich, Trost spenden und Mut machen zu können.

Als ich das Licht auslösche, brauche ich keine Schlaftabletten, nicht einmal so ein Gute-Nacht-Dragee aus der Stadt der Träume.

Am nächsten Morgen bin ich schon um 6 Uhr wach mit einem fürchterlichen Frühstückshunger. »Das kann lustig werden«, schmunzle ich in mich hinein. »Du bist erst gegen halb elf mit deiner Operation dran. Inzwischen wirst Du verhungern.« Ich beschließe, ausgiebig zu duschen und mir die Haare zu waschen. Kurz vor acht will Professor Hackethal noch einmal schnell vorbeischauen und auf meiner linken Brust den Weg anzeichnen, den er als Operateur gehen muß, um alle Verhärtungen auszuschneiden.

Gegen sieben Uhr bin ich mit meiner Körperpflege fertig. Wohlfrisiert und duftend sitze ich auf dem Bett. Das Operationshemd schlappert um meinen Körper. Mit dem Gürtel meines Bademantels raffe ich seine Weite zusammen, lege immer neue Falten, entwerfe Modellkleider, einmal Mini, einmal Midi. Gefallen tun sie mir allesamt nicht.

Also löse ich den Gürtel und lasse das schlichte Büßerhemd gerade nach unten fallen. Mein Kettchen habe ich bereits ausgezogen, Metall ist bei Operationen verboten.

Finger- und Fußnägel sind ablackiert. Die Nachtschwester hat mich gestern abend noch daran erinnert, daß sie frei sein müssen, damit man jederzeit sehen kann, wenn sie sich verfärben sollten.

Der Professor erscheint. Mit ihm seine Frau Li, die Stationsschwester und die Anästhesistin. Er bemerkt sofort meine ausführliche Körperpflege. »Sie riechen direkt sündig«, flachst er mit mir. Sein Blick für Frauen, sein Wissen um deren Eitelkeit machen einen Teil seines Charmes aus. Ich erlebe es in den nächsten 3 Jahren immer wieder, daß er neue Kleider, umfrisierte Haare, gut sitzende Hosen, hübsch gebundene Tücher sofort notiert auch auch darüber redet.

Jetzt wird er ernst. Mit einem roten Stift kreist er den Vorhof ein, halbiert die Warze. »Passen Sie auf, daß Sie dieses Kunstwerk nicht verwischen«, ermahnt er mich. »Es ist mein Wegweiser.« Ich werde darüber aufgeklärt, daß meine Narkose nicht sehr stark sein wird, da man mich zusätzlich akupunktiert. »Dann ist der Kater hinterher nicht ganz so schlimm.« Ansonsten käme die Schwester so gegen zehn mit der ersten Spritze. »Anschließend wird Ihnen sowieso alles egal sein«, meint er. Daß ihm eine Patientin ausfällt, weil sie versehentlich zum Frühstück gegangen ist und mit vollem Bauch nicht operiert werden kann, weiß er zu diesem Zeitpunkt noch nicht.

Ich rücke also automatisch nach vorne. Das paßt uns gar nicht. Uns — das sind Li Hackethal und ich. Sie ist, nachdem sie mit ihrem Mann alle Patienten, die auf der Liste standen, besucht und beruhigt hat, wieder zu mir zurückgekommen. »Ich will mich noch ein bißchen mit Ihnen unterhalten«, begründet sie ihre Rückkehr. Ein wenig später erfahre ich dann den wahren Grund. Sie hatte sich in einer ruhigen Minute meinen Hilferuf durchgelesen, den ich am Tag der ersten Sprechstunde unter der Rubrik »Was bedrückt Sie« niedergeschrieben hatte, und sie vermutet, daß ich mich jetzt, kurz vor der Operation, allein und hilflos fühle. Ich kann sie beruhigen. Im Gegensatz zu München und meiner damaligen Operation bin ich zwar nervös, das ist klar, aber nicht ängstlich.

Sie fragt mich, wie ich es schaffe, innerhalb so kurzer Zeit so viele Freunde zu gewinnen. »Überall hört man, daß Sie die Leute aufheitern. Das finde ich toll.« »Frau Hackethal, ich bin nun mal ein lustiger Mensch«, lache ich.

Das ist sie im übrigen auch. Sie erzählt mir, wie sie ihren Julius kennenlernte, daß es ziemlich lange gedauert hat, bis er bei ihr landen konnte, obwohl er bei ihrer Eroberung sehr viel Phantasie entwickelte und einfach nicht locker ließ. Ich erfahre die Geschichte ihrer ersten Ehe, aus der die Tochter Nicole stammt, und ziehe Parallelen zu meiner gescheiterten Ehe, vermute in unseren geschiedenen Partnern charakterliche Ähnlichkeiten, stelle fest, daß sie und ich uns über dieselben Dinge ärgern und freuen können.

Ganz ähnlich sind wir in unserer Liebe zu Tieren. Ebenso wie ich liebt Li Hackethal alles, was kreucht und fleucht. »Wenn Sie wieder auf den Beinen sind, und wie ich Sie kenne, dauert das bei Ihnen höchstens zwei Tage, müssen Sie mich unbedingt in meinem Haus in Bernau besuchen. Ich habe zwei Erdhörnchen und zwei ganz liebe Katzen.«

Es klopft, und fast augenblicklich stürmt die Stationsschwester herein. »Frau Benedict, der OP-Plan hat sich verschoben. Sie sind schon dran und haben noch gar keine Spritze bekommen.« Die Schwester dreht durch. Li Hackethal, ehemals medizinisch-technische Assistentin, nimmt dem Nervenbündel die Spritze aus der Hand und verpaßt sie mir. Die Schwester holt inzwischen den Rollstuhl, mit dem ich zum OP gefahren werden soll. Brille runter. Die Fahrt zum OP verweigere ich strikt. »Was wollen Sie denn, ich kann doch alleine gehen.« »Die Spritze macht Sie schwindlig«, sagt mir die Schwester voraus. »Schmarrn, die hat sie doch jetzt erst gekriegt«, fährt Li Hackethal dazwischen. »Die kann doch noch gar nicht wirken.« »Na, der Professor wird jedenfalls schön schimpfen, wenn die Frau Benedict zu Fuß in den OP kommt«, vermutet die Schwester. »Der Professor wird mich gar nicht sehen. Schließlich hat er zu operieren«, beende ich die Diskussion. Zu dritt wandern wir in Richtung OP. Li Hackethal, die Schwester, die den leeren Rollstuhl schiebt, und ich, die echte Schwierigkeiten hat, den Weg zu finden. Aber nicht etwa, weil die Spritze nun doch ihre Wirkung zeigt, sondern weil ich ohne Brille blind bin wie eine Eule im Sonnenschein.

Im OP machte ich gerade noch Dr. Herbst aus, der mich in Empfang nimmt. Er ist in helles Grün gewandet, soviel kann ich mehr erahnen als sehen. Seine Stimme klingt gepreßt durch den Mundschutz. Ich muß mich auf eine Trage oder so etwas Ähnliches legen, werde angeschnallt, mein linker Arm bekommt eine Manschette um, die Narkose-Spritze wird angesetzt. »Ich bin noch völlig da, Herr Dr. Herbst«, lalle ich. »Das wird sich schon ändern«, verspricht er mir. »Zählen Sie inzwischen.« »Eins, zwei, drei . . . fünf.« Bis »sieben« habe ich es geschafft, erfahre ich später.

Die Stimmen kommen von ganz weit her, haben Ähnlichkeit mit der von Li Hackethal und der Schwester, die mich zum OP gebracht hat, so genau weiß ich das auch nicht. Ich fühle mich zentnerschwer und bin unfähig, mich von der Trage auf mein Bett zu bewegen. Außerdem ist es mir fürchterlich schlecht. Die Operation scheine ich lebend überstanden zu haben, soviel steht zumindest fest. Irgendjemand mißt meinen Blutdruck und schreit mich immer wieder an »Frau Benedict, es ist alles vorbei, machen Sie die Augen auf.«

Ich will die Augen nicht aufmachen, es ist mir übel. »Bitte bringen Sie mir eine Schale, ich muß spucken«, ist alles, was ich mühselig aus mir rausquetsche. »Das gibt es doch gar nicht«, wundert sich die Schwester. »Ihnen kann doch gar nicht schlecht sein. Sie haben nichts im Magen, und außerdem ist die Narkose ganz leicht gewesen.«

Nun, das mag ja alles richtig sein, ich übergebe mich trotzdem. Dann habe ich nur noch den Wunsch zu schlafen. Doch daraus wird nichts. Den ganzen Tag nicht! Im 20-Minuten-Rhythmus kommen die Schwestern, um meinen Blutdruck zu messen, oder die Gymnastinnen, um meine Beine zu massieren. Kaum habe ich die Augen zu, sind sie schon wieder im Zimmer und schrecken mich aus beginnenden Träumen. Ich weiß nicht, wie lange das schon so gegangen ist. Plötzlich bekomme ich einen Wutanfall. »Kann man mich denn nicht in Ruhe lassen? In jedem anderen Krankenhaus ist es üblich, daß der Patient seine Narkose ungestört ausschlafen kann, wenn man ihn erst einmal geweckt hat. Und hier wird man einfach nur dauernd gestört.« Die Krankengymnastin, die ich angebrüllt habe, bleibt gelassen und versucht mir zu erklären, warum sie mich dauernd massiert. »Sie haben keine Gummistrümpfe an, also müssen Sie massiert werden, damit es keine Embolie gibt.«

Diese Auskunft versöhnt mich keineswegs mit meinem Schicksal. Ich bleibe weiterhin unfreundlich, mit dem Erfolg, daß mir das arme Mädchen noch tagelang aus dem Weg geht, wenn es mir irgendwo in der Klinik begegnet. Auch die Übelkeit ist noch da, zwar nicht mehr so schlimm wie gleich nach der Operation, aber immerhin: der Brechreiz bleibt und ist unangenehm.

Beim Blutdruckmessen bekomme ich den Operationsbericht überreicht. Uninteressiert lege ich ihn beiseite. Ich will schlafen und nicht lesen. »Wann hört Ihr Dienst eigentlich auf?« erkundige ich mich scheinheilig bei der penetranten Masseurin. »Um 18 Uhr, warum fragen Sie?«

Ich versage mir eine unverschämte Antwort und rechne mir indes aus, daß ich in drei Stunden und einigen Minuten endlich meine wohlverdiente Ruhe haben werde. Doch bis dahin gilt es noch, einige Hürden zu überwinden. Eine Schwester will mir beim Aufstehen helfen. Damit bin ich sofort einverstanden, denn nichts fürchte ich im Krankenhaus mehr als die Schüssel, die man unter das Hinterteil geschoben bekommt. Nach einem eher geringfügigen Schwindelgefühl durchmesse ich am Arm der Schwester mein Zimmer, kann aber sehr schnell wieder alleine gehen. Hinter mir her schleife ich eine kleine Plastikflasche, die an einem langen Schlauch in meiner Brust verankert ist. Diese »Überlaufdrainage«, in der Klinik von Schwestern und Patienten auch »Fiffi« genannt, ist zwar beim Gehen etwas hinderlich, wird aber am Tag nach der Operation schon wieder entfernt.

Dann endlich ist es 18 Uhr und damit das Ende der Massagen gekommen. Erleichtert wickle ich mich, so gut es eben geht, in meine Bettdecke ein, um zu schlafen. Neben mir läutet das Telefon. Florian ist am Apparat und will wissen, wie es mir geht. Ich versichere ihm, daß alles bestens ist, es mir aber ganz fürchterlich schlecht sei. Er glaubt mir kein Wort und fürchtet, daß mein Gestammel andere Ursachen haben könnte als nur Übelkeit, daß ich vielleicht weine. Er hängt ein, meldet sich aber nach zwei Stunden noch einmal. »Kind, es ist alles in Ordnung«, versuche ich ihn zu überzeugen. »Ich bin nur so schrecklich müde, weil ich bis jetzt noch nicht dazu gekommen bin, meinen Narkoserausch auszuschlafen.« Eine ähnliche Auskunft erhalten mein Vater, Helga, meine Mutter, die sich nacheinander bei mir gemeldet haben. Und dann ist endlich Ruhe. Ich bin noch einmal ohne fremde Hilfe auf meine Toilette marschiert, konnte mich waschen, ohne gleich umzukippen, habe eigentlich keine Schmerzen und schlafe sofort ein.

In der Nacht träume ich zum erstenmal von einem Baumhaus, ein Traum übrigens, der seitdem immer wieder zurückkehrt. Mit geringen Abweichungen stets in derselben Version. Es befindet sich auf einem weit ausladenden Laubbaum, einer Rotbuche vermute ich, ist von unten nicht einsehbar und öffnet sich nach oben. Die Zweige sind so angeordnet, daß sie als Mobiliar dienen, als Tisch, als Stühle, als Bank, als Regal, in dem lauter bunte Töpfe und Tassen stehen. Mein Bett, eine Hängematte aus weichem Leder, schwebt in dem Raum, füllt ihn fast aus. Das Baumhaus ist warm, die Äste sind voller Moos, ich muß höllisch aufpassen, daß ich nicht ausrutsche, wenn ich gehe. Auch die Strickleiter, die aus meinem Baumhaus nach unten zu einem kleinen Teich führt, ist bemoost und glatt.

Ich kralle mich mit den Zehen an den Sprossen fest, um nicht abzustürzen. Am Ende des Teiches sitzt ein Mann. Er hat mir den Rücken zugewandt. Sein Gesicht kann ich nicht sehen. Ich kenne seinen Namen nicht, aber ich weiß, daß ich zu ihm hin muß, daß ich ihn liebe, daß er mein Mann ist, mit dem ich das Baumhaus eingerichtet habe und mit dem ich es hier bewohne. Ich rufe ihn, aber er hört mich nicht. Meine Stimme klingt ganz hohl, so als säße ich in einem Rohr. Sie dröhnt richtig. Der Mann, den ich liebe, hört mich nicht. Er nimmt mich gar nicht wahr. Er hat mir den Rücken zugewandt. Sein Gesicht kann ich nicht sehen. Ich bin zwar verzweifelt darüber, doch im selben Augenblick weiß ich, daß er zu mir in das Baumhaus kommen wird, daß ich ihn dann kennen werde, daß er mir vertraut ist und daß er mich ebenfalls liebt.

Um halb acht Uhr früh steht mein Sohn an meinem Bett und weckt mich auf. Ich kann das zunächst gar nicht fassen. »Du hast gestern abend am Telefon so geklungen, als sei etwas Schreckliches passiert. Ich weiß doch, daß der Hackethal und das alles hier Deine ganze Hoffnung ist.« Ich nehme seine Hand und spüre, wie die Mauern, die wir voreinander aufgebaut haben, Stück für Stück einstürzen, jetzt in diesem Moment! Ich gehe in mein Bad, wasche mich, komme putzmunter wieder zum Vorschein und bitte die Schwester, meinem Sohn auch ein Frühstück zu bringen. Ich erzähle ihm von der Operation und von der lästigen Krankengymnastin, von den Schwestern, die ununterbrochen meinen Blutdruck messen wollten. Gemeinsam lesen wir den Operationsbericht durch, erfahren, daß die Prozedur insgesamt 22 Minuten gedauert hat und einiges mehr, was wir aber nicht so genau verstehen.

Ein Pfleger kommt und hängt mich an den Tropf. Florian wird sofort mißtrauisch. Wir hören, daß es sich hier um eine Ozoninfusion handelt, die das Blut mit Sauerstoff anreichert, nichts weiter. Gedanken an Chemotherapien verschwinden sofort wieder. Florian erzählt mir von seinem Leben daheim, daß er es ganz gut schafft, für sich selbst zu sorgen, daß er seine Schwester schon ein paarmal besucht hat, daß sich die Oma darüber beschwert, daß seine Stereoanlage zu laut dröhnt. Das kann ich mir lebhaft vorstellen.

Mit Susanne gibt es momentan einige Schwierigkeiten. Man sieht es ihm an. Er ist sehr blaß. Jetzt muß er fahren. Er hat die Schule geschwänzt und will wenigstens daheim sein, wenn sie aus ist und die Freunde kommen. Ich will ihn nach unten begleiten, stark genug fühle ich mich. Auf dem Weg zu seinem Auto bitte ich den Sohn, mich noch bei Herrn Hacker vorbeizuführen, damit der sieht, daß es mir gut geht. Wir klopfen an seiner Zimmertür. Ich bereue fast, daß ich zu ihm gegangen bin, so heftig ist seine Reaktion. Er weint und kann gar nicht aufhören damit. »Bin ich froh, daß Sie wieder auf den Beinen sind«, sagt er immer und immer wieder. Ich zeige ihm meinen »Fiffi«, den ich unter dem Bademantel versteckt habe, und verspreche ihm, morgen früh wieder am Tisch zu sein. Allerdings unter einer Voraussetzung: er darf sich freuen, aber nicht weinen.

Den restlichen Tag verbringe ich in meinem Bett. Ich lese, telefoniere, träume, fühle mich wohl. Am Nachmittag kommt Professor Hackethal zu mir. Ich will von ihm wissen, was er da rausgeschnitten hat, ob es noch verbliebene Krebszellen waren oder Vernarbungen. Er bleibt überraschend zurückhaltend, gibt keine Auskünfte, meint, wir müßten eben abwarten, etwas Genaueres könne und wolle er nicht sagen. Noch nicht! Dr. Herbst entfernt meinen »Fiffi«. Er scheint darin ein wahrer Meister zu sein.

»Atmen Sie tief ein, jetzt husten Sie«, befiehlt er mir, und schon hat er die Nadel aus der Brust entfernt. So nach und nach kommen sie alle und besuchen mich. Meine Tischnachbarn, Frau Waldmann, Frau Joly und Ursula. Diese schlägt mir vor, daß wir morgen eine Radeltour nach Prien machen könnten. Erstens wäre das Wetter herrlich, zweitens sei meine operierte Brust mit einem starken Klebeband festgehalten und könne folglich nicht weh tun, und zum Dritten würde damit die Wartezeit auf den histologischen Befund aus Rosenheim angenehm verkürzt. Etwas skeptisch sage ich zu, ohne allerdings zu glauben, daß ich morgen schon dazu in der Lage sein werde.

Später am Abend gehe ich zu Frau Dollinger. Sie freut sich über meinen Besuch, ist aber sehr schwach. »Ich werde bald heimfahren«, sagt sie zu mir. »Der Professor hat mich untersucht und gemeint, daß man im Augenblick nichts zu machen braucht. Da sei ich wohl zu Hause besser aufgehoben. Sicher werde ich wiederkommen müssen, aber jetzt darf ich erst einmal heim.« Sie erzählt mir das alles mit hellen, klaren Augen, voller Zuversicht. Da scheint der Therapeut Hackethal am Werk gewesen zu sein, denke ich im stillen. Er hat ihr Mut gemacht, und sie glaubt ihm. Ich verspreche, ihr beim Packen zu helfen.

Am Donnerstagfrüh bin ich tatsächlich topfit. Die Radeltour nach Prien mit anschließender Dampferfahrt auf die Fraueninsel ist kein Problem. Vorsichtshalber habe ich mir noch die Erlaubnis von Dr. Herbst eingeholt. »Wenn's Ihnen zu anstrengend wird, kehren Sie halt um«, rät er mir. Der histologische Befund sei nicht vor dem Abend zu erwarten. Er werde sich bei mir melden, meint er noch.

Wir sind um 18 Uhr zurück und laufen als erstem Dr. Herbst über den Weg. »Ist der Befund schon da?« Er windet sich, muß schnell irgendwo hin und eilt davon. Ursula und ich gehen zum

Essen. Mir schmeckt nichts. Der Unterhaltung am Tisch folge ich nur so nebenher. Langsam werde ich ungeduldig, zumal ich erfahre, daß Dr. Herbst das Haus inzwischen verlassen und am Wochenende frei hat. Ich stürme in das Vorzimmer des Professors und begegne dort der Ärztin, die meinen Vater und mich beim ersten Mal zur Sprechstunde geführt hat. »Ich will meinen Befund jetzt wissen«, beschwöre ich sie. »Ja, hat Ihnen Dr. Herbst nicht Bescheid gegeben?« fragt sie erstaunt. »Nein, hat er nicht!« schreie ich fast. »Moment einmal, ich gehe schnell zum Professor. Warten Sie hier.« Weg ist sie. Wenig später erscheint sie wieder. »Gehen Sie bitte auf Ihr Zimmer. Der Professor wird Sie anrufen.« Ich nehme zwei Treppen auf einmal, um so schnell wie möglich in meinem Zimmer zu sein. Diesen Spurt hätte ich mir sparen können, denn auf den heißersehnten Anruf warte ich eine halbe Stunde, unendlich lange dreißig Minuten.

Zwischendurch ruft ein Freund an und will wissen, wie es mir geht. Ich keife ihn derart an, daß er verschüchtert wieder einhängt und mich wohl für total übergeschnappt hält. Ich werde ihn nachher anrufen und ihm alles erklären, nehme ich mir vor.

Dann endlich läutet das Telefon. »Hackethal«, meldet er sich. »Sie brauchen nicht böse zu sein, daß Ihnen der Herbst nichts gesagt hat. Er kann nichts dafür. Ich wollte Ihnen selber den Bescheid mitteilen.« »Ist es so schlimm?« flüstere ich in die Muschel. »Nein, liebe Dame. Wir haben Glück gehabt. Nichts, rein gar nichts wurde mehr gefunden. Der Befund ist negativ. Das harte Zeugs war alles nur Fettgewebe, enthielt keine einzige Krebsidzelle. Den Befund aus Rosenheim bringt nachher meine Frau bei Ihnen vorbei.« Er erklärt mir noch, daß es ihm so wichtig war, mich selber zu benachrichtigen. »Was glauben Sie, wie selten ich meinen Patienten einen solchen Bescheid geben kann. Bei den meisten ist es doch Krebsid, was ich da herausschneide und untersuchen lasse. Da muß man mir doch mal gönnen, daß ich mich mit jemandem mitfreue.«

Ich gönne ihm in diesem Moment alles, einfach alles!

Die große laute Freude, die ich empfunden hatte, als mir die Münchner Radiologin mitteilte, sie könnte absolut nichts Beängstigendes an dem Röntgenbild feststellen, stellt sich diesmal nicht ein. Inzwischen bin ich ein gebranntes Kind, ducke mich vorsichtshalber, um eventuelle Schläge von vornherein abwehren zu können. Die Mitteilung, der Befund sei negativ, habe ich lediglich akustisch wahrgenommen, mein Herz hat sie noch nicht erreicht.

Ich sitze auf dem Bett und starre Löcher in die Luft. Aus dieser Bewegungslosigkeit reißt mich wenig später Li Hackethal mit dem Papier aus Rosenheim in der Hand. Ich lese: »Sie übersandten ein im größten Durchmesser 4 cm messendes Fettgewebestück. Im Zentrum glasiges, z.T. gelblich geflecktes Gewebe. Makroskopisch kein Tumor. Mikroskopisch: Fettgewebe, das z.T. von fibriotischem Blutdrüsengewebe durchsetzt wird. Im Zentrum finden sich Organisations- und Resorptionsveränderungen sowie Hinweise für alte Blutungen. Es dürfte sich um den Rand der alten PE-Höhle handeln. Auch histologisch kein Tumor nachweisbar.«

Da las sich der histologische Befund in München schon ganz anders: »Mäßig differenziertes, ductales, z.T. verschleimtes Karzinom, das nicht nur intraductal wächst, sondern in einem bis zu 0,9 cm großen Herd infiltratives Wachstum aufweist. Es liegt, soweit erkennbar, mindestens ein Stadium Pt I G 2 vor. Da die Patientin bei malignem Befall ausdrücklich eine Mastektomie ablehnte, wurde der Eingriff somit beendet. Sie wurde darauf hingewiesen, daß der vorgenommene Eingriff lediglich diagnostischen Charakter aufweist und in keinem Fall als Therapie zu betrachten ist.«

Zweieinhalb Monate liegen zwischen diesen beiden Befunden. Der eine ausgestellt am 22.8. in München, der andere ausgestellt am 4.10. in Rosenheim. Am 27. September hätte man mir in

München die linke Brust abgenommen, am 2. Oktober hat Professor Hackethal die Brust noch einmal aufgeschnitten, verdächtiges Gewebe entnommen, das sich jetzt als harmlos herausstellte.

Ich schüttle den Kopf, als ich diese beiden Papiere vergleiche. Nicht auszudenken, was geschehen wäre, was man mit mir anstellen wollte, ohne Notwendigkeit. Langsam merke ich, daß Glück in mir hochsteigt, mich ganz warm und leicht macht. Die Starre, die mich während des Telefonates mit dem Professor gefangen gehalten hatte, ist weg. Ich bin unendlich dankbar für alles, dankbar meinem Vater, der mich hierher gebracht hat, dankbar dem Professor, der mich operiert hat. Nur — ich fühle mich schrecklich allein in diesem Moment, wünsche mir dringend einen Menschen, den ich an meiner Freude teilhaben lassen könnte. Denn eines ist mir sofort klargeworden: hier in dieser Klinik, unter all diesen kranken Menschen, darf ich nichts von dem guten Befund verlauten lassen. Zu viele würden den Kopf noch ein wenig tiefer senken. Was hat der Professor zuerst am Telefon zu mir gesagt? »Was glauben Sie, wie selten ich meinen Patienten einen solchen Bescheid geben kann?« Ich werde mich ganz ruhig verhalten, wenn ich jetzt in den Aufenthaltsraum zu den anderen gehe, das nehme ich mir fest vor.

Unterwegs stoße ich auf die Ärztin, die mich bei der ersten Sprechstunde aufgenommen hatte. »Der kann ich's erzählen!« schießt es mir durch den Kopf. Zurück in meinem Zimmer überrumple ich sie mit der Neuigkeit. Sie freut sich von Herzen, das merkt man. Und dann sagt sie etwas, was mich tagelang beschäftigt: »Wenn ich Krebs hätte, wäre das mein Ende. Ich hätte weder die Kraft noch den Mut, gegen diese Krankheit zu kämpfen. Ich habe Angst vor Krebs.« Ich bin schweigsam geworden. Sie merkt das und will sofort wieder auf lustig umschalten. Aber ich möchte das jetzt genau wissen. »Frau Dr. Reiser, Sie haben Angst vor Krebs. Wie können Sie in dieser Klinik arbeiten? Wie können Sie Patienten Stillstand der Krankheit und sogar Heilung versprechen, wenn Sie selbst nicht daran glauben?« Sie windet sich, gibt keine befriedigende Antwort. Es ist ihr offensichtlich peinlich, daß sie diese Bemerkung gemacht hat.

Schließlich muß sie sich ja daran erinnern, daß auch meine Diagnose das erstemal lautete: »Krebs«, daß er sich auch in meinem Körper vorübergehend angesiedelt hatte. Bloß weil man bei dem Nachschnitt nichts mehr gefunden hat, heißt das noch lange nicht, daß keine Gefahr der Metastasierung mehr besteht. Ich breche die Unterhaltung schnell ab, habe keine Lust, mir meine gute Laune verderben zu lassen.

Im Aufenthaltsraum erwartet mich bereits die gewohnte Runde. Obwohl alle wissen, daß ich den Befund bereits haben muß, fragt mich keiner danach. Und ich bin froh darüber. In Anwesenheit von Frau Joly, die heute offenbar große Schmerzen hat, hätte ich ungern von meinen Hoffnungen und Überlegungen gesprochen. Ich erzähle ihnen, daß sich für das kommende Wochenende die »Familie« angesagt hat und folglich ein größerer Menschauflauf in der Klinik zu erwarten ist. Schließlich rücken zusammen mit Linda sechs Kinder und vier Erwachsene an. Ich verspreche, sie allesamt vorzuführen.

Am Freitag kann ich die Wachstation verlassen. Ich wechsle in den Altbau um und beziehe dort ein zauberhaftes Zimmer, das mir so gefällt, daß ich es immer erbitte, wenn ich in den darauf folgenden Jahren zur Nachbehandlung an den Chiemsee fahren muß. Es ist zwar ebenso eingerichtet wie alle anderen Krankenzimmer hier im Haus, aber es liegt ebenerdig. Ich habe eine kleine Terrasse mit Liegestuhl und bekomme täglich Besuch von einer kleinen schwarzen Katze, die mit mir schmust und mich an meinen verlassenen Gipsy daheim erinnert. Ihr Schwanz ist zwar wesentlich buschiger als der meines Katers, dafür hat sie keine weißen Flecken am Hals und an den vier Pfoten wie er.

Das Bad ist imponierend groß und hat zwei Waschbecken und zwei Spiegel. Das Zimmermädchen erzählt mir, daß dieser Raum ursprünglich für zwei Personen gedacht war, für Patient und pflegenden Begleiter, dafür aber dann im Endeffekt doch zu klein war. Außerdem hätten sich viele Patienten, die hier schon wohnten, über den Hahn von gegenüber beschwert, der sich ganz und gar nicht an die gebotenen Ruhezeiten hält und um fünf Uhr früh lautstark das Krähen anfängt. Tatsächlich! Am nächsten Morgen werde ich von einem fröhlichen Kikeriki geweckt. Doch das stört mich nicht im geringsten. Ganz im Gegenteil. Ich bin froh für alles, was mich an ein normales Leben ohne Krankheit und Schmerzen, ohne Angst und Sorgen erinnert.

Das tägliche Zusammensein mit krebskranken Menschen, meine eigene Erkrankung, meine Gespräche mit Frau Dollinger und Frau Joly beginnen mich langsam und zunächst unmerklich zu verändern. Zunächst fällt mir auf, daß ich beim Spazierengehen immer häufiger anhalte, weil mir eine Blume, ein Baum, ein Vogel besonders gut gefallen. Das ist mir früher selten passiert. Ich kann stundenlang am Ufer des Chiemsees sitzen und den Möwen zusehen, ohne daß ich mich dabei langweile, ohne daß es mir kalt oder ungemütlich wird. Außerdem ist es mir neuerdings nicht mehr möglich, eine lästige Mücke, eine Wespe oder sonstiges Getier zu töten, bloß weil ich mich gestört fühle.

Ich habe seit meiner Diagnose nie mehr wieder zu einer Zeitung oder einem anderen Gerät gegriffen, um solch ein Tier zu erschlagen. Ich würde mich schandbar fühlen, wenn ich es täte. Meine Sehnsucht zu leben ist so groß und stark, daß ich einfach jedem Lebewesen die gleiche Freude am Leben unterstelle.

Außerdem beginne ich, mich selbst bewußter zu erleben. Ich höre mir manchmal genau zu und verbessere mich sofort, wenn mir das Gesagte nicht gefällt. Ich hüte mich vor Redensarten, die nichts weiter sind als Bla-Bla-Bla. Ich frage nicht irgendjemanden, wie es ihm geht, und bin dann — ohne die Antwort abzuwarten — schon wieder zehn Schritte weiter. Ich erlaube mir keine Lüge und keine Heuchelei mehr. Wenigstens probiere ich das. Ich versuche mich kennenzulernen. Ich möchte gerne mit mir befreundet sein. Ich ahne in meinem Innersten, daß ich ab jetzt alleine sein werde, mit mir und der Entscheidung, nicht den konventionellen medizinischen Weg zu gehen. Ich werde meine Ängste nicht immer mitteilen können, denn ich fürchte mich zu sehr vor den sattsam bekannten »Hättest Du« oder »Hättest Du nicht«. Beschwerden werden meine Beschwerden bleiben müssen, solange es irgendwie geht. Das alles aber werde ich nur dann packen, wenn ich mich ausgelotet habe, wenn mir meine Reaktionen nicht mehr fremd sind, wenn ich mich auf mich verlassen kann!

Der Besuch der »Familie«, von mir mit großer Freude erwartet, erweist sich als strapaziös. Sie sind alle unglaublich vital und gesund, sehr darauf bedacht, heiter und hoffnungsfroh zu wirken. Sie besichtigen mein Zimmer und füllen es bis auf den letzten Winkel aus.

Einer nach dem anderen muß auf die Toilette, es geht zu wie in einem Taubenschlag. Den Kindern habe ich eingeschärft, daß man mir vielleicht nicht auf die Schultern hauen sollte, weil die operierte Brust noch schmerzt. Das war nötig, nachdem sich meine liebe Tochter mit voller Kraft in meine Arme geworfen hatte.

Damit sich die Menge etwas verteilt, beschließen wir, einen ausgiebigen Spaziergang zu machen. Vorher haben wir noch unseren großen Auftritt im Aufenthaltsraum. »Sir Henry« bekommt den Mund nicht mehr zu, als ich ihr einen nach dem anderen vorstelle. Frau Joly macht ebenfalls große Augen. Frau Waldmann hat ihr Strickzeug weggelegt und lacht. »Mensch, ist das ein Leben«, freut sie sich. »So ist es bei mir daheim mit meinen drei Buben und deren Freunden.«

Wir marschieren hintereinander in Richtung Chiemsee. »Sind das alle Ihre Freunde?« ruft mir eine Dame zu, die am Balkon steht und es offenbar gar nicht fassen kann, daß man soviel Besuch auf einmal bekommt.

Jeder will alles von mir wissen. Mir dröhnt langsam der Kopf. Inzwischen haben wir uns für einen Weg quer über die Wiese in Richtung Bernau entschieden. Oben auf dem Berg, gleich neben einer weithin sichtbaren Kapelle, soll ein nettes Wirtshaus sein, erinnert sich Oma, die noch heute eine recht aktive Bergsteigerin ist und alle Plätze hier zu kennen scheint.

Ich habe mich mit Linda etwas abgesetzt und erzähle ihr von meinem Leben hier im Krankenhaus. Sie klagt ein wenig, daß ich ihr abgehe, daß das Leben zu dritt in der eigenen Umgebung doch leichter ist als das Sich-Eingliedern-Müssen in einen so großen Familienverband.

Und außerdem tut ihr das Steißbein weh. Da ist sie beim Turnen draufgefallen, und keiner nimmt die Schmerzen so richtig ernst. Innerlich muß ich ein wenig lächeln: die verwöhnte Tochter vermißt die Streicheleinheiten der Mutter. Sie will sich halt ein bisserl bedauern lassen, und ich tue ihr den Gefallen. Vor dem Wirtshaus, das wir endlich erreichen, spielt eine kleine Promenadenmischung. Meine Tochter sieht den Hund, und Minuten später tobt sie mit ihm den Abhang rauf und runter. Soviel zum Thema »Schmerzen am Steißbein« . . .

Wir sitzen am Tisch und unterhalten uns über den Münchner Alltag. Viele Bekannte fragen nach mir, wissen nicht so recht, was mit mir los ist. Hat sie nun die Brust weg oder nicht? War es Krebs oder nicht? Helga verspricht mir, alle Fragen abzublokken. Außerdem wird sie dafür sorgen, daß nicht die ganze Straße über mich herfällt, wenn ich wieder nach Hause komme. Das

Stimmengewirr der Kinder hat sich inzwischen gelegt. Ich bin wieder mitten unter ihnen, gehöre zu ihnen, liebe sie allesamt. Außerdem müssen riesige Eisbecher und Kuchenberge bewältigt werden. Ich — ganz brave Hackethal-Patientin und auf Vollwertkost eingestimmt — trinke nur einen Fruchtsaft.

Der Weg zurück in die Klinik zieht sich. Wir müssen zahlreichen Radfahrern ausweichen, die den sonnigen Sonntag zu einer Tagestour ausgenutzt haben, unter ihnen viele Patientinnen mit ihren Angehörigen. Im Haus kann man sich die Räder leihen, sie sind am Wochenende schon am späten Vormittag vergeben. Der Abschied fällt uns allen schwer, obwohl ich zugeben muß, reichlich erschöpft zu sein. Vor allem das viele Reden hat mich angestrengt. Ich bin es nicht mehr gewöhnt. Sicher, beim Essen und im Aufenthaltsraum wird auch nicht geschwiegen. Aber ich kann mich jederzeit in mein Zimmer zurückziehen, wenn mir danach ist.

Lange winke ich ihnen nach, schicke meiner Tochter das 27. Bussi durch die Luft, dann ist das Auto um die Ecke gebogen. Auf dem Weg zum Zimmer begegne ich Schwester Traudel. »Nach dem Essen müssen Sie gleich in den OP kommen. Dort wird Ihnen der Verband abgenommen«, teilt sie mir mit. »Außerdem sollen Sie heute abend unbedingt noch Frau Dollinger besuchen. Sie fährt nun endgültig am Dienstag ab.« Ich verspreche beides.

Im OP erwartet mich Dr. Bauer, ein junger Arzt, der eigentlich für die Prostata-Patienten zuständig ist. Brustkrebsdamen gegenüber ist er bemerkenswert schüchtern. Bei Aufnahmeuntersuchungen, bei Sonntagsdiensten oder anderen Gelegenheiten, wo er sie übernehmen muß, fühlt er sich spürbar unwohl. Doch heute ist er dran.

Er muß die Verbändc abnehmen, denn am Montag beginnen für die meisten Operierten die Bestrahlungen in Traunstein. »Herr Dr. Bauer, reißen Sie den Verband schnell ab«, bitte ich ihn. »Ich habe nämlich viele kleine Haare auf der Haut, und da leide ich immer Höllenqualen, wenn das Pflaster langsam abgelöst wird.« In seinen Augen steht so etwas wie »Das hat mir gerade noch gefehlt«, als er sich an die Arbeit macht. Stück für Stück löst er das Pflaster, wäscht mit Äther nach. Ich bin leicht benebelt, aber tapfer. Schließlich, ein letzter Ruck, die Prozdur ist überstanden und Dr. Bauer offensichtlich völlig fassungslos. Er schaut erst mich an, dann meine Brust. Schließlich schüttelt er den Kopf. »Ist etwas nicht in Ordnung«, erkundige ich mich leicht verunsichert. »Ja, wo sind denn die Haare, die so zwikken?« will er wissen. Jetzt begreife ich. Der arme Dr. Bauer hat nach meinen Ankündigungen so etwas wie eine behaarte Männerbrust unter dem Verband vermutet. Der helle Flaum, der meinen ganzen Körper überzieht, ist ihm zu wenig. Wir lachen beide von Herzen. Ich will mich für seine einfühlsame Behandlung noch bedanken und ihm eine gute Nacht wünschen, da hält er mich zurück. »Morgen um neun Uhr geht der Klinikwagen nach Traunstein zur Bestrahlung. Seien Sie bitte pünktlich, denn beim ersten Mal dauert alles länger. Die neuen Patienten müssen aufgenommen werden.« Mich haut es buchstäblich um!

Im selben Moment fauche ich los. »Wieso muß ich denn bestrahlt werden? Mein zweiter Befund war doch negativ. Der Nachschnitt war doch gar nicht Krebsid!« Dr. Bauer sieht aus, als würde er am liebsten fluchtartig den OP verlassen. »Ich weiß es doch auch nicht, Frau Benedict. Ich habe mich selber darüber gewundert. Aber der Chef hat Sie auf die Liste gesetzt.« Ich kann das alles nicht verstehen. Mit einer Bestrahlung hatte ich nicht gerechnet. Meinen Leibarzt, Dr. Herbst, kann ich nicht fragen, der ist noch in seinem freien Wochenende, und den Professor will ich nicht stören, obwohl ich seine Privatnummer inzwischen habe.

Ich fliehe zu Ursula, die in ihrem Zimmer auf den Anruf einer ihrer beiden Töchter wartet. Den Freund hat sie gerade verabschiedet. Sie ist guter Dinge. Noch eine Bestrahlung, dann ist sie fertig. Am Dienstag fährt sie heim. Daß meine Stimmung hingegen auf dem Nullpunkt ist, sieht sie mir sofort an. Sie versteht meine Angst vor der Bestrahlung überhaupt nicht. »Du spürst nichts. Platzangst brauchst Du auch keine zu haben, der Raum ist nicht richtig im Keller, hat also Tageslicht, und er ist groß. Du zählst langsam bis 120, und dann sind die zwei Minuten vorbei.« Meine Panik ist ihr absolut unverständlich.

Ebenso verständnislos sind alle anderen, die mich am nächsten Morgen sehen. Die fröhliche, optimistische, stets gut aufgelegte Frau Benedict ist einfach nicht wiederzuerkennen. Beim Frühstück würge ich an meinem Müsli.

Im Bus quetsche ich mich neben Ursula und rede kein Wort. Die anderen lassen mir meine Ruhe. Insgesamt sind wir vier Neuzugänge. Einer davon hat Hodenkrebs. Er wurde vor einigen Wochen in Hamburg operiert. Seine Beschwerden haben zugenommen. Verkrümmt sitzt er auf der Bank des kleinen Busses, so stark sind seine Schmerzen. Manchmal stöhnt er leise. Ursula sagt ihm, daß er als erster zu dem Radiologen gehen soll, dann kann ihn unser Fahrer, bis wir alle fertig sind, vielleicht schon wieder zurück in unsere Klinik bringen. Der Mann nickt dankbar, aber ich bezweifle, daß er alles verstanden hat.

Hinter mir plappert eine Frau gedankenlos die Krankengeschichte ihrer Zimmergenossin aus, die ihr deren Mann unter dem »Siegel der größten Verschwiegenheit« anvertraut hat. Mehreren hat er davon erzählt, wie sich schnell herausstellen soll, auch Ursula und mir. Seine Frau und sein 16jähriger Sohn, der wegen der Erkrankung seiner Mutter schon einmal einen Selbstmordversuch unternommen und den sie dieses Mal mit zum Chiemsee genommen hat, scheinen die einzigen zu sein, die die volle Tragweite der Erkrankung noch nicht kennen.

Alle anderen sind durch ihn informiert, daß seine Frau schon aufgegeben war, daß auch der Professor wenig Hoffnung für sie sieht, daß sie vielleicht gerade noch ein Vierteljahr zu leben hat. Die Frau ist 36 Jahre alt. Ich fordere diese mitteilungsbedürftige Dame hinter mir auf, jetzt endlich den Mund zu halten und nehme mir vor, dem Ehemann der Kranken Bescheid zu sagen. Bei der Begeisterung, mit der hier so manche Patienten in den Krankengeschichten anderer herumwühlen, ist es abzusehen, bis seine Frau von anderen hört, daß sie sterben muß. Nicht auszudenken, wie der Bub reagieren könnte, wenn er diese Wahrheit so nebenher erfährt. Er sitzt so oft unbemerkt von den anderen im Aufenthaltsraum und erholt sich von der kranken Mutter.

Gemeinsam mit den anderen betrete ich zum ersten Mal wieder eine gewöhnliche Klinik. Sie hat den typischen Geruch nach Desinfektionsmittel, ist vorwiegend hellgrau, die Linoleumböden glänzen, die Schwestern habe weiße Kittel an, es herrscht ein reges, unpersönliches Treiben. Dagegen kommt mir die Hackethal'sche Klinik, kommt mir mein kleines Zimmer dort wie mein Zuhause vor.

Ich fürchte mich. Irgendwie erwarte ich, daß sich eine dieser Schwingtüren öffnet, ein Chirurg und sein OP-Team heraustreten, mich fesseln und in den Operationsraum zerren. Ich packe Ursulas Hand und erkläre ihr das. »So ist es mir anfangs auch gegangen, bis ich gemerkt habe, daß sie mir gar nichts wollen.«

Wir gehen eine Treppe hinunter in das Souterrain. Dort befindet sich die Strahlenabteilung. Sie hat zwar Tageslicht, aber die vielen Warn- und Hinweisschilder, die auf mögliche Strahlen-Gefahren aufmerksam machen, erzeugen Unbehagen. Am hinteren Ende eines langen Ganges, von dem rechts und links Behandlungsräume ausgehen, befinden sich der Bestrahlungsraum und das Sprechzimmer des Radiologen. Eine dicke Eisentüre, die bei Beginn einer jeden Bestrahlung schwer ins Schloß fällt und erst nach der Entwarnung wieder geöffnet wird — beides von außen, versteht sich — sticht mir als erstes ins Auge.

Vor dieser Tür steht ein Schreibtisch, an seiner Verlängerung befindet sich ein Monitor. Er gewährt Einblick in den Strahlenraum, überwacht den bestrahlten Patienten und seine Reaktionen. Der Schreibtisch muß immer besetzt sein, der Bestrahlte darf nicht unbeaufsichtigt bleiben.

Zunächst glaube ich das noch, als es mir von einem Arzt versichert wird, am Ende meiner Bestrahlung weiß ich, daß es nicht immer stimmt.

Wir setzen uns in Reih und Glied, diejenigen, die zur Aufnahmeuntersuchung müssen, rechts von der Tür des Sprechzimmers, die anderen, die schon erfaßt und angezeichnet sind, links daneben.

»Aha, da sind die Neuzugänge«, begrüßt uns ein kleinwüchsiger Mann mit dicker Brille und noch dickeren Kreppsohlen an seinen hellbraunen Wildlederschuhen. »Wer ist heute zum letzten Mal da?« erkundigt er sich mit barschem Ton. Ursula meldet sich. »Gut, dann kommen Sie zuerst dran.« Das klingt nach Kommando. Unsere Bitte, den Herrn mit den starken Schmerzen vorzuziehen, wird mit einer Handbewegung weggewischt.

Ich sitze auf Platz 4 der Wartereihe und bin kreuzunglücklich. Sämtliche Versuche der anderen, mich zu trösten, sind fehlgeschlagen. Schließlich geben sie auf. Ich will mich an den Monitor stellen und werde von dem Arzt wieder an meinen Platz zurückverwiesen. Ursula kommt aus dem Sprechzimmer und setzt sich weinend neben mich. »Der hat mich fertiggemacht, dieser widerliche Gnom«, schluchzt sie. Es dauert, bis sie sich gefangen hat und der Reihe nach erzählen kann. »Glauben Sie allen Ernstes, daß Sie ausreichend therapiert worden sind?« Mit diesem Satz wurde sie überfallen. »Ich wußte zunächst gar nicht, was ich ihm hätte antworten können.« Das scheint auch nicht nötig gewesen zu sein, nach allem, was ich so nach und nach von ihr erfahre.

Dieser Arzt hat ihr innerhalb von höchstens 10 Minuten all die

Hoffnungen genommen, die sich durch und bei der Hackethal'schen Behandlung bei ihr angesammelt hatten. Er meinte, die Bestrahlung hätte überhaupt nichts genützt, könnte sie bei dieser minimalen Dosierung auch gar nicht. Die Brust hätte selbstverständlich amputiert werden und eine starke Bestrahlung nachgeschickt werden müssen. »So wie Sie jetzt behandelt wurden, geht die Sache nicht gut aus.« Das war der Abschied von diesem medizinischen Gefühlsathleten.

Den schmerzgeplagten Mann hat er im übrigen immer noch nicht drangenommen. Nach seiner Meisterleistung bei Ursula muß er erst einmal in eine Dienstbesprechung. Ich koche. Meine Angst hat sich zunächst einmal verflüchtigt.

Vor allem bei Ursula sind solche Reden äußerst gefährlich. Sie ist zwar generell eine recht selbstbewußte Frau, aber in Sachen Krankheit erliegt sie sämtlichen nur möglichen Einflüsterungen. In ihrem Zimmer zeigte sie mir einmal eine dicke Mappe, die lauter Artikel über mögliche Krebsbehandlungen enthielt. Sie sammelt alles, was sie darüber bekommen kann und macht sich damit immer unsicherer. Erhält einer in unserer Klinik ein Medikament, das man ihr nicht verabreicht, wird sie sofort unruhig. Der Hinweis, dieses und jenes sei für sie nicht geeignet, weil das Maß ihrer Erkrankung ein völlig anderes sei, helfen ihr dabei wenig. »Ingrid, es ist alles zu spät«, schluchzt sie. »Das ist alles noch nicht vorbei.« Im Moment hat es gar keinen Zweck, ihr zu sagen, daß genau diese Stimmung, diese Hoffnungslosigkeit und diese Angst es sind, die den krebskranken Menschen so gefährlich schwächen und damit anfällig machen. Ist der seelische Widerstand erst einmal gebrochen, wehrt sich auch der Körper nicht mehr. Davon bin ich überzeugt. Und der Verlauf der darauf folgenden drei Jahre, die nun seit unserer beider Operation vergangen sind, hat mir recht gegeben. Während sich Ursula aus der Formulierung »wir Krebskranke« nie wirklich befreien konnte, habe ich sie bisher noch kein einziges Mal gebraucht.

Der »Giftzwerg«, wie ich ihn mittlerweile nenne, ist wieder zurückgekehrt und mit ihm mein Kleinmut. Als letzte der zu Untersuchenden werde ich in sein Sprechzimmer gebeten. Obwohl er sich nicht anders benimmt als sämtliche anderen Ärzte, die mich seit meiner Erkrankung an der Brust untersucht haben, hätte ich ihm am liebsten auf die Finger gehauen, so sehr verachte ich ihn. »Wenn Sie liegen, komme ich und zeichne die Punkte an, wo diese gezielte Bestrahlung ansetzen muß.« Ich sage ihm, daß ich Angst habe, auch vor dem »bißchen Bestrahlen«. »Eigentlich komisch. Diejenigen, die den Mund am vollsten nehmen, haben die meiste Angst«, ist seine Antwort darauf. Offensichtlich hat er etwas von meinem Wutanfall draußen vor der Tür mitbekommen.

Ursula ist wieder ruhiger geworden. Sie verspricht mir, sich vor den Monitor zu stellen, wenn ich bestrahlt werde. Der junge Arzt vor dem Bildschirm wird informiert. Beiden sage ich noch, daß es mir leicht schlecht wird, wenn ich Angst habe, daß ich ganz starkes Herzklopfen bekomme und deshalb früher schon mehrfach kollabiert bin. Sollte ich merken, daß sich so etwas anbahnt, gebe ich ein Handzeichen. Dann muß man den Strahl abschalten und mich rauslassen. Der Arzt verspricht mir, darauf zu achten. Ursula ebenfalls.

Dann muß ich rein in diesen beängstigenden Raum. Es riecht fürchterlich nach Schweiß. Ich vermeide einen Blick auf die Apparaturen, die über der schmalen Liege hängen und nach unten drohen. »Gell, Sie lassen mich sofort raus, wenn ich was will«, versuche ich den jungen Arzt noch einmal an sein Versprechen zu erinnern.

Ich liege und warte auf den Radiologen. Noch ist die schwere Eisentüre nach außen nicht zugefallen. Noch kann ich die Stimmen hören. Der Radiologe kommt. Er kennzeichnet die angegebenen Punkte und informiert mich darüber, daß die Bestrahlung heute von rechts oben nach links unten geht. Morgen wird dieses umgekehrt sein. Ich solle beim Duschen darauf achten, daß ich die Markierungen, die er jetzt anzeichnet, nicht wegwasche.

Ich frage ihn, ob die Patienten in diesem Krankenhaus wissen, daß hier unten auch leichter bestrahlt wird. »Nein«, bekomme ich sofort zur Antwort. »Aber Herr Doktor, sowas spricht sich doch in einem Krankenhaus rum.« »Sehen Sie, bei uns bekommt kein Patient diese Bestrahlung. Die ist lediglich den Patienten von Professor Hackethal vorbehalten.« Ich will Zeit schinden, frage weiter. »Was machen Sie, wenn ein Patient Ihrer Klinik diese Art von Bestrahlung will?« »Er wird sie nicht bekommen, denn es müßte ein Arzt von uns seine Zustimmung geben und unterschreiben, und das würde keiner von uns hier tun.« So, jetzt weiß ich es! Die Unterhaltung ist endgültig beendet. Die Tür fällt ins Schloß. Ich höre ein leichtes Klicken, die Apparaturen sind eingeschaltet. Im selben Moment bekommt mein linkes Bein ein Eigenleben. Es kribbelt. Mein ganzer Körper beginnt zu jucken. Mein Herz jagt. Ich bekomme keine Luft mehr! So etwas habe ich noch nicht erlebt. Ich erinnere mich, daß man mich ja da draußen beobachtet. Also gebe ich ein Handzeichen. Der Strahl erlischt nicht, nagelt mich weiterhin fest. In meiner Verzweiflung beschließe ich, einfach aufzustehen, von der Liege runterzuklettern. Gerade noch rechtzeitig bedenke ich, daß dann vielleicht mein Kopf in diesen tödlichen Lichtkegel geraten könnte und dort dann wichtige Zellen verbrannt würden. Meine Panik wächst. Was hat man mir geraten? Ich sollte einfach bis 120 zählen, dann seien die 2 Minuten vorüber. Ich beginne zu zählen, verheddere mich immer wieder, bin mal bei 44, mal bei 36, mal bei 54, schaffe es einfach nicht. Da schnurrt der Apparat wieder, der Strahl verlöscht. Die Türe öffnet sich, der Arzt kommt herein. Ich bleibe liegen und gebe keinen Ton von mir.

»Na, hat es Ihnen so gut gefallen, daß Sie gar nicht mehr runter wollen?« Ich verabscheue seine Taktlosigkeit. »Warum haben Sie nicht reagiert, als ich Ihnen ein Handzeichen gab«, schnaube ich. »Haben Sie? Ist mir gar nicht aufgefallen.« Später erfahre ich von Ursula, warum. Er war zeitweise gar nicht an seinem Platz und sie konnte ihm nicht sagen, daß ich da Hilferufe signalisiert hatte.

Fix und fertig versuche ich mich anzuziehen. Den Büstenhalter vergesse ich zunächst. Die Bluse muß ich dreimal umknöpfen, bis sie endlich paßt. Neben meinem hemmungslosen Entsetzen fasziniert mich am meisten die Tatsache, daß dieser ganze, für mich ewig scheinende Alptraum lediglich zwei Minuten gedauert hat. Das kann ich überhaupt nicht fassen! Was sind schon zwei Minuten im Laufe eines Tages? Nicht einmal die Hälfte der Kochzeit, die ich für mein Frühstücksei beanspruche.

In zwei Minuten bin ich bei dir — das bedeutet doch, ich bin sozusagen schon da. Daß zwei Minuten so lange dauern könnten, das habe ich nicht gewußt.

Im Bus, der uns wieder in unsere Klinik bringt, bietet mir eine Patientin an, die Wache am Monitor zu übernehmen, wenn Ursula morgen nicht mehr dabei ist. Ich bedanke mich schwach, ohne aber wirklich erfreut und dankbar zu sein. Ein Morgen wird es für mich nicht geben, denke ich im stillen. Dahin werde ich nicht mehr wieder fahren.

Auf dem Weg zu meinem Zimmer falle ich um. Ich kann mich grade noch an meiner Türklinke abstützen, dann weiß ich von nichts mehr.

Als ich aufwache, liege ich auf meinem Bett. Schwester Elfi mißt meinen Blutdruck und kann sich gar nicht genug über die ohnmächtige Frau Benedict wundern. »Als uns eine Patientin verständigte, glaubte ich zuerst, ich hätte mich verhört«, erzählt sie. »Sie werden uns doch nicht schlappmachen.« Etwas später kommt Dr. Herbst bei mir vorbei.

Ich erzähle ihm, was sich ereignet hat und daß ich mich eigentlich für eine ziemlich hysterische Kuh halte.

Er lacht. »Frau Benedict, das, was Ihnen da heute passiert ist, ist gar nicht so selten. Viele Menschen vertragen die Strahlen nicht. Man nennt das Strahlenpsychose. Das hat mit Hysterie wenig zu tun.« Ich berichte ihm über die deprimierenden Erlebnisse mit dem Traunsteiner Radiologen, von dessen Rücksichtslosigkeit gegenüber Ursula.

»Was haben Sie denn erwartet? Meinen Sie vielleicht, die können dem zustimmen, wenn sie in ihrem Krankenhaus ganz andere Methoden anwenden? Die müssen doch gegen uns sein. Lassen Sie sich nicht verrückt machen. Wir sind froh, daß dieses Krankenhaus unsere Bestrahlung durchführt. Ob die Ärzte damit auch einverstanden sind, muß uns egal sein.«

Er bringt mich dazu, daß ich morgen doch wieder nach Traunstein fahren werde. Allerdings verspricht er mir, im Schwesternzimmer Anweisung zu geben, daß ich eine Viertelstunde vor Abfahrt Beruhigungstropfen bekomme. »Dann packen Sie das locker«, verabschiedet er sich.

Am Nachmittag habe ich wieder Oberwasser. Bevor ich mit Ursula, die fast schon alles gepackt hat, einen letzten Spaziergang mache, laufe ich Li Hackethal über den Weg. Über meinen Zusammenbruch, seelisch und körperlich, hat man sie bereits informiert. Auch sie ist für die Beruhigungstropfen vor dem Start, auch sie ist der Ansicht, man sollte die Traunsteiner ruhig reden lassen. »Wissen Sie, wir sind es inzwischen gewöhnt, daß man unsere Behandlungsmethoden anfeindet. Damit müssen wir leben.« Ursulas Erlebnis sei kein Einzelfall. »Die haben sich auch schon mal massiv in unsere Therapie eingemischt, oder haben es zumindest versucht. Die Leibärzte rufen halt manchmal an, wenn es allzu dick kommt und knurren ein bißchen. Das Beißen können wir uns gar nicht erlauben. Wir brauchen den Raum.«

Bevor ich am Abend in mein Bett gehe und schon wieder Angst vor dem morgigen Tag in mir hochkriechen fühle, schaue ich noch bei Frau Dollinger vorbei. Morgen fährt sie heim. An ihrem Bett stehen bereits die vollen Koffer. Allerdings hat sie keinen einzigen von ihnen packen können. Traudel mußte helfen. Sie liegt in ihrem Bett und hat Angst vor morgen. Ferdl wird sie abholen. Sie wollen noch einen Tag am Chiemsee bleiben und dann heimfahren.

»Das Schlimmste ist, daß ich dem Ferdl daheim eine Last sein werde«, weint die sterbenskranke Frau mit den eingefallenen blauen Augen.

»Nachts muß er in der Bar arbeiten, und tagsüber kann er nicht ausschlafen, weil er sich um mich kümmern will.« Natürlich haben sie eine Hilfe, die kommt und den Haushalt und das Essen richtet, aber der Ferdl bräuchte halt eine gesunde Frau und nicht so ein »Krepierl«, wie sie das nun mal geworden sei.

Es ist schwer, Frau Dollinger zu trösten. Mir liegt es nicht, Tatsachen, wenn sie so offensichtlich sind, wegzuleugnen. Ich kann auch nicht sagen »Sie sehen blendend aus«, wenn ein Mensch so armselig in seinen Kissen liegt. Das einzige, was ich versuche, ihr klarzumachen, ist dieses: »Ihr Ferdl weiß, daß es Ihnen schlechtgeht. Er will Sie bei sich haben. Vielleicht hat er Angst, daß Sie endgültig weggehen, ohne daß er Gelegenheit hatte, sich von seiner Frau zu verabschieden.«

Ich erzähle ihr ein wenig von meinen Traunsteiner Erlebnissen, doch wir sind beide müde. Ich verspreche ihr, mich bei ihr zu melden, sie von München aus anzurufen. Einige Male habe ich noch telefoniert mit ihr. Einmal bat sie mich, ihr ein starkes Schlafmittel zu besorgen, das es in Österreich nicht gibt, einmal rief sie mich an und weinte nur in den Hörer, sprechen konnte sie nicht mehr. Sie ist tot. Ebenso wie Frau Joly, ebenso wie die Mutter des 16jährigen, die der Darmkrebs buchstäblich aufgefressen hat.

Am nächsten Morgen bin ich zunächst gelassen, frühstücke sogar ein wenig. Dann hole ich mir im Schwesternzimmer meine verordneten Beruhigungstropfen. Ich bekomme das ganze Fläschchen mit. 25 Tropfen soll ich nehmen. Ich erhöhe eigenmächtig auf 40. Auf dem Weg zum Bus begegne ich einer Schwester, die zuversichtlich meint, daß es ja wohl heute besser klappen wird. »Ich nehme das doch schwer an«, antworte ich. »Schließlich habe ich die Dosis vorsichtshalber stark erhöht. Hoffentlich schlafe ich nicht auf dem Weg nach Traunstein im Bus ein.« »Keine Sorge«, lacht sie. »Davon können Sie jede Menge nehmen, bevor da was passiert.« Aus ist's! Das hätte nicht kommen dürfen. Ich war der Meinung, ich hätte tatsächlich Wirksames bekommen. Mit Placebos ist mir nicht gedient. Das Herzklopfen setzt wieder ein, wie gehabt. Diesmal will die Busmannschaft, daß ich als Erste in den Bestrahlungsraum gehe, damit ich nicht so lange Zeit habe, mich davor zu fürchten. Ich höre mir das alles an, ohne auch nur die Spur beruhigt zu sein. Ich habe dieselben Zustände wie am Vortag. Die Türe fällt ins Schloß. Das Surren setzt ein, der Strahl kommt diesmal von links unten und trifft genau die operierte Warze. Schweißperlen sammeln sich auf meiner Stirn, laufen mir über das Gesicht. Mein Herz pocht, in meinen Beinen brennt es. Es ist fürchterlich!

Wenn ich wenigstens eine Stimme hören könnte! Gut, ich sehe ein, daß kein Mensch bei mir herinnen sein und meine Hand halten kann. Die Strahlen sind halt gefährlich. Aber wenigstens sprechen müßte jemand mit mir. Er müßte mir sagen, jetzt hast du es gleich überstanden, nur noch eine Minute, eine halbe, noch 30 Sekunden . . .

Warum hat man eigentlich nicht daran gedacht, solche Gegensprechanlagen in Bestrahlungsräumen zu installieren?

Wenn man nur zwei Minuten lang bestrahlt wird, ist das vielleicht nicht notwendig. Aber es gibt schließlich Menschen in anderen Krankenhäusern, die das tagelang aushalten müssen. Trotz meiner immer stärker werdenden Übelkeit gebe ich dieses

Mal kein Handzeichen. Ich bezweifle, daß man überhaupt darauf reagieren würde.

»Heute waren Sie schon tapferer«, lobt mich der junge Mann am Monitor, als er mich aus meinem Strahlengefängnis herausholt. Ich sage kein Wort zu ihm, setze mich auf einen Stuhl, der etwas abseits von den anderen steht, atme tief durch, damit die Übelkeit vergeht. Als es nicht besser wird und die innere Unruhe auch nicht aufhören will, steige ich die Treppe empor und setze mich vor der Klinik auf eine Bank. Es ist mir klar, daß ich so nicht weitermachen kann, daß meine Ruhe, meine Gelassenheit verloren gehen würde. Sollte ich täglich, mit Ausnahme von Samstag und Sonntag, hierher müssen, ist zumindest ein Ziel der Hackethal'schen Behandlungsmethode bei mir verfehlt. Er will, daß man sich in seiner Klinik entspannt, daß das alltägliche »ich muß« zugunsten eines »ich will« in den Hintergrund tritt, daß sich der Krebspatient nicht mehr so leicht unterkriegen läßt von seinen lieben Mitmenschen, daß er sich und seine Bedürfnisse in den Vordergrund stellt. »Gönnen Sie sich jeden Tag eine kleine Freude, die nur Ihnen gehört. Nehmen Sie sich wichtig. Lassen Sie nichts mehr mit sich geschehen, was Sie nicht wollen.« Diese Thesen ziehen sich wie ein roter Faden durch seine Therapie.

Nun, wenn ich mich jeden Tag in diesen Bestrahlungsraum zwingen lasse, verstoße ich gegen diese Gebote ganz massiv. Ich werde die Vorzimmerdame bitten, mir einen Termin beim Professor zu verschaffen. Dieser Vorsatz allein entspannt mich schon. Ich bin sicher, daß er mich verstehen wird, wenn ich ihm meine Beschwerden schildere, daß er mir diese Tortur nicht weiter zumuten wird. Schließlich hat doch die Nachoperation auch keinen Hinweis auf Rückfallkrebsid ergeben. Damit beruhige ich mich.

Mein Nachmittag in unserem Krankenhaus ist — wie bei allen Traunstein-Pendlern — gedrängt voll. Ich muß mir zwei Spritzen abholen, Thymus und Procain, bekomme eine Vollmassage mit anschließender Fangopackung und UV-Bestrahlung. Diese halte ich allerdings nicht aus. Offenbar ist meine momentane Abneigung gegen alles, was strahlt, daran schuld. Auch den Ultrarot-Termin breche ich aus demselben Grund ab. Zwischendurch habe ich gerade noch Zeit, um mich von Ursula zu verabschieden.

Eine ihrer Töchter holt sie ab, ein kräftiges, rotbackiges Mädchen mit langen blonden Haaren, die sie in einem dicken Zopf geflochten hat. Ursula wirkt schmal und hilfsbedürftig neben diesem jungen Mädchen. Wir werden telefonieren, uns schreiben, uns bald sehen. Ursula ist noch krankgeschrieben und will mich in München für ein paar Tage besuchen. In ihrem Koffer hat sie eine dicke Mappe, die alles an Information enthält, was sie über Krebs hat sammeln können.

Vor dem Abendessen bleibt mir noch Zeit zu einem Spaziergang. Längst kenne ich jetzt die Wege, wähle einen, der mich durch dichtes Schilf auf eine Wiese führt, weit ab von anderen Spaziergängern. Ich bin ganz alleine unterwegs und habe das erste Mal, seit fast drei Monaten, wieder Angst. Sie kriecht in mir hoch, beschleunigt meine Schritte. Ich bleibe stehen, beobachte das Schilf, die Büsche, fürchte mich vor einem Radler, der am Ende des Weges auftaucht und wieder verschwindet. »Ingrid, das haben wir schon lange nicht mehr gehabt!« schießt es mir durch den Kopf. »Du hast wieder Angst beim Spazierengehen, du hängst wieder an deinem Leben. Du wartest nicht mehr darauf, daß dir jemand das erlösende Holzscheit über den Schädel schlägt.« Auf meinem Rückweg benütze ich die große asphaltierte Straße, die zum Krankenhaus führt. Beim Abendessen erzähle ich der Tischrunde von meiner Rückkehr in das Reich der Angsthasen.

Am Abend fühle ich mich einsam, nachdem Ursula weggefahren ist. Ich telefoniere mit Sohn und Tochter, spiele meine Strahlenangst etwas herunter, kündige aber an, daß ich versuchen werde, der Bestrahlung zu entgehen. Das hätte ich wohl besser nicht tun sollen. Linda ist so unvorsichtig und erzählt der »Familie« davon. Ein reger Telefonverkehr beginnt. Jeder will mich davon überzeugen, daß ich mich ganz einfach zusammennehmen muß und die Bestrahlung notwendig ist. Ich soll mich nicht so anstellen. Helga schimpft mich richtig, doch ich nehme ihr das nicht übel. Ich weiß, daß sie allesamt wirklich nur Angst um mich haben. Außerdem verspreche ich ihnen, daß ich sowieso erst noch einmal mit dem Professor reden werde.

Von dem habe ich im übrigen noch nichts gehört. Zwar wurde mir zugesagt, mich auf die Warteliste zu setzen, aber heute ist OP-Dienstag und anschließend werden nur mehr dringende Fälle angenommen. Ich scheine nicht zu ihnen zu gehören, denn als ich gegen 21 Uhr noch einmal zum Sprechzimmer gehe, ist dort bereits alles dunkel.

Also schleiche ich mich wieder in mein Zimmer zurück und versuche, nicht an morgen zu denken. Beim Fernsehprogramm schlafe ich ein, bei Sendeschluß bin ich hellwach. In dieser Nacht lese ich bis drei. Als ich in der Früh um sieben Uhr unter der Dusche stehe, weiß ich sehr genau, daß ich heute nicht mehr mit nach Traunstein fahren werde. Ich reihe mich zwar ein in die Gruppe, die auf unseren kleinen Bus wartet, doch meine Augen suchen die Straße ab, auf der sich der Professor für gewöhnlich der Klinik nähert. Und ich habe Glück! Noch bevor unser Bus startbereit ist, sehe ich Hackethals Auto um die Ecke biegen. Ich laufe ihm entgegen, zwinge ihn zum Anhalten. Er öffnet mir die Beifahrertüre und läßt mich einsteigen.

Gemeinsam fahren wir die letzten Meter zur Klinik. »Was, um Himmels Willen, ist denn mit Ihnen los?« will er wissen. »Sie sehen ja schrecklich aus.« »Ich kann nicht zum Bestrahlen fahren. Ich halte das nicht aus. Bitte lassen Sie mich hierbleiben!« flehe ich.

Zu weiteren Erläuterungen bleibt uns zunächst keine Zeit. Der

Busfahrer winkt bereits ungeduldig. Hackethal sagt ihm Bescheid. »Fahren Sie ohne Frau Benedict los. Die bleibt heute hier.« Ich bin so froh über diese Entscheidung, daß ich ihm um den Hals falle. »Jetzt kommen Sie erst einmal mit mir ins Sprechzimmer. Es tut mir leid, daß ich gestern keine Zeit mehr für Sie hatte, aber es war einfach zu spät. Außerdem vermute ich, wollten Sie mich sowieso nur rumkriegen, daß Sie heute nicht nach Traunstein fahren müssen.« Er grinst mich an und bietet mir einen Platz an. Diesmal aber nicht vis-à-vis von seinem Schreibtisch, wo man als Patientin sitzt, sondern in der Couchecke, die den Besuchern vorbehalten ist.

Ich schildere ihm meine Ängste und Beschwerden und sage ihm auch, daß sowohl Dr. Bauer als auch ich völlig überrascht gewesen seien, daß ich überhaupt bestrahlt werden muß. »Sehen Sie, das war eigentlich mehr eine prophylaktische Entscheidung. Deshalb habe ich Sie jetzt auch leichteren Herzens daraus entlassen.« Immerhin seien ja die Rosenheimer Bescheide gut gewesen. »Es wäre wohl besser, Sie ließen sich bestrahlen, aber wenn Sie dabei derart am Boden zerstört sind, lassen wir das lieber bleiben. Sonst kommen Sie mir noch als Nervenbündel wieder nach Hause, und damit ist niemandem gedient.«

Er will von mir wissen, ob es mir ansonsten gut geht oder ob ich noch irgendwelche Probleme habe. Er untersucht meine Narbe und befindet, daß morgen die Fäden gezogen werden müssen. Bevor ich aus seinem Zimmer schwebe, habe ich noch eine Frage an ihn, die mich sehr bedrückt. »Was mache ich eigentlich, wenn ich wirklich einmal bestrahlt werden muß, wenn es sich nicht um eine vorbeugende Maßnahme, sondern um eine Notwendigkeit handelt?« »Nun, gehen wir erst einmal von dem günstigsten Fall aus, daß bei Ihnen der Tumor rechtzeitig entdeckt und entfernt wurde. Das hieße, Sie haben ein für allemal Ruhe vor Bestrahlungen. Wenn Sie wirklich einmal lebensnotwendig oder für die Therapie unumgänglich wären, müßte man

Ihnen halt ein sehr starkes Beruhigungsmittel geben. Aber vergessen Sie das jetzt alles. Freuen Sie sich, daß wir die Bestrahlung gestrichen haben, und werden Sie wieder lustig!« lacht er mich an. »Ich habe sowieso schon von meiner Frau gehört, daß sich einige Patienten den Kopf darüber zerbrechen, warum Frau Benedict nicht mehr vergnügt ist.« Ich spüre direkt, wie meine erlahmten Lebenskräfte wieder zurückkehren. Da ich ja eigentlich in Traunstein sein sollte, habe ich am Vormittag keine Anwendungen. Also gehe ich spazieren. Ich besuche die Kioskfrau in Bernau und rede sie fast tot vor lauter Glückseligkeit. Sie teilt meine Freude, obwohl sie den Grund dafür nicht so recht begreifen kann.

An einem Bach spiele ich mit einer kleinen Katze. Schließlich gehe ich noch einmal zu dem Kiosk zurück und kaufe für meine Tischnachbarn und unsere Runde im Aufenthaltsraum lauter kleine Überraschungen. Heute war Anreisetag, aber für Ursula haben wir keinen Neuzugang bekommen. Wir sind ganz unter uns. Am Tisch freut man sich über meine gute Laune, jeder bekommt sein Mitbringsel. Herr Hacker hat zunächst Skrupel, ob er mit einer kleinen Praline sündigen soll, doch ich erinnere ihn an die riesige Kartoffel letzte Woche und er schiebt seine Bedenken beiseite.

»Sir Henry« beschließt, die Schokoladentafel anstelle ihres Putenschnitzels zu essen. Ihr geht es nicht gut. Sie ist stark erkältet, hat einen schrecklichen Husten und Halsschmerzen. Ihre alte Angst kehrt zurück. Sie hat einen Tumor am Kehlkopf. Erkältungen sind gefährlich für sie.

Ein Besucherwochenende bahnt sich an. Am Donnerstag wurden mir die Fäden gezogen, die Narbe ist einwandfrei, jetzt bin ich also fit für fast alles. Mit meinem Vater bummle ich am Seeufer entlang. Wir füttern die Enten und Schwäne. Er erzählt mir, daß wir früher, als ich noch ein ganz kleines Mädchen war, auch immer zum Schwänefüttern spaziert sind, daß ich damals sehr stark gelispelt habe und alles andere zischte, nur nicht das »Sch« für »Schwäne«. Er findet, daß ich prächtig aussehe.

Über meine Entscheidung, die Bestrahlung aufgeben zu lassen, ist er hingegen weniger erfreut. »Du mußt wissen, was du machst«, meint er. »Ich hätte mich zusammengenommen.« Wir trinken im Aufenthaltsraum noch einen Tee. Er knabbert staubtrockene Vollwertplätzchen und süßt den Tee mit Honig. Dabei stellt sich heraus, daß er ein ähnlich gestörtes Verhältnis zu Honig hat wie Jimmy, der Amerikaner. Ich erzähle ihm das. »Sei nicht frech«, weist er mich in meine Grenzen und lacht dabei. Wir sind sehr froh, daß die Spannungen zwischen uns verschwunden sind.

Am Sonntag in der Früh gehe ich wieder in die kleine Bernauer Kirche. Als ich um Punkt halb neun Uhr den Frühstückstisch verlasse, werde ich gefragt, wohin es mich denn am Sonntag so zeitig treibt. »In die Kirche.« Ich spüre, daß diese Auskunft manche zum Nachdenken anregt. »Ich würde gerne auch einmal hingehen, aber eine halbe Stunde kann ich nicht laufen«, bekomme ich mehrmals zu hören.

Nach dem Gottesdienst warte ich, bis die Besucher ihrem Pfarrer die Hand geschüttelt haben, dann nähere ich mich ihm. Er hat mich während der Predigt ein paarmal angesehen. Ein neues Gesicht, auch wenn ich schon zweimal hier aufgetaucht bin, erregt Interesse. Ich stelle mich als Patientin von Professor Hackethal vor. Zurückhaltung begegnet mir. »Viele Patienten würden auch gerne in die Kirche gehen, aber der Weg ist zu weit für sie. Könnte man denn nicht einmal im Monat in der Klinik einen Gottesdienst halten? Interessenten gibt es genug.« Der Pfarrer bedauert und entschuldigt sich mit Arbeitsüberlastung. »Die Gemeinde, die wir hier betreuen müssen, ist groß und vor allem weitläufig. Die Wege zwischen den Orten sind lang.« Ich schlage einen ökumenischen Gottesdienst vor, so daß es ihn oder seinen katholischen Kollegen nur alle zwei Monate treffen würde. Er wird plötzlich nachdenklich und sagt mir schließlich zu, sich bei Frau Hackethal zu melden und diese Anregung mit ihr zu besprechen.

Auch ich rede mit Li Hackethal über dieses Thema und sage ihr, welchen Vorschlag ich dem Pfarrer in Bernau gemacht habe. »Da werde ich gar nichts hören«, vermutet sie. »Die Kirchen halten sich von uns fern. Das liegt sicherlich an der Sterbehilfe, die mein Mann geleistet hat.« Sie hatten schon die größten Schwierigkeiten, als sterbende Patienten und deren Familien um einen Pfarrer am Krankenbett baten. »Ich telefonierte überall rum. Gekommen sind sie nicht.« Einmal habe sie sogar höchstpersönlich ein Pfarrhaus in der Umgebung gestürmt, weil sie immer nur die telefonische Auskunft erhielt, der Herr Pfarrer sei unterwegs und auch nicht erreichbar. »Ich habe den Pfarrer in seinem Amtszimmer angetroffen, und er ist mitgekommen. Mein Argument, er erkenne doch damit nicht das Tun meines Mannes an, sondern er helfe einem Sterbenden, und das gehöre zu seinen Aufgaben, überzeugte ihn schließlich.« Ich bin traurig. Bei den beiden Pfarrern in meiner Münchner Gemeinde kann ich mir soviel Starrsinn und Intoleranz eigentlich nicht vorstellen.

Am Nachmittag kommen Florian und Susanne. Sie haben mal wieder Ärger miteinander. Mich deprimieren die beiden. Nach einem recht kurzen Spaziergang am See entlang, bei dem eigentlich nur ich plaudere, lade ich sie in das Ausflugslokal ein, in dem ich mit Frau Dollinger war. Ich bestelle ihnen, gegen ihren Willen, eine kräftige Brotzeit. Sie zupfen beide ein wenig an Schinken und Käse herum, haben keinen Appetit. Ich rede und rede, um zu verhüten, daß die Stimmung endgültig auf den Nullpunkt sinkt. Aber schließlich resigniere auch ich. Ich will wissen, was eigentlich los ist, aber sie können es mir nicht sagen. Es wäre wohl besser für die beiden, sie könnten Freunde sein. Als Liebespaar sind sie schon seit geraumer Zeit eine ziemliche Katastrophe. Sie haben zwar abwechselnd schon einige Male Schluß gemacht, aber völlig loslassen konnten sie bis jetzt beide noch nicht.

Ich stütze meinen Kopf auf die Hände und betrachte die beiden. Da spüre ich plötzlich eine Verdickung am Hals. Ich streiche noch einmal mit den Fingerkuppen an der Stelle entlang. Kein Zweifel, links am Hals bin ich geschwollen.

Im ersten Moment glaube ich, mein Herz bleibt stehen, so sehr erschrecke ich. Sämtliche Diagnosen und Krankengeschichten, die ich in den letzten Wochen gehört habe, schießen mir durch den Kopf. Kehlkopfkrebs! Schilddrüsenkrebs! Lymphdrüsenkrebs!

Immer wieder fahre ich mit der Hand zum Hals. Gleichzeitig bemühe ich mich, die beiden von meinem Schrecken nichts merken zu lassen. Eine überflüssige Vorsichtsmaßnahme. Die beiden sind viel zu sehr mit ihren eigenen Problemen beschäftigt, um mich zu beobachten.

Doch wird mir das langsam zu viel. »Wißt ihr was, Herrschaften«, meine ich schließlich, »es wird besser sein, wenn ihr wieder nach München zurückfahrt. Ich kann euch da auch nicht raushelfen, und mich belastet ihr nur mit euren Problemen.« Sie entschuldigen sich beide und fahren ab.

Ich eile zurück in die Klinik. Dr. Herbst hat Wochenenddienst. Ich mache mich auf die Suche nach ihm. Er hat viel zu tun, denn er ist jetzt eigentlich für alle Patienten zuständig und macht nebenher auch noch Aufnahme-Untersuchungen.

In der Wachstation begegne ich ihm schließlich. »Was machen Sie denn für ein Gesicht?« will er von mir wissen. »Ich denke, Sie sind wieder bester Laune, nachdem Sie nicht mehr bestrahlt werden.« Ich sage ihm, was mich ängstigt. Ich soll in mein Zimmer gehen, er will so schnell wie möglich nachkommen. Nach 20 Minuten ist er bei mir. Er tastet den Hals ab. Stimmt, die linke Seite ist geschwollen, bestätigt er meinen Verdacht. Immer wieder befühlt er die Stelle, schüttelt den Kopf, ist schweigsam und gar nicht mehr der Sonnyboy, wie man ihn kennt.

Mir hat es die Sprache verschlagen. Ich sehe mich schon auf dem Operationstisch mit einer Kehlkopfoperation, vermute Bestrahlungen, die auf mich zukommen. »Machen Sie einmal den Mund auf.« Er leuchtet mit einem Stab hinein. »Haben Sie beim Schlucken Beschwerden, oder sagen wir lieber, haben Sie Halsweh?« will er wissen. »Ein bißchen Halsweh schon«, gebe ich Auskunft. »Na, das wär's dann auch. Sie haben eine Halsentzündung. Die Mandeln an der linken Seite sind geschwollen.«

Eine einfache Erklärung also, nichts weiter als eine ganz gewöhnliche Halsentzündung war es, was mich in Panik versetzt hat.

Dr. Herbst setzt sich neben mich auf mein Bett und redet mir gut zu. »Frau Benedict, ich warne Sie davor, in Zukunft in den kleinsten Beschwerden immer gleich Hinweise auf Krebs zu vermuten. Wenn Sie das machen, sind Sie schnell am Ende Ihrer Kraft. Sie müssen davon ausgehen, daß Sie die größtmögliche Chance haben, geheilt zu werden. Ihr Tumor wurde früh genug erkannt, der Nachschnitt hat nichts mehr ergeben. Sie sind ein sehr aktiver und positiver Mensch, Sie lassen sich normalerweise nicht gehen. Bleiben Sie dabei.« »Ich will mich ja auch zusammennehmen«, weine ich, »aber manchmal läßt die Kraft nach. So tapfer, wie ich wirke, bin ich nun halt doch nicht. Im übrigen sind Sie zuerst ja auch erschrocken.« Er stimmt mir zu und legt den Arm um mich. »Natürlich war ich vorhin sehr beunruhigt. Aber bitte verstehen Sie mich. Für uns alle sind Sie so etwas wie die große Hoffnung, die Ausnahme von der Regel. Bei Ihnen ist von anderen noch nichts falsch gemacht worden. Sie könnten beweisen, daß Brustkrebs bei frühzeitiger Erkennung die Frauen nicht verstümmelt, daß eine Amputation nicht notwendig ist, um zu überleben.«

Dieses Gespräch mit Dr. Herbst, der inzwischen die Klinik

verlassen und sich selbständig gemacht hat, wird mir unvergeßlich bleiben. Es kehrt immer dann wieder in mein Gedächtnis zurück, wenn sich Angst einschleichen will. Ich kann es immer noch im Wortlaut wiedergeben. Ich sehe stets sein ernstes Gesicht vor mir. Es gab mir auch dann Kraft, als sich zum ersten Mal Schmerzen in meiner Brust anmeldeten, vier Monate nach der Operation, Schmerzen, die seitdem immer wieder kommen, mal stärker, mal schwächer, und die sich bis heute nicht erklären lassen.

Meine letzte Woche in der Klinik bricht an. Ich beschließe, sie zu nützen, um mich für meine Rückkehr nach München kräftig zu machen. Dann wird dort nämlich mein Alltag beginnen. Ab jetzt muß ich leben mit dieser Diagnose und mit meiner Entscheidung, Professor Hackethal und nicht meinen Münchner Ärzten gefolgt zu haben. Ich werde die Neugierde und die Anteilnahme meiner Umgebung abblocken und mich so benehmen müssen, daß meine Nachbarn, meine Bekannten und schließlich auch meine Freunde vergessen, daß ich Krebs hatte und daß meine Überlebenschancen ohne Amputation und Bestrahlung relativ gering eingeschätzt worden sind.

Am Dienstag reisen an unserem Tisch alle ab, mit Ausnahme von »Sir Henry«, die ihre Bronchitis einfach nicht los wird. Sie will nicht aufstehen und ist lustlos. Daß ich am Freitag nach München zurückfahre, bedrückt sie obendrein. »Wen habe ich dann noch zum Schwatzen?« jammert sie. Es stimmt. Wir beide haben uns blendend verstanden. Mich konnte sie mit ihrer Ironie nicht verprellen. Ich habe immer kräftig zurückgegeben, und wir genossen beide diesen rhetorischen Schlagabtausch. Ein Gespräch bei ihr am Bett erklärt auch, warum sie hierbleiben will, warum sie nichts nach Hause treibt. Sie hat nämlich gar keines. Die Gemeinschaft mit einem Mann, den sie über alles liebte und den sie sich leidenschaftlich erkämpft hatte, war kinderlos geblieben. Als er schließlich nach einer stürmischen, aber kurzen Ehe starb, hinterließ er ihr ein beträchtliches Vermögen. Sie lebt in Lugano, finanziell ohne Sorgen, aber einsam. Im Rheinland hat sie Verwandte. Dorthin will sie jetzt umsiedeln. Sie soll in einem komfortablen Altenheim wohnen und ihr Alter genießen. Meinen die Verwandten! Sie ist da ganz anderer Absicht. »Ich will nicht unter alten Menschen leben, die lähmen mich. Die sind krank und jammern mir zu viel. Ich will Jugend oder zumindest gescheite Leute um mich haben, das hält mich jung.«

Ich weiß auch nicht so recht, was ich ihr raten soll, denn ich verstehe sie zu gut.

Am Mittwoch muß ich mich vorwiegend im Haus aufhalten. Die Abschlußuntersuchung wurde angekündigt. Als erster nimmt mich Dr. Herbst gründlich unter die Lupe. Die Blutwerte hat er mitgebracht. Sie ergaben einen leicht angestiegenen CEA-Wert — dieser weist ganz allgemein auf einen entzündlichen Vorgang im Körper hin und wird bei Krebspatienten besonders beobachtet — und leicht erhöhte Leberwerte. Kein Grund zur Aufregung, meint Dr. Herbst dazu. »Sie liegen immer noch an der untersten Bedenklichkeitsgrenze.« Außerdem habe man sehr häufig schon festgestellt, daß die intensive Behandlung in der Klinik zunächst die Werte in die Höhe treibe. So drei, vier Wochen danach würden sie dann rapide fallen.

Es wird Abend, bis ich zu Professor Hackethal gerufen werde. Zwei dringende Fälle haben den Stundenplan durcheinander geworfen. Wir sitzen uns gegenüber, diesmal wieder am Schreibtisch. Den Bericht von Dr. Herbst hat er vor sich liegen. »Scheint ja alles bestens zu sein.« Ich nicke. »Sieht so aus.« »Was werden Sie machen, wenn Sie wieder zu Hause sind? Werden Sie in sich hineinhorchen und auf Zeichen warten, die Ihnen signalisieren, daß der Krebs weitergeht, oder sind Sie stark genug, den Kampf gegen die Angst aufzunehmen?«

Er sagt nicht den Kampf gegen den Krebs — er sagt, den Kampf gegen die Angst. Ich mache ihn auf diesen Unterschied aufmerksam.

»Körperlich sind Sie auf der Höhe. Das haben die Untersuchungen ergeben. Jetzt ist die Seele dran. Sie müssen stark sein. Vergessen Sie alles, was Sie erlebt haben. Fangen Sie neu an. Lassen Sie Kopfschmerzen ruhig Kopfschmerzen sein und werten Sie sie nicht als Hinweise auf mögliche Metastasen. Lassen Sie sich möglichst nicht auf Gespräche über Krebs ein. Hören Sie einfach weg, wenn man Ihnen von irgendwelchen Tanten, Müttern oder Freundinnen erzählt, die so oder so gestorben sind. Tauschen Sie keine Erfahrungen mit Frauen aus, die auch Brustkrebs hatten, die anders behandelt wurden und nun meinen, nur sie seien richtig therapiert worden.«

Er ahnt, was auf mich zukommen könnte und will mich vorwarnen. Ich soll mich nicht mehr vom Alltag auffressen lassen, rät er mir. »Machen Sie sich nicht dauernd Sorgen um Ihre Kinder. Gehen Sie spazieren, wenn die Luft zu Hause dick wird. Lassen Sie sich nicht mehr unterbuttern.« Der medizinische Fahrplan, den er mir auf den Weg nach München mitgibt, ist denkbar einfach. In sechs Wochen muß ich zur ambulanten Untersuchung kommen, bis dahin alle Medikamente nehmen, die ich auch hier bekommen habe: Misteltabletten, Magnesium, Carnivora-Tropfen, die aus dem Blättern fleischfressender Pflanzen gewonnen werden. Ich soll nach Möglichkeit die Vollwertkost beibehalten, mindestens zwei Liter Flüssigkeit pro Tag trinken. Das wär's dann. »Meiden Sie auch schwere Medikamente, trinken Sie wenig Alkohol. Halten Sie Kopfschmerzen, Zahnweh und dergleichen lieber aus. Wenn Sie nicht schlafen können, lesen Sie. Wenn Sie nervös sind, laufen Sie um den Block.« Als ich mich von ihm verabschiede, werde ich rührselig. »Ich bin so unendlich glücklich, daß ich rechtzeitig zu Ihnen gekommen bin«, stottere ich. »Wenn Sie nicht gewesen wären, wäre meine Brust amputiert worden. Ich hätte mit Sicherheit nicht den Schwung, den ich jetzt in mir fühle.« »Hören Sie auf zu heulen, freuen Sie sich des Lebens«, donnert er mich an und schiebt mich zur Türe hinaus.

Der Aufenthaltsraum ist leer. Ich gehe zu Frau Waldmann ins Zimmer. Sie liegt schon im Bett und hat sich die Decke bis zur Nasenspitze nach oben gezogen. »Ich friere so schrecklich«, sagt sie, »ich glaube, das Fieber ist wieder gestiegen.« Sie hat jeden Tag Temperatur. Seit Wochen geht das so, keiner weiß warum. Der Tumor im Unterbauch ist zwar zurückgegangen, verschwunden ist er jedoch nicht. »Jetzt darf ich aber zusehen, daß ich mich erhole, sonst kann ich Weihnachten noch hier feiern«, versucht sie zu scherzen.

Sie ist sehr mager geworden in der letzten Zeit. Die Ärztin hat ihr Wunschkost verordnet. Der Koch bereitet ihr alles zu, was sie haben möchte. Der Haken daran ist nur, daß sie eigentlich auf nichts Appetit hat. »Mitte November muß ich wieder hierher zur ambulanten Untersuchung«, erzähle ich ihr. »Wenn Sie dann noch hier sind, komme ich etwas früher, damit wir uns sehen können.« Seit sie wieder öfter im Bett liegen muß und nicht mit den anderen im Aufenthaltsraum sitzen kann, fühlt sich Frau Waldmann einsam. Ihre drei Söhne und der Mann wohnen zu weit weg, um sie jedes Wochenende besuchen zu können. Am Samstag jedoch erwartet sie den Jüngsten. »Wissen Sie was, morgen habe ich wenig vor, ich komme am Nachmittag und wasche Ihnen die Haare«, schlage ich ihr vor. Frau Waldmann strahlt mich an. »Das wäre eine phantastische Idee«, freut sie sich. »Wenn man frisch frisiert ist, sieht man auch nicht so miserabel aus.«

Der Donnerstagvormittag ist vollgepackt mit Behandlungen. Ich schaffe gerade noch den Weg zu meinem Bahnhofskiosk, um die tägliche Zeitung abzubestellen. Beim Mittagessen vermisse ich »Sir Henry«. Sie liegt in ihrem Bett und leidet Höllenqualen. Nachdem nichts gegen ihren Husten hilft, hat ihr Li Hackethal ein uraltes Hausmittel verordnet: ein Säckchen voller heißer Kartoffeln, das auf die Brust gelegt wird. »Sie Henry« stöhnt vor sich hin, als ich ihr Zimmer betrete.

»Sehen Sie, was man mit mir anstellt, jetzt machen die schon Kartoffelpüree auf mir.« Ich lache von Herzen und stecke sie damit an. Auch sie beginnt, diese Situation komisch zu finden. »Wenn das so weitergeht, werde ich freiwillig wieder gesund.« Ich verabschiede mich jetzt von ihr, denn ich bin nicht sicher, daß ich morgen früh vor meiner Abreise noch zu ihr schauen kann. »Sir Henry« zieht mich zu sich hinunter und verpaßt mir ein Abschiedsbussi. »Machen Sie's gut und rufen Sie mich an, entweder in Lugano oder in dem komischen Altenheim.« Ich habe beides probiert, sie aber nie mehr erreicht. Keiner von uns weiß, was aus der alten einsamen Dame geworden ist.

Als ich in mein Zimmer komme, um meinen Behandlungsplan zu holen, sitzt Florian auf meinem Bett. »Hi«, begrüßt er mich und schaut so kreuzunglücklich drein, daß ich ihn am liebsten in die Arme nehmen würde. »Ich weiß schon, du kommst morgen heim, aber dann fallen sie sicherlich alle über dich her, also will ich heute mit dir sprechen.« Innerlich verabschiede ich mich von einem letzten geruhsamen Nachmittag in der Geborgenheit meines Zimmers. München, der Alltag sind zu mir gekommen. Ich sage telefonisch meine restlichen Behandlungen ab und bestehe darauf, daß wir beide einen Spaziergang machen. »Denn dann, mein lieber Sohn, rauchst du weniger, außerdem tut dir die frische Luft sowieso gut«, befindet die besorgte Mutter.

Wir sind zweieinhalb Stunden unterwegs. Für meinen ausschließlich autofahrenden Sohn muß dieser Spaziergang ein mittlerer Marathonlauf gewesen sein. Die Probleme, die er mit sich, mit der Schule und mit Susanne hat, streifen wir eigentlich nur am Rande. Sie werden immer unwichtiger, je schöner die Landschaft rund um uns wird. Die Sonne ist warm, die Bäume leuchten in kräftigen Farben, wenig deutet darauf hin, daß wir bereits Mitte Oktober haben und sehr bald der Schnee kommen und hier alles zudecken wird. Wir gehen nebeneinander her, lachen viel. Als wir wieder zur Klinik kommen, schlage ich ihm noch eine Brotzeit im »Fischerstüberl« vor. »Oh nein, Mami, ich muß schleunigst heim. Eigentlich wollte ich den heutigen Nachmittag nutzen und den Saustall daheim aufräumen, damit du nicht gleich wieder umkehrst, wenn du zur Haustüre hereinkommst.« Ich halte ihn nicht auf. Er steigt ins Auto ein, kurbelt das Fenster runter. Wir sprechen beide nicht. Ein Lächeln wandert zwischen uns hin und her. Wochen später sagt er mir, daß er selten einen Spaziergang so genossen hat wie diesen.

Ich eile zu Frau Waldmann. Sie hat alles vorbereitet. Lockenwickler, nach Größen sortiert, wartet sie darauf, daß ich mich als Friseuse bewähre. Nach einer Stunde liegt sie mit einem frischen Lockenkopf in ihrem Bett und vermutet, daß sie die Nacht sitzend verbringen muß, damit die Pracht noch etwas länger anhält. Auch ihr sage ich heute schon Adieu. »Wir werden uns wiedersehen, Frau Waldmann. Ich muß wieder hierher und Sie auch. Ganz werden wir uns von dieser Klinik nicht mehr befreien können. Ganz werden wir uns auch von dieser Krankheit nicht mehr befreien können.« Mir kommen plötzlich Tränen.

Der Freitag ist wie erwartet hektisch. Den Professor und seine Frau bekomme ich nicht mehr zu Gesicht. Den Schwestern stelle ich einen Zwetschgenkuchen ins Zimmer, Dr. Herbst bekommt ein Abschiedsbier. Als mein Vater kommt, ist alles gepackt. Er räumt mit mir das Auto ein, ein letzter Blick in mein Zimmer. Schon morgen wird ein anderer Patient dort liegen.

Mein Vater erzählt mir von seiner Arbeit, knurrt etwas über Florians Neigung, seine Stereoanlage auf volle Lautstärke aufzudrehen und damit seine Oma zu schocken. Ob er denn nicht wissen will, was die Untersuchungen ergeben haben? »Ich brauche dich doch bloß anzuschauen, dann sehe ich, daß es dir gut geht«, meint er. »Du bist kugelrund geworden und schaust aus, als kämst du gerade von einem mehrwöchigen Urlaub.«

In München lädt er mich noch zum Mittagessen ein. Das Lokal befindet sich im Keller. Wir betreten es, und Sekunden später kriecht die Platzangst in mir hoch. Ich fange zu zittern an, bekomme keine Luft mehr. Ich muß hier sofort raus. Die Erinnerungen an den Strahlenkeller in Traunstein erdrücken mich fast. Meinem Vater sage ich nichts von den Ängsten. Ich entschuldige mich lediglich in Richtung Toilette und schaue zu, daß ich so schnell wie möglich an die frische Luft komme. Draußen erwäge ich, ihn zu bitten, das Lokal zu wechseln, befürchte aber, daß er mich nicht verstehen wird. Also atme ich dreimal tief durch und tauche wieder unter. Es gelingt mir tatsächlich, mich abzulenken und zu beruhigen. Mein Vater merkt von all dem nichts. Wir genießen ein hervorragendes Essen.

Und dann bin ich endlich wieder daheim, nach fast vier ereignisreichen und vor allem entscheidenden Wochen. Mein Wohnzimmer schaut aus wie ein Blumenladen. Meine Kinder, Freunde, Nachbarn — allesamt haben sie mich mit Blumen begrüßt. Linda stürmt mir entgegen. Florian und Susanne begrüßen mich verhaltener. Der Kater hingegen lehnt jegliche Intimitäten ab. Er nimmt dem Frauchen die lange Abwesenheit übel, läßt sich nicht streicheln, stellt den Schwanz steil nach oben und geht aus dem Zimmer. Es dauert Tage, bis er sich wieder schnurrend auf meinem Fußende im Bett plaziert.

Nachdem ich alles ausgepackt habe, bitte ich den Sohn, mich zu dem nächstgelegenen Reformhaus zu fahren. Schließlich möchte ich die Vollwertkost beibehalten, will links gedrehte Joghurts, Sonnenblumenkerne, naturbelassene Säfte und dergleichen mehr Gesundes zu mir nehmen. Am Abend gehe ich zur

»Familie«. Der Hund frißt mich fast auf vor lauter Freude. Wir stoßen allesamt an auf Gesundheit, Mut und neuen Schwung. Um zehn Uhr abends liege ich dann todmüde im Bett.

Die ersten Tage erweisen sich für mich als äußerst mühselig. Nicht nur, daß ich mich wieder auf meine Pflichten als Hausfrau besinnen muß, die Anteilnahme der Nachbarn und Bekannten macht mir noch mehr zu schaffen. Ich fühle mich auf Schritt und Tritt verfolgt, beobachtet, bedrängt. Es dauert eine ganze Weile, bis ich meine Befangenheit ablege. Am Sonntag in der Kirche sitze ich wieder auf meinem gewohnten Platz in der zweiten Reihe. Viele Augen begrüßen mich, heißen mich willkommen. Ich bin froh. Eine Freundin hat mir ein Buch geschenkt, in dem die Autorin Krebskranke und deren Verwandte befragt, wie sie mit der Diagnose zurechtkommen.

Als ich vom Chiemsee nach Hause kam, hatte ich es zunächst achtlos beiseite gelegt. Jetzt, an einem Vormittag, nehme ich es mir vor und lese es an. Doch ich halte die Lektüre nicht lange aus. Zu sehr entsetzt mich die immer wiederkehrende Formulierung »die Krebskranken«. In diese Ecke lasse ich mich nicht drücken, sie stimuliert eine Gemeinsamkeit, die ich ablehne.

Ich gehe viel spazieren in dieser Zeit. Noch ist das Wetter herrlich. In den Isarauen begegne ich zahllosen Hunden, die Gassi geführt werden. Ihre Herrchen und Frauchen werden mir langsam vertraut. Meine Hausarbeit mache ich immer erst nach den Spaziergängen. Am Morgen zieht es mich als erstes hinaus in die frische Luft.

Meinen Rhythmus habe ich noch nicht gefunden. Ich bin halt nicht mehr im Krankenhaus, aber auch noch nicht ganz daheim.

Mein Geburtstag steht ins Haus. Ich habe ihn seit Jahren immer ganz ruhig gefeiert. Meistens ging ich mit den Kindern zum Essen. Große Einladungen gab es nie. Diesmal habe ich andere

Pläne. Ich will alle Freunde einladen, wie sie mir in den Sinn kommen, neue und alte. Ich habe sie zum Teil seit Jahren nicht mehr gesehen, aber ich bin sicher, daß sich meine Erkrankung auch bei ihnen rumgesprochen hat. Ich will ihnen zeigen, daß ich noch lebe, daß ich gut lebe, daß ich mich wohl fühle.

Also mache ich mich ans Telefonieren. Zu meiner Überraschung bekomme ich keine einzige Absage. Insgesamt 40 Gäste erwarte ich am 21. November um 11 Uhr zum Leberkäsfrühstück. Ich leihe mir aus der Nachbarschaft Tische und Stühle, Gläser und Bestecke. Robbi und Frank habe ich als Kellner engagiert. In der Küche lagern Berge von Semmeln und Brezeln, der Kühlschrank ist brechend voll. Auf dem Balkon stehen Bierträger, Wein- und Sektflaschen. Das Fest kann beginnen. Die erste Geburtstagsparty meines Lebens. 46 Jahre mußte ich alt werden!

Meine Einladung wird ein voller Erfolg. Die Menschen sind bunt durcheinandergewürfelt und verstehen sich prächtig. Sie sitzen auf der Treppe, im Wohnzimmer, im Schlafzimmer, auf dem Gang, in der Küche und unterhalten sich miteinander. Ich schwebe auf einer Wolke, so glücklich bin ich.

Am frühen Nachmittag kommen Florians Freunde, die schon als Kindergartenkinder bei mir durchs Haus getobt sind. Sie überreichen mir langstielige rote Rosen, hauen mir auf die Schulter und loben mich. »Wird Zeit, daß du endlich zu leben beginnst«, höre ich von Thomas, den ich als Dreijährigen kennenlernte. Damals marschierten wir mit unseren Söhnen zum Mutter-und-Kind-Turnen, seine Mutter Christl und ich.

Ich lade sie allesamt ein, es ist noch genug da. Sie setzen sich in Florians Zimmer und gehen nach einer Stunde wieder. Alle anderen bleiben. Ein Glück, daß mir die »Oma« einen Kuchen zum Geburtstag gebacken hat. In kleinsten Stücken wird er an diejenigen verteilt, die bereits zum Kaffee übergegangen sind. Die Stimmung ist ausgezeichnet, und ich beschließe spontan, noch die drei kleinen Kinder meiner Freundin Brigitte einzuladen, die zu Hause schon längst auf ihre Mami warten. Wenig später kriechen sie durch die Gäste: Sabine, Karoline und Christoph.

»Wird dir das nicht zuviel?« werde ich hin und wieder gefragt. »Oh nein, ich genieße diesen Wirbel«, antworte ich. Es macht mir wirklich nichts aus, daß es bei mir mittlerweile drunter und drüber geht. In der Küche türmt sich schmutziges Geschirr, wo immer man hintritt, stößt man gegen Gläser und Teller, überall Stimmengewirr, Gelächter. Meine Mutter hat sich zurückgezogen, verspricht mir aber, sich nicht darüber zu ärgern, wenn es bei mir oben laut ist und sicherlich noch einige Zeit bleiben wird.

Um 23 Uhr geht mein letzter Gast. Linda liegt bereits im Bett und schläft. Florian ist unterwegs. Ich sitze auf dem Boden, streichle meinen total verstörten Kater und bin selig.

Eine Woche später fährt mich mein Vater wieder zur Nachuntersuchung zum Chiemsee. Um 18 Uhr bin ich angemeldet. Es herrscht grauenvolles Wetter. Der Regen wird wie aus Kübeln vom Himmel geschüttet. Zeitweise kann man überhaupt nichts sehen. Ich schlage vor, den Termin abzusagen und umzukehren. Doch er fährt weiter.

Er wartet vor dem Sprechzimmer, während ich nach Frau Waldmann sehe. Es geht ihr jetzt viel besser. Am nächsten Tag fährt sie nach Hause. Im März muß sie wiederkommen, erzählt sie mir. »Ich werde Sie besuchen. Von München aus ist der Weg wirklich nicht weit.«

Bei der Untersuchung ist mein Vater wieder dabei. Es geht sehr schnell. Ich hatte keine Beschwerden. Achselhöhlen, Schlüsselbeinhöhlen, Brust — alles frei von Knoten. Es sieht gut aus. Im Januar muß ich wiederkommen, ambulant. Für März ist eine stationäre Behandlung vorgesehen.

»Der Körper muß stabilisiert und die Widerstandskräfte müssen aktiviert werden«, erklärt uns Hackethal. Ich soll meine Medikamente weiter nehmen, nur das Carnivora weglassen. »Was macht die Seele?« erkundigt er sich zum Schluß. »Wird sie auch gestreichelt?« Ich muß lachen.

»Eigentlich nicht«, meine ich. Inzwischen führe ich wieder ein normales Leben. Rücksichten werden nicht mehr genommen. Die Behandlung mit Samthandschuhen wurde abgesetzt.

Weihnachten steht vor der Tür. Die alljährlichen Alpträume bahnen sich an. Ich komme mit diesem Fest nicht zurecht. Eigentlich konnte ich schon als Kind nichts mit dem Weihnachtswunder anfangen. Da fehlte ganz einfach die große Familie. Es fehlte die Mutter, die die Englein rumfliegen ließ, die hier und dort einmal ein Engelshaar verlor, die Kinderträume anregte. Der Vater versuchte einzuspringen, war damit aber total überfordert.

Ich erinnere mich noch daran, daß ich als sechsjähriges Mädchen von ihm den Auftrag erhielt, einen Brief an das Christkind zu schreiben. Den mußte ich auf ein Fensterbrett legen. Mein Vater half mir dabei. Er befestigte heimlich eine Schnur daran, mit deren Hilfe er den Brief vom Balkon aus in den Himmel schweben lassen wollte. Ich stand am Wohnzimmerfenster und verfolgte gespannt meinen Brief, der jetzt zum Christkindchen fliegen sollte. Plötzlich ging nichts mehr. Meine Botschaft war zwischen Himmel und Erde hängen geblieben. Ich vermutete, an dem Zacken eines Sternes. Die Wirklichkeit sah anders aus: Die Schnur hatte sich am Balkongitter verheddert. Der Vater versuchte verzweifelt den Knoten zu lösen, bevor die Tochter auf den Balkon stürmte, um den Himmel nach dem Hindernis abzusuchen.

Die Heiligen Abende waren auch nicht das, was man sich als Kind so wünscht. Der Vater kam abgehetzt aus dem Büro, hatte tausend Päckchen im Arm, von denen er regelmäßig einige auf dem Weg von der Garage ins Haus verlor. Vorzugsweise die Tüte mit den Zuckerkringeln, die am Christbaum aufgehängt werden sollten. Unser Mädchen und ich starteten eine Suchaktion. Der Vater wurde immer nervöser. Er mußte schließlich den Baum noch schmücken und die Päckchen verpacken. Meine Mutter hatte keinen Sinn dafür. Nach der Bescherung, bei der immer nur ein Kind jubelte, bei der nie gesungen wurde, bei der der neurotische Foxterrier verrückt spielte und sämtliche Päckchen samt Christbaum zähnefletschend bewachte, gab es unser traditionelles Heilig-Abend-Essen: Weißwürste und geröstete Kartoffeln.

Bald darauf ging man ins Bett. Zum Glück war immer genug Lektüre auf dem Gabentisch.

Am ersten Weihnachtsfeiertag fuhren wir zur Oma, der Mutter meiner Mutter. Sie war eine hervorragende Köchin und eine leidenschaftliche Esserin. Von ihr habe ich sicherlich die Gabe mitbekommen, gutes Essen zu genießen und auch auf den Tisch zu bringen. Eine Gans mit selbst geriebenen Kartoffelknödeln wartete in der Wohnküche meiner Oma auf uns. Wir aßen alle drei viel zu viel. Die Oma war zu aufgeregt, um mitzuessen. Sie genoß den Braten dann, wenn wir wieder auf dem Rückweg nach Hause waren. Allein.

Den Rest des Tages verbrachten wir zunächst im Bett und dann vor dem Fernsehapparat.

Am zweiten Weihnachtsfeiertag fuhren wir entweder nochmal zur Oma zum Restessen, oder mein Vater lud sie nun seinerseits in ein Lokal ein. Am Nachmittag oder am Abend gingen wir meistens in den Zirkus. Das war dann Weihnachten. Wenigstens das, was sich bei mir eingeprägt hat.

Als ich verheiratet war, wurde das Fest fröhlicher und vor allem abwechslungsreicher. Zunächst fuhren mein Mann und ich zu meinen Eltern und wir tranken dort Tee. Dann ging es weiter zu den Schwiegereltern. Dort wurde beschert und ein Karpfen verzehrt.

Den restlichen Heiligen Abend verbrachten wir bei uns zu Hause. Ich hatte immer einen großen Christbaum geschmückt, der aufs Haar dem meines Vaters gleich: ohne Lametta, mit roten Schleifen und bunten Kugeln. Als dann unsere Kinder auf der Welt waren, verlagerte sich die Weihnachtsfeier zu uns nach Hause. Meine Schwiegereltern kamen, es wurde sogar gesungen, weil meine Schwiegermutter darauf bestand.

Trotzdem vermißte ich etwas. Das Fest war mir zu wenig fröhlich, trotz der juchzenden Kinder. Ich hätte mir einen großen Tisch gewünscht, mit vielen Tanten und Onkeln, mit Brüdern und Schwestern, mit viel Punsch, Bergen von selbstgebackenen Plätzchen und dem Geruch nach Zimt und gebratenen Äpfeln.

Daß sich dieses erste Weihnachten nach meiner Krebsdiagnose auch nicht sonderlich von den anderen unterscheiden würde, merke ich sehr schnell. Zwar verstehe ich es inzwischen vortrefflich, mein Leben zu genießen, packe alles mit Schwung und Elan an, aber um dieses Fest endgültig in den Griff zu bekommen, reicht beides nicht aus, zumal sich vorübergehend Kleinmut in mein Herz geschlichen hat.

Am 1. Advent, einem herrlichen Sonntag, gehen wir allesamt zum Essen, die »Familie«, Linda und ich. Wir haben die Skatkasse geplündert und uns vorgenommen, nach dem Schlemmen in einem Landgasthaus einen langen Spaziergang zu machen. Da überfallen mich zum ersten Mal unerklärliche Schmerzen in der operierten Brust. Sie schneiden durch die Narbe, nehmen zu, klingen wieder ab. Das alles dauert zunächst höchstens 5 Minuten. Dann ist der Spuk vorbei. Ich erschrecke maßlos, weil ich nicht weiß, wie sie entstanden sind. Habe ich mich gestoßen, schlägt das Wetter um, sind es Narbenschmerzen? Ich finde keine Antwort darauf, und da sie sich vorerst nicht wiederholen, vergesse ich sie schließlich.

Zwei Tage später bekomme ich meine Periode. Das erste Mal seit der Operation und seit ich die Pille abgesetzt habe. Ich vermute einen Zusammenhang zwischen den Schmerzen in der Brust und den Blutungen und bin beruhigt.

Der Heilige Abend bringt das seit Jahren Übliche: erst besuche ich mit der Tochter den Kindergottesdienst, dann feiern wir Bescherung mit der »Familie«, um sechs Uhr kommt das Christkind schließlich zu uns: zu meiner Mutter, zu Linda, zu Florian und zu mir.

Nach einem Fondue, das sich glücklicherweise in die Länge zieht und für Abwechslung sorgt, sind die Feierlichkeiten überstanden. Florian zieht um zu Susanne, die Mutter geht ein Stockwerk tiefer, die Tochter spielt noch ein wenig mit den neuen Sachen und schläft schließlich unter dem Christbaum ein.

»Lieber Gott, so vieles hast du mir inzwischen gezeigt, warum nicht auch den Weg, wie ich dieses Weihnachtsfest anpacken muß, damit es für mich einen Sinn bekommt«, bete ich in der Nacht. Zwar höre ich die Glocken, die zur Christmette rufen, doch ich habe nicht den Mut, dorthin zu gehen. Ich weiß, daß dort Tränen fließen würden und habe Angst, alle könnten glauben, ich weinte wegen meiner Diagnose. Daß ich mich nach einem noch nie empfundenen Weihnachtswunder sehne, können sie ja nicht wissen.

Die Feiertage sind dann nicht mehr in meiner Verantwortung. Die »Familie« hat gottlob die Regie übernommen. Wir gehen spazieren, machen Spiele, planen Silvester. Wir wollen gut essen, mit den Kindern einen langen Spaziergang machen, einige Knallfrösche hochgehen lassen und Blei gießen. Am zweiten Feiertag fängt es an zu schneien. Nun bahnt sich doch noch Weihnachtsstimmung an, sogar bei mir.

Das neue Jahr beginnt eisig kalt. Im Januar herrschen zeitweise minus 20 Grad. Die Sonne verwandelt den Schnee in eine glitzernde Decke. So einen Bilderbuchwinter habe ich schon lange nicht mehr erlebt.

Ende des Monats melden sich die Schmerzen in der Brust erneut. Sie kommen wieder wellenweise, flauen nach einem Höhepunkt langsam ab, ähnlich wie Wehen. Auch jetzt weiß ich nicht, was die Ursache sein kann. Ich beschließe, mich zu beobachten und aufzupassen, wie sie entstehen. Kurz darauf bin ich wieder bei Hackethal zur Routine-Untersuchung. Ich berichte ihm von meinen Beschwerden. Er tastet mich gründlich ab, läßt mein Blut untersuchen: nichts zeigt sich. Alle gefährdeten Bereiche sind absolut frei. Keine Verhärtung, kein Knoten ist tastbar. Das Blutbild ist hervorragend. Besser als bei meiner Entlassung im Oktober. Wir sind ratlos. Daß ich im März wieder in die Klinik muß, ist jetzt klar.

Ich telefoniere mit Ursula. Auch sie wird im März an den Chiemsee kommen, eine Woche früher als ich.

Bis zur Abreise am 3. März verläuft mein Leben ruhig und gleichmäßig. Noch immer gehe ich viel spazieren.

Florian und Susanne haben sich getrennt, bleiben aber befreundet. Ich bin froh darüber, denn die Schule, ein Jahr vor dem Abitur, setzt dem Sohn ganz schön zu. Jetzt merkt man, daß er im vergangenen Schuljahr viel zu wenig getan hat. Irgendwie scheint er dabei das Lernen verlernt zu haben.

Auch Linda kämpft mit den Noten, zeigt eine beängstigende Konzentrationsschwäche. Ihre Lehrer mögen sie zwar sehr, weil sie mit ihrem fröhlichen Lachen die Stimmung in der Klasse hebt, sind mit ihren Leistungen hingegen unzufrieden. Ich mache mir Vorwürfe, daß ich die Tochter nicht in dem Maß zum Lernen gezwungen habe, wie das beim Sohn früher selbstverständlich war. Es verging kein Tag, ohne daß wir nicht Latein paukten, Englisch wurde ebenso gebüffelt wie später Französisch. Christl und ich waren ehrgeizige Mütter, Thomas und Florian zunächst willige Söhne. Erst eine Klassenlehrerin der beiden bremste uns. Sie untersagte uns, dauernd mit den Kindern gemeinsam zu lernen, wir verbauten ihnen die Chance, selbständig zu werden, meinte sie. Beleidigt zogen wir uns zurück. Die Noten wurden rapide schlechter. »Das hat sie nun davon«, knurrten wir.

Bei Linda wollte ich diesen Fehler erst gar nicht machen. Die Hausaufgaben waren ihre Pflichten. Ich setzte voraus, daß sie sie ernst nahm. Zu Hilfestellungen war ich zwar immer bereit, aber ich setzte mich nicht zu ihr an den Tisch und paukte Vokabeln.

Noch eine Überlegung spielte damals für mich eine wesentliche Rolle: die Krebsdiagnose hatte mir klargemacht, daß ich alles daran setzen mußte, die Tochter schnell selbständig werden zu lassen. Sie durfte auf keinen Fall von mir abhängig sein. Zu groß war die Gefahr, daß ich immer wieder ins Krankenhaus mußte oder vielleicht auch ganz ausfallen könnte.

Diesmal wird sie nicht die ganzen drei Wochen bei der »Familie« wohnen und mit der zwei Jahre jüngeren Trixi das Zimmer teilen. Nach 10 Tagen will Karin, eine langjährige Freundin, deren beide Kinder längst erwachsen und aus dem Haus sind, zu uns ziehen und meine beiden versorgen. Ich bin sehr froh darüber, denn damit wird für sie die Wartezeit verkürzt. Außerdem hat der Kater einen nahezu vollständigen Familienverband und fühlt sich nicht so allein.

Die letzten Tage vor meiner Abreise sind vollgefüllt mit Arbeit. Seit Jahren gestalte ich gemeinsam mit Pfarrer Söllner unseren »Gemeindebrief«, ein Blatt, das über Ereignisse innerhalb der Gemeinde informieren soll. Es erscheint dreimal im Jahr, jetzt ist die Osternummer dran. Die Beiträge sind schon gesetzt, das

Layout muß noch gemacht werden. Dann kann der Brief in die Druckerei, und ich darf an den Chiemsee fahren.

Die Luft riecht bereits nach Frühling, als mich mein Vater am Samstag, dem 3. März, wieder in die Klinik bringt. Diesmal habe ich kein Herzklopfen mehr. Tränen gibt es nicht. Die Schmerzen haben mich seit 6 Wochen in Ruhe gelassen, ich freue mich auf den Professor, auf Dr. Herbst, die Schwestern, auf Ursula, Frau Waldmann und einige andere, die ich noch kennenlernen werde. Ich erhalte mein gewohntes Zimmer und habe innerhalb einer halben Stunde alles in den Schränken verstaut.

Auf meinem Nachtkästchen liegen viele Bücher, die ich lesen möchte, der kleine Teddybär von Linda schläft wieder auf dem Kopfkissen. Mein Vater und ich machen noch einen kleinen Spaziergang an den See, dann muß er fahren. Hier liegt überall noch Schnee. Das Wasser ist gefroren. In der Ferne hört man Enten und Gänse schnattern. Sehen kann man sie nicht. Während des Winters wohnen sie in einer kleinen Bucht zwischen Felden und Prien. Ich nehme mir vor, sie gleich morgen vormittag zu besuchen.

Zurück in der Klinik melde ich mich zur Aufnahme-Untersuchung an. Dann frage ich am Empfang, welches Zimmer Ursula hat und wer zur Zeit von meinen alten Bekannten sonst noch in der Klinik ist. Herr Hacker wird diesmal von seiner Frau begleitet, die starke Schmerzen in den Beinen hat und hier kuren will. Frau Waldmann erwartet man am Dienstag. Na also! Vor meinem geistigen Auge formiert sich bereits wieder eine fröhliche Tischrunde.

Die junge schwarzhaarige Ärztin, Frau Dr. Groll, hat heute Wochenenddienst. Sie macht die Voruntersuchung, bevor ich zum Professor komme, ist zufrieden mit dem, was sie sieht. Die Narbe ist gut verheilt, man kann sie kaum noch erkennen. Ich erzähle ihr von den Schmerzen, die ich ab und zu in der Brust habe, und daß ich hormonelle Störungen für eine mögliche Ursache halte.

»Wann sind Sie zuletzt gynäkologisch untersucht worden?« will sie von mir wissen. »Damals, als ich in dem Münchner Krankenhaus war und weitergeleitet wurde zur Brustsprechstunde.« »Sie sollten wieder einen Abstrich machen lassen«, rät sie mir. Ich bekenne, daß ich mich scheue, zu einem neuen Arzt zu gehen. »Wenn ich dem sage, daß ich bei Professor Hackethal in Behandlung bin, daß ich Brustkrebs hatte, meine Brust aber nicht abnehmen ließ und auch nicht bestrahlt werden wollte, macht der mich doch erst einmal fertig.« Die junge Ärztin lacht. »Ich kann Sie untersuchen, ich bin Gynäkologin.« Das erleichtert. Wir vereinbaren einen Termin in den nächsten Tagen.

Die Untersuchung bei Professor Hackethal dauert nicht lange. Er wirkt abgespannt und unaufmerksam. Die Ursache für meine zeitweiligen Beschwerden kann er sich immer noch nicht erklären, zumal beide Brüste, beide Achselhöhlen und auch der Hals ohne Befund sind.

Er will sofort benachrichtigt werden, wenn sie im Verlauf des Krankenhausaufenthaltes erneut auftreten, um zu prüfen, ob sich die Brust dann irgendwie verändert.

Als ich das Sprechzimmer verlasse, begegne ich Herrn Hacker, der sich auf den Arm seiner Frau stützt, um sich den Stock zu ersparen. Die Wiedersehensfreude ist groß. Seine Frau steht etwas abseits und kann es nicht fassen, daß wir uns immer wieder um den Hals fallen. Die Tränen laufen, aber Herr Hacker versichert mir, nur noch ganz selten, »zu besonderen Anlässen halt«.

Ich verspreche ihm, mich im Speisesaal darum zu kümmern, daß wir wieder zusammensitzen können. Vor meiner Zimmertüre wartet Ursula auf mich. Auch wir beide begrüßen uns liebevoll. Wir haben seit Oktober mehrmals ausführlich telefoniert, getroffen haben wir uns seitdem nicht mehr. Sie sieht, wie mir scheint, etwas abgespannt aus. Der Dienst als Lehrerin in einer Realschule strengt sie sehr an. Außerdem hat sie mit ihrem Freund Kummer. Daß sie zur Zeit auf Männer generell nicht sehr gut zu sprechen ist, merke ich später beim Abendessen. An unserem Tisch sitzt ein junger Mann, der provozierend gesund aussieht. Er ist wohlgenährt, hat rote Backen und unternehmungslustige Augen. Ursula kann ihn nicht ausstehen. Das merke ich sofort. Er muß eine ganze Reihe von giftigen Bemerkungen von ihr einstecken, bleibt aber gelassen. Herr Hacker und ich, die Ursula nur von ihrer liebenswürdigen Seite kennengelernt haben, schauen uns verdutzt an.

Nach dem Essen kommt sie noch zu mir. »Sag mal, was hast du denn gegen diesen armen Menschen?« will ich von ihr wissen. »Dieses Spanferkel geht mir ganz einfach auf den Geist. Stell dir vor, der hat gar keinen Krebs. Der ist von seinem Arzt wegen eines Leberschadens hierher geschickt worden, das hat er mir selbst erzählt. Der frißt sich hier rund und gesund. Hast du gesehen, wie der aussieht?« Ich habe Ursula fassungslos zugehört. »Du wirst doch nicht sagen wollen, daß du den armen Kerl nicht leiden kannst, bloß weil er keinen Krebs hat und sich hier ganz offensichtlich blendend erholt?« »Ganz richtig«, kommt es spitz. Ich schüttle den Kopf, komme mir uralt vor gegen die nur zwei Jahre jüngere Freundin. »Es gibt doch hier nicht nur krebskranke Leute. Ich kenne allein drei Fälle, die zu Hackethal gekommen sind, um sich von ihm an der Hüfte operieren zu lassen. Auf die bist du doch auch nicht sauer.« Ursula sieht zwar ein, daß sie dem jungen Mann im Grunde Unrecht tut, doch ihr Verhalten ihm gegenüber ändert sich bis zu seiner Abreise nicht.

Am Sonntag gehen wir gemeinsam in die Bernauer Kirche. Ich vermute, daß sich der Pfarrer erst in dem Moment an sein Versprechen, mit Frau Hackethal Kontakt aufzunehmen, erinnert, als er mich wieder in der Kirchenbank sitzen sieht. Auf jeden

Fall kommt er gleich nach dem Gottesdienst auf mich zu und teilt mir unaufgefordert mit, daß sich bisher noch keine Gelegenheit ergeben habe, in die Klinik zu gehen. Auch müßte er sich noch einmal mit seinem Kollegen beraten. Ich reagiere wortkarg.

Auf dem Nachhausewg weht uns milde Frühlingsluft um die Nase. Unsere etwas trübe Stimmung gerät zunehmend unter Hochdruckeinfluß. Im Aufenthaltsraum verbreiten wir bei den Anwesenden gute Laune, selbst eine schmale, stille Dame mit traurigen Augen locken wir mit unserem Gelächter aus der Reserve. Sie scheint uns hinter einer vorgehaltenen Zeitung eine Weile beobachtet zu haben. Plötzlich lacht sie mit uns. Ursula und ich schlagen ihr vor, nach dem Mittagessen mit uns spazieren zu gehen. »Das ist fein«, freut sie sich. »Ich bin nämlich erst seit zwei Stunden hier und habe jetzt schon schreckliches Heimweh. Ich heiße Trude Sixt.«

Sie kommt aus Ulm und hat ein gerüttelt Maß an schlechten Erfahrungen mit Ärzten hinter sich. Das erzählt sie auf dem Weg am Seeufer entlang. Vor acht Jahren wurde ihr die linke Brust samt den Lymphdrüsen unter dem Arm abgenommen, zu Unrecht, wie sie heute vermutet. »Man hat mich und meinen Mann ganz einfach überfahren. Man ließ uns keine Chance, darüber nachzudenken.« Als sie am Tag nach der Amputation im Bett lag, nahm sie sich vor, sich nie mehr wieder von einem Arzt zu etwas drängen zu lassen. Verbissen trainierte sie ihren Arm, bewegte ihn immer wieder von oben nach unten, bis die Narben in der Achselhöhle zu reißen drohten. Es sollte nicht dick werden, wie bei so vielen amputierten Frauen, denen einfach nicht gesagt wird, daß sie ihre Arme selbständig trainieren müssen. Die Übungen mit den Krankengymnastinnen alleine reichen meistens nicht aus.

Sie hat es geschafft. Heute ist ihr linker Arm so beweglich und schlank wie der rechte. Ein halbes Jahr nach der Operation wurde ihr im Rahmen einer Routineuntersuchung mitgeteilt, daß es wohl ratsam sei, die rechte Brust auch zu amputieren. »Und da hat sich die kleine graue Maus zum ersten Mal in ihrem Leben wirklich gewehrt«, lacht Frau Sixt. »Ich bin ohne Anmeldung in das Zimmer des Chefarztes der Klinik hineingebrochen und habe ihm mitgeteilt, daß man mir hier nie und nimmer mehr irgendetwas abschneiden wird. Ich knallte die Türe hinter mir zu und habe das Krankenhaus seitdem nicht mehr betreten.«

Acht Jahre sind nun seit der Operation vergangen. Frau Sixt hat keinerlei Beschwerden, doch die Amputation hat sie bis heute noch nicht verwunden. »Ich könnte meine Brust noch haben, wenn ich mich damals nicht so hätte überrumpeln lassen«, sagt sie. Vor einiger Zeit hat man nun Hautkrebs bei ihr festgestellt. Eigentlich wollte sie nur ihren Mann zum Arzt begleiten, doch dann zeigte sie diesem einen dunklen Fleck am rechten Arm. Er entnahm eine Probe — Hautkrebs. Sein Vorschlag: Die Fläche sollte großflächig herausgeschnitten werden, aus dem Oberschenkel wollte er dann ein neues Hautstück entnehmen und dieses auf die Wunde transplantieren. Frau Sixt sagte nein und meldete sich bei Professor Hackethal an. Ursula und ich wollen sie an unseren Tisch bitten, weil wir noch einen Platz frei haben. Sie kommt gerne. Ich fühle mich sehr stark zu dieser Frau hingezogen. Sie ist Anfang 50 und mit ihrer Besonnenheit ein hervorragender Ausgleich zu meinem Temperament.

Im Laufe der 3 Wochen, die wir miteinander verbringen, gelingt es mir, sie davon zu überzeugen, daß sie sich etwas flotter kleiden muß und daß es gar nicht schaden kann, wenn man ab und zu etwas Make-up benutzt. Zunächst leistet sie hinhaltenden Widerstand. Doch eines schönen Frühlingstages schaffe ich es dann doch, sie nach Bernau in eine Drogerie zu locken. Sie ist zu allem entschlossen, will sich mit Cremes, Stiften, Wässerchen und dergleichen mehr eindecken, verläßt aber den Laden mit magerer Beute. Ein Make-up schien ihr zu deftig, also nahm sie nur eine leicht getönte Sonnencreme. Zu einem Lippenstift konnte sie sich überhaupt nicht durchringen. Ein paar Proben taten es auch. Sie ist eine sparsame Schwäbin — ich könnte von ihr lernen!

Nachdem ich gemerkt habe, daß sie sich immer zurückdrängen läßt, auch wenn sie eigentlich für die nächste Behandlung an der Reihe wäre, hefte ich mich in der Klinik einen Tag lang an ihre Fersen und passe auf, daß sie sich durchsetzt. Jetzt erst wird mir langsam klar, welch unheimliche Kräfte sie damals freimachte, als sie sich gegen eine neuerliche Operation zur Wehr setzte.

Der Professor ist krank, liegt mit einer Nierenbeckenentzündung zu Hause. Daher also seine schlechte Laune am Tag der Aufnahme! Seine Abwesenheit bedeutet für die meisten seiner Patienten eine mittlere Katastrophe. Viele sind ausschließlich auf ihn fixiert, versprechen sich Wunder von ihm. Mutlosigkeit und Verzweiflung kriechen die Gänge entlang.

Für seine Ärzte ist das eine schwere Zeit. Sie müssen überall beruhigen, müssen einspringen, wenn tröstende Worte verlangt sind und werden im Grunde doch nicht so ernst genommen, wie sie das eigentlich verdient hätten.

Auch Li Hackethal, die in dieser Zeit 14 Stunden und mehr in der Klinik ist und daheim noch die Tochter und den kranken Mann zu versorgen hat, bemüht sich nach Kräften, die Patienten zu beruhigen.

Ich vermisse den Professor nicht, aber mich macht die Ratlosigkeit einiger Patienten nervös. Frau Waldmann, die am Dienstag eingetroffen ist, stellt da eine rühmliche Ausnahme dar. Als sie hört, daß der Professor selbst krank ist und seine Sprechstunden bis auf weiteres ausfallen müssen, reagiert sie gelassen. »Na und«, meint sie, »seine Ärzte werden schon was taugen, sonst hätte er sie schließlich nicht eingestellt.« Die Unruhe nimmt zu.

Patienten reisen an und ab, ohne vom Professor vor- oder nachuntersucht zu werden.

An unserem Tisch stellen wir Überlegungen an, was wohl einmal geschieht, wenn Professor Hackethal ganz abtritt, sei es aus Altersgründen, sei es, daß der Prozeß wegen der geleisteten Sterbehilfe schlecht ausgeht und für ihn ein Berufsverbot zur Folge hat. Ursula weiß sofort, was sie tun würde. Sie ginge auf die Suche nach neuen Behandlungsmethoden.

Herr Hacker und seine Frau wären zwar verunsichert, blieben aber der Klinik und ihrem Leibarzt treu. Auch Frau Sixt und ich sind uns einig, daß wir weiterhin zum Chiemsee führen, wenn es nötig wäre.

Der junge Mann äußert sich erst gar nicht, einmal, weil er den Krebsspezialisten Hackethal nicht benötigt und zum zweiten, weil ihn ein warnender Blick von Ursula sowieso wieder zum Außenseiter gemacht hat.

Drei Tage nach seiner Erkrankung meldet sich der Professor über die Haussprechanlage bei seinen Patienten. Li Hackethal hat ein von ihm besprochenes Tonband mit in die Klinik gebracht. Für 17 Uhr ist seine »Botschaft« angekündigt. Ich mag solche Auftritte nicht und suche gemeinsam mit Frau Sixt das Weite. Genauer gesagt, wir ziehen uns in das hauseigene Schwimmbad zurück und haben es ganz für uns alleine. Später hören wir, daß die Begeisterung groß war, als der Meister sprach. Vor allem zum Thema »Schmerzen« hat er sich recht ausführlich geäußert.

Jetzt, nachdem er selbst so einiges mitgemacht habe, hätte er mehr Verständnis dafür, daß manche seiner Patienten, die starke Schmerzen haben, ungeduldig und unduldsam werden. Er verspricht, fürderhin milder mit ihnen umzugehen.

Nach dieser Ansprache bessert sich das Klima in seiner Klinik vorübergehend. Anfang der Woche wird er zurückerwartet.

Er kommt auch tatsächlich am Montag, operiert am Dienstag,

dann klappt er wieder zusammen. Diesmal dauert es eine Woche, bis er sich auskuriert hat. Anschließend fährt er mit seiner Frau einige Tage in Urlaub. Obwohl die medizinische Versorgung weitergeht wie gewohnt, ist die Stimmung wieder allgemein schlecht.

Der Frühling hat sich wieder zurückgezogen, der See ist immer noch zugefroren, beim Spazierengehen weht einem ein eiskalter Wind entgegen. Ursula hat ihre Behandlung abgeschlossen und ist wieder nach Hause gefahren. Ihr setzte die Abwesenheit des Professors besonders zu. Sie ist nun voller Zweifel, ob sie den rechten Weg gegangen ist, fühlt sich schlecht erholt, ist ungeduldig und reizbar. Frau Waldmann hat zwar in den wenigen Tagen, die sie wieder in der Klinik ist, an Kräften gewonnen, läßt aber auch den gewohnten Schwung vermissen. Sie weiß, daß ihr wieder ein mehrwöchiger Aufenthalt bevorsteht. Mit drei Wochen, wie bei uns, ist es bei ihr nie getan. Das Fieber ist ihr geblieben.

Frau Sixt und ich gehören zu den wenigen, die sich ihre gute Laune erhalten haben. Auch die Hackers machen eigentlich einen recht vergnügten Eindruck. Sie bewohnen ein gemütliches Doppelzimmer, gehen zu den Behandlungen gemeinsam und haben erreicht, daß sie sich ihre Spritzen nicht mehr abholen müssen, sondern daß sie ihnen im Zimmer verabreicht werden.

Am letzten Sonntag vor meiner Abreise kämpfe ich mich durch einen Schneesturm in Richtung Bernau zur Kirche. Zunächst vermute ich noch einen vorgezogenen Aprilscherz, doch ich täusche mich gewaltig. In der Nacht zum Montag versinkt ganz Bayern und mit ihm der Chiemsee im Schnee. Autobahnen und Landstraßen sind teilweise gesperrt. Vor meinem Zimmer zwitschert eine Meise gar jämmerlich. Vom Koch lasse ich mir einige Körner geben und lege sie auf meine Terrasse. Daß das keine gute Idee ist, merke ich bald. Die schwarze Katze schleicht sich an. Am Nachmittag überfällt mich Panik. Ich fühle mich von der Umwelt abgeschnitten und will hier raus. Ein Freund, der mich besuchen wollte, hat mir abgesagt. Ich bin traurig, ziehe mich wetterfest an und stürme hinaus in den tobenden Winter. Heute ist der 18. März. In drei Tagen soll der Frühling Einzug halten. Unglaublich!

Nach Bernau und zurück brauche ist fast 2 Stunden. Normalerweise schaffe ich das in einer dreiviertel Stunde. Mir ist schlecht, so überanstrengt bin ich. Der Wind hat so hohe Wehen geblasen, daß der Schnee oben in meine Stiefel eindringt. Die Haare, die aus meiner Kapuze hängen, sind gefroren. Aber wenigstens habe ich mich körperlich ausgetobt, sitze nicht mehr so ratlos in meinem Zimmer und ärgere mich über den Schnee.

Nachdem ich mich umgezogen und wieder aufgewärmt habe, fühle ich mich sogar ganz wohl.

Am Tag bevor Frau Sixt und ich wieder abreisen, kommt der Professor zurück. Die Abschlußuntersuchung kann er also machen! Da die Warteliste meterlang zu sein scheint, verzichte ich auf einen Termin und lasse Frau Sixt den Vortritt. Sie will zwar nicht so recht, meint, es gehe ihr hervorragend, aber schließlich ist sie dann doch ganz zufrieden, als sie nach langem Warten in das Sprechzimmer gerufen wird.

Spät am Abend — ich liege schon im Bett — holt mich der Professor doch noch zu sich. »Sind die Schmerzen noch einmal gekommen, während Sie hier waren?« will er von mir wissen. Ich verneine. »Beobachten Sie sich weiter. Sobald sie auftauchen, notieren Sie sich, wann und bei welcher Gelegenheit das war.« Ansonsten ist er mit meinen Werten zufrieden. Ich werde entlassen.

Im Mai oder spätestens Juni soll ich zur ambulanten Untersuchung kommen. Im Oktober sei ein stationärer Aufenthalt wieder ratsam.

Auf dem Rückweg von meinem letzten Spaziergang fällt mir eine fünfköpfige Gruppe auf, die vor dem Nebeneingang der Klinik steht. Vielleicht sind es Angehörige, die einen Patienten besucht haben und jetzt ein wenig an die frische Luft wollen.

Im Vorbeigehen höre ich einen Satz, der mich unvermittelt zum Anhalten zwingt: »Vielleicht kommt die wieder raus. Sie sieht schrecklich aus, so ähnlich wie diese Hermi, bei der der Hackethal Sterbehilfe geleistet hat. Einfach fürchterlich. Das ganze Gesicht voller Krebs.«

Langsam begreife ich. In unserem Krankenhaus gibt es zur Zeit tatsächlich eine Patientin, die Gesichtskrebs hat, deren Gesicht von den Wucherungen entstellt ist. Sie bleibt meistens in ihrem Zimmer, wagt es nicht, sich bei den gemeinsamen Mahlzeiten im Speiseraum unter die anderen Patienten zu mischen, weil sie deren Blicke fürchtet. Sie ist so oft angestarrt worden, daß sie sich lieber verschanzt. Auch hier in diesem Krankenhaus, wo sie auf mehr Rücksicht hoffen könnte! Ich bin ihr einmal begegnet, als sie zu einer Untersuchung mußte. Sie wandte sich sofort erschrocken ab und legte ein dunkelblaues Chiffontuch über ihr Gesicht. Ich spüre ihre Einsamkeit, würde ihr gerne helfen. Doch sie läßt eine Annäherung nicht zu. Könnte es möglich sein, daß diese Chiemseeurlauber in fescher Lederbundhose, mit lustigem Sepplhut samt Gamsbart, in wallenden Trachtenröcken und blütenweißen Spitzenblusen hier stehen und darauf warten, daß sie krebskranke Menschen beim Ausgang besichtigen können?

Das muß ich genauer wissen. »Grüß Gott«, spreche ich sie an. »Was ist denn das für ein wunderhübsches Haus?« »Wunderhübsches Haus, das klingt gut«, freut sich ein Dickbäuchiger aus der Gruppe. »Hörst Du«, schubst er sein weibliches Pendant an, »das ist wirklich gut. Das ist eine Krebsklinik, so eine Art Sterbeklinik. Die gehört dem Hackethal, Sie wissen schon, dem, der da der einen die Todesspritze verpaßt hat«, werde ich aufgeklärt. »Was hat der Hackethal gemacht? Die Todesspritze hat er ihr gegeben? Das darf er doch gar nicht!« »Durfte er ja auch nicht. Deshalb kommt er ja vor Gericht. Dem nehmen sie die Klinik dann ganz sicher weg. Dann kann er in den Knast. Schade um das schöne Haus!« Meine Wut ist grenzenlos! Trotzdem mime ich weiterhin Unwissenheit und Neugierde. »Wohnen Sie hier in der Nähe?« will ich wissen. »Nee, in Prien machen wir Urlaub. Aber wir kommen oft hier her. Die Leute, die hier rauskommen, sehen schlimm aus. Wir schauen ihnen manchmal zu, wenn sie am See spazierengehen. Schon abscheulich, die Krankheit.«

So nebenher erfahre ich, daß die Herrschaften aus Mainz kommen. »Sie wissen schon ›Mainz, wie es singt und lacht‹.« Zwei Ehepaare und eine verwitwete Kegelschwester. »Letztes Jahr ist mein Heinrich gestorben, Leberkrebs, Sie verstehen. Er hat fürchterlich gelitten«, erzählt mir die Frau, »aber die Todesspritze hätte ich ihm nicht geben lassen.« »Sind Sie denn ganz sicher, daß der Hackethal eine Todesspritze verabreicht hat?« forsche ich noch einmal nach, weil ich soviel Ignoranz einfach nicht fassen kann. »Ganz sicher«, kommt es prompt.

Ich will ihnen sagen, daß er keine Todesspritze verabreicht, sondern auf Wunsch der sterbenskranken Patientin Zyankali besorgt und dieses einer Verwandten der Patientin ausgehändigt hat, doch ich unterlasse diese Richtigstellung. Ihre blutige Gruselgeschichte gefällt diesen »Vampiren« bestimmt viel, viel besser.

»Da kommt eine«, wird unsere Unterhaltung jäh unterbrochen. Tatsächlich schiebt die Traudel eine unserer bettlägerigen Patientinnen aus dem Portal. Ich kenne die Frau nur vom Sehen. Sie hat ein buntes Tuch um den kahlen Kopf geschlungen. Chemotherapien einer Universitätsklinik sind schuld daran, daß sie alle ihre Haare verlor. Sie hat Metastasen in der Wirbelsäule, kann sich nicht mehr ohne Hilfe bewegen, leidet qualvolle

Schmerzen. Als Traudel die Bahn für Rollstühle ansteuert und sich damit der Zuschauergruppe nähert, brülle ich los: »Traudel, bleiben Sie um Gottes willen stehen. Kommen Sie nicht runter mit dem Rollstuhl. Hier stehen Menschen, die besichtigen uns wie Affen!«

Ich habe keine Lust mehr zu sehen, welche Reaktion mein Ruf bei den Mainzer Krebs-Touristen ausgelöst hat. Tränenüberströmt stürze ich in mein Zimmer. Ich will hier raus. Jetzt will ich heim. Sofort!

Als mein Vater mich abholt, liegt strahlender Sonnenschein über dem Chiemsee. Die Schneedecke glitzert und blinkert. Es sieht so aus, als stünde Weihnachten vor der Tür, nicht Ostern.

Auch diesmal gibt es noch ein gemeinsames Abendessen, doch jetzt wählen wir ein Ausflugslokal in der Nähe. Man kann endlich auf der Terrasse sitzen. Die Sonnenstrahlen sind warm und zärtlich. Ich erzähle ihm von den Menschen, die ich in der Klinik kennengelernt habe und schildere ihm die verzweifelte Stimmung unter den Patienten, als der Professor plötzlich ausgefallen war.

»Ein bißchen gefährlich ist diese Abhängigkeit schon«, meint er nachdenklich.

Zu Hause erwartet mich eine Überraschung. Schon als ich die Wohnung betrete, riecht es nach Farbe. Florian und Karin haben meine Küche renoviert, haben meine etwas abgewetzten Möbel mit brauner Folie beklebt und die Wände neu gestrichen. Außerdem wurde gründlich ausgemistet unter meinen alten und ältesten Küchengeräten. Das neue Kleid meiner Küche gefällt mir sehr, daß alte Kochlöffel, henkellose Tassen und angeschlagene Teller fehlen, verdrießt mich indessen. Doch ich verteile Lob nach allen Seiten und zeige mich hocherfreut. Lediglich die knallgelb angestrichene Marmorplatte im Bad verbittert mich leicht. Florian hatte leider noch etwas Farbe übrig.

Daß ich wieder 3 Wochen im Krankenhaus war, muß den Nachbarn entgangen sein. Auf jeden Fall registrieren sie meine Rückkehr kaum. Dafür bin ich sehr dankbar, denn damit wird mir das normale Leben erleichtert.

Kurz vor Ostern bekomme ich beim Skatspielen einen gewaltigen Schreck. Ich bin eben dabei, einen Ramsch haushoch zu verlieren und fahre mit meiner linken Hand am Hals entlang. Das linke Schlüsselbein ist deutlich dicker als das rechte. Immer wieder befühle ich den Knochen. Die Verdickung bleibt. Brustkrebs metastasiert im Skelett, fährt es mir durch den Kopf. Ich drükke dagegen, spüre aber nichts.

Gisi hat gemerkt, daß ich unaufmerksam spiele und will wissen, was mir fehlt. »Schau dir doch mein linkes Schlüsselbein an, da stimmt was nicht.« Auch sie spürt, daß die Seiten unterschiedlich sind. Ich beschließe, am nächsten Tag in der Klinik anzurufen.

»Machen Sie bloß keinen Ärger«, sagt Li Hackethal zu mir, als ich mit ihr verbunden werde. Ihr Mann ist im OP. Er wird zurückrufen. Auf jeden Fall trägt sie mich in der Woche nach Ostern in den Terminkalender ein. Ich muß schnell zur Sprechstunde kommen. »Haben sich die Schmerzen in der Brust auch wieder gemeldet?« »Nein, die sind weg.« »Gut, kommen Sie trotzdem.«

Irgendwie schaffe ich es, aus angstvollen Tagen fröhliche Ostern zu machen. Mit der Tochter gehe ich am Gründonnerstag zum Tischabendmahl. Recht befangen sitzt sie neben mir, weiß nicht so recht, was sie tun soll. Die am Tisch versammelten Gemeindemitglieder sind ihr zu nah. Sie fühlt sich zu sehr beobachtet.

Der Karfreitag ist ein strahlender Tag. Wir sitzen bei der »Familie« im Garten, bemalen Eier. Kein einziges Mal denke ich an mein verdächtiges Schlüsselbein. Am Karsamstag bereiten wir unser gemeinsames Osterfrühstück vor. »Omas« Küche ist das

Zentrum. Wir braten Hühner, kochen Eier, backen Osterfladen, es riecht verführerisch. Essen dürfen wir noch nichts davon.

Am Ostersonntag feiere ich zum ersten Mal in unserer Kirche eine Osternacht mit. Um 6 Uhr in der Früh beginnt sie. Es ist noch stockdunkel, als ich aus dem Haus schleiche. Die Vögel sind allerdings schon wach und zwitschern mir zu. Im Gemeindesaal, in dem nach der Feier gemeinsam gefrühstückt werden soll, packe ich Eier, Brot, Käse aus und lege diese zu den anderen Nahrungsmitteln. Die Kirche ist nicht beleuchtet. Ich kann die Besucher kaum sehen, taste mich zu meinem Platz in der zweiten Reihe nach vorne. Meditativ mit Bildern und Gebeten wird die Auferstehung Christi gefeiert. Mich nimmt diese eigenartige Atmosphäre gefangen. Beklemmung schleicht sich ins Herz. Die Dunkelheit, das Flüstern — so könnte das Leben der Christen in den römischen Katakomben gewesen sein.

Beim Frühstück im Gemeindesaal bleibe ich nicht lange. Die »Familie« erwartet uns um 9 Uhr zum Eiersuchen mit anschließendem Brunch. Es ist so warm, daß wir die Nester im Garten verstecken und Tische und Stühle auf die Terrasse stellen können.

Am Nachmittag ist wichtigster Programmpunkt das Eierscheiben. Jeder hat zwei hartgekochte Eier, die er möglichst bruchsicher präparieren muß. Die Spielregeln sind denkbar einfach. Auf zwei nebeneinander gelegten Besenstielen, die von einem Stuhl auf den Boden führen, muß der erste sein Ei rollen. Die nachfolgenden Spieler versuchen es dann zu treffen. Wird man erwischt, muß man einen Pfennig an den Jäger zahlen. Den Kindern bereitet es einen Heidenspaß, die Eier der Erwachsenen zu zerstören. Zwischendurch gehe ich heim, um nach meiner Katze zu sehen. Im Wohnzimmer läutet das Telefon. Ich stürme nach oben. Li Hackethal ist am Apparat. »Frau Benedict, mein Mann und ich kommen heute nach München und würden Sie gerne zum Abendessen einladen«, eröffnet sie mir. »Wenn Sie nichts anderes vorhaben, kommen wir gegen acht Uhr bei Ihnen vorbei. Wir kennen ein Lokal, da gibt es herrliche Spareribs«, gerät sie ins Schwärmen. Ich sage sofort zu.

Pünktlich um acht sind sie bei mir. Während Li sich sofort um meine Katze kümmert, untersucht ihr Mann mein verdicktes Schlüsselbein. Er sagt kein Wort dabei, vergleicht immer wieder das linke mit dem rechten. »Hören Sie«, meint er schließlich. »Die Erklärung ist ganz einfach. Sie sind links kräftiger gebaut als rechts.«

Zur Kontrolle klopft er noch meine Wirbelsäule ab, schenkt den Hals- und Brustwirbeln besondere Beachtung. »Sie können sich wieder einpacken« sagt er schließlich. »Da ist nichts los.«

Später beim Essen, als wir längst alle drei per Du sind, erzählt mir Li, daß ihr Mann erschrocken war, als sie ihm von meinen Beschwerden erzählte. »Ich muß sie sofort sehen«, meinte er. Deshalb der Ausflug nach München. Es wird ein fröhlicher Abend. Ich werfe ihm vor, daß er mich zu Spareribs einlädt, obwohl er mir Vollwertkost verordnet und Schweinefleisch auf jeden Fall verboten hat. »Na hör mal, wenn du nicht ab und zu sündigen darfst, ist das Leben doch nicht mehr lustig«, lacht er. Doch dann wird er ernst. »Du mußt dich nicht sklavisch an die Verordnungen halten. Niemand muß das. Wichtig ist nur, daß du so ein Vergehen nicht bereust. Dann ist es nämlich erst schlimm.«

Am Ostermontag erzähle ich der Familie von dem Ergebnis seiner Untersuchung. Wir sind allesamt erleichtert. Die Gefahr ist wieder einmal gebannt. Die Angst war groß. Bei uns allen.

In der Nacht träume ich wieder von meinem Baumhaus. Ich sitze auf der obersten Sprosse der Strickleiter und schaue nach unten. Sie schwankt leicht, und mir wird langsam schwindlig. Rauch steigt mir in die Nase. Am oberen Ufer des Teiches, der sich unter meinem Baum befindet, brennt ein Feuer. Es riecht nach gegrilltem Fisch. Der Mann bereitet ihn zu. Er ruft mir etwas zu, aber ich kann es nicht verstehen. Sein Gesicht sehe ich noch immer nicht. Ich habe große Sehnsucht, zu ihm zu gehen und seine Arme um mich zu spüren. Aber ich tue es nicht.

Ich kehre in mein Baumhaus zurück und richte bunte Teller und Becher auf ein Tablett. Obwohl ich genau weiß, daß ich damit niemals die schwankende Treppe hinunterklettern kann, versuche ich es trotzdm. Die Teller und Becher geraten ins Rutschen, ich kann sie nicht halten, will sie retten, schaffe es aber nicht. Klirrend zerschellen sie auf dem Boden. Ich rufe den Mann um Hilfe, doch ich habe keine Stimme. So sehr ich mich auch bemühe, ich bekomme keinen Ton heraus.

Ich wache von meinem Schreien auf. Tränen laufen über meine Backen. Der Traum hat mich so traurig gemacht, daß ich einfach weiter weine. Ich versuche, mir das Gsicht des Mannes vorzustellen, dem ich in meinem Traum schon zum zweitenmal begegnet bin. Ich kann mich beim besten Willen nicht daran erinnern, ihn jemals irgendwo, irgendwann gesehen zu haben.

Ursula besucht mich zu Pfingsten. Am Montag hat sie einen ambulanten Termin bei Professor Hackethal. Sie wird eine ihrer Töchter mitbringen. Beide können bei mir wohnen.

Sie befindet sich in einem absoluten Stimmungstief. Ich habe ein Mittagessen à la Hackethal vorbereitet, mit viel Rohkost und Gemüse, aber sie ißt wenig davon. In ihrer rechten, operierten Brust hat sie zwei neue Knoten ertastet, sie sind klein, aber immerhin, der Traum von der überwundenen Krebserkrankung ist ausgeträumt.

Ich versuche, sie zu trösten. Ob ich noch nicht irgendwelche Beschwerden habe, will sie wissen. Nein, keine, ich fühle mich wohl. Fast ist mir diese Auskunft peinlich, und überhaupt: was meint sie mit »noch nicht?«

Wir haben herrliches Wetter und verbringen die Tage hauptsächlich im Garten beim Baden oder auf meinem Balkon. Tagsüber ist Ursula entspannt und zu jedem Spaß bereit. Soweit habe ich sie inzwischen wieder hingekriegt, aber am Abend packt sie die Angst. Da sie sehr gerne Bier trinkt und es in ihrer schwäbischen Heimatstadt so etwas nicht gibt, zeige ich ihr ein paar Biergärten in unserer Nähe.

Unsere beiden Töchter begleiten uns, der Sohn weigert sich. Vier weibliche Wesen auf einem Haufen sind ihm entschieden zu viel. Wir stopfen Hendl, Steckerlfische, Brez'n, Käse und Radieschen in uns hinein, genießen das schäumende Bier. Nach der zweiten Maß hat Ursula ihren Kummer vergessen, und ich habe einen schweren Kopf.

Am Montag fahren wir gemeinsam zum Chiemsee. Ursula meint, sie würde sich wohler fühlen, wenn ich dabei wäre. Außerdem hofft sie im stillen, daß sich die Wartezeit verkürzen läßt, wenn der Professor von meiner Anwesenheit erfährt. Damit hat sie sich allerdings getäuscht. Von mir weiß er bereits, daß ich geduldig bin und keinen Krach schlage, wenn ich zu lange im Wartezimmer sitze. Es hängt dort zwar eine große Kuhglocke, die man betätigen soll, wenn man mehr als 10 Minuten warten muß, doch die wenigsten tun ihre Ungeduld so lautstark kund.

Fast eine Stunde dauert es, bis sie ins Sprechzimmer gerufen wird. In der Zeit erkundige ich mich bei einer Schwester, wer alles in der Klinik ist. Frau Waldmann ist am Freitag abgefahren, diesmal war sie fast ein Vierteljahr von zu Hause weg, doch es scheint ihr besser zu gehen. Der Tumor hat sich zurückgebildet, lediglich die Temperatur ist nach wie vor erhöht. Ungebrochen sei auch ihr Lebenswille. »Die Frau hat eine unglaubliche Kraft«, sagen die Schwestern.

Ich rufe Li Hackethal an. Sie kommt erst später in die Klinik und lädt Ursula und mich auf eine Tasse Kaffee zu sich nach Hause ein. Diese kehrt geknickt aus dem Sprechzimmer zurück.

Vorerst werde sie nicht operiert, meinte der Professor, sie solle die Carnivora-Tropfen wieder nehmen und muß in sechs Wochen erneut kommen. Die Aussicht, Li Hackethal zu treffen, erfreut sie sehr. »Ich werde ihr alles erzählen, vielleicht weiß sie, was ich machen soll.« Das ist eine typische Reaktion von Ursula. Sie kann sich einfach nicht mit einer Auskunft zufriedengeben, holt überall Erkundigungen ein, will von jedem Ratschläge. Natürlich gibt jeder, der befragt wird, seinen Kommentar dazu, mit dem Erfolg, daß sie völlig verunsichert zurückbleibt. Li zieht sich geschickt aus der Affäre. »Vergessen Sie mal alles«, schlägt sie vor. »Es ist ein so herrliches Pfingstwetter. Letztes Jahr war es um diese Zeit eiskalt hier.« Es wird ein fröhlicher Nachmittag, ohne Gespräche über Krebs. Am Abend zeige ich Ursula den Biergarten am Chinesischen Turm. Sie ist aufgekratzt, hat sich vorgenommen, die nächsten sechs Wochen bis zu ihrem neuen Termin zu genießen und böse Gedanken wegzuschieben.

Obwohl Tische und Bänke voll besetzt sind, bekommen wir vier Plätze in der Nähe der Schänke. Ursula hat glitzernde Augen, das bedeutet, sie wäre einem Flirt durchaus nicht abgeneigt. Tatsächlich, ein Herr am unteren Ende des Tisches fängt ihren Blick auf, und ich habe die nächsten zwei Stunden genügend Zeit, mich mit Linda und Regina, Ursulas Tochter, zu unterhalten. Ich zeige ihnen das alte Karussell, auf dem ich schon als zweijähriges Mädchen meine Runden drehte und von unserem Kindermädchen nur mittels einer Brez'n von meinem großen weißen Schwan gelockt werden konnte. Eine Horde total betrunkener Jugendlicher, die eine Schlägerei anzettelt, sorgt für Unruhe. Linda packt das große Grausen. Sie will heim. Mir geht es ebenso. Ich schlage Ursula vor, noch zu bleiben und sich weiter zu amüsieren, doch sie kommt mit. Sie wollte nur ausprobieren, ob das Flirten überhaupt noch läuft. Der Erfolg hat sie beflügelt, jetzt geht sie mit uns heim. Am nächsten Morgen fährt sie ab.

Ende Juni machen Linda und ich eine Gemeindefreizeit mit.

Einmal im Jahr fahren Mitglieder unserer Gemeinde nach Grafrath, einem herrlich gelegenen Freizeitheim in der Nähe des Ammersees. Von Freitagnachmittag bis Sonntagmittag diskutieren sie ein Thema, bereiten Bibelarbeiten vor. »Hände in unserem Leben«, heißt diesmal das Motto.

Ich hatte die Aufforderung, sich zeitig anzumelden, bereits mehrmals bei Sonntagsgottesdiensten vernommen, sie aber eigentlich überhört.

Verordnete Gemeinsamkeit ist mir seit meiner achtjährigen Internatszeit ein Graus. Ein gemeinsames Wochenende mit Menschen, die ich für gewöhnlich nur einmal in der Woche im Gottesdienst sehe, kann ich mir nicht vorstellen.

Doch als der Pfarrer meinte, im nächsten »Gemeindebrief« sollte ein Artikel über dieses Wochenende stehen, entschließe ich mich dann doch, den Notizblock einzupacken und mit meiner Tochter teilzunehmen. Es werden drei wunderschöne Tage. Meine ursprüngliche Sorge, von einer Diskussion zur anderen gezwungen, von einem Termin zum anderen zitiert, von einer Bibelarbeit in die nächste gebeten zu werden, erweist sich als grundlos. Die Angebote sind nicht zwingend, höchstens verlokkend, wie sich sehr bald herausstellt.

Ich lerne Menschen näher kennen, unterhalte mich mit ihnen. Ich reiße Mauern ein, die so mancher errichtet hatte, weil er nicht genau wußte, wie er mit mir umgehen sollte. Es ist mittlerweile bekannt, daß ich Krebs habe, völlig unsicher ist man indes, wie man mich behandeln soll. Ist es gut, mich auf meine Diagnose anzusprechen, oder geht man besser nicht darauf ein?

Ist sie wirklich so lustig, oder tut sie nur so? Nun, ich bin wirklich so fröhlich, das haben inzwischen alle gemerkt. Man braucht mich nicht zu behandeln wie ein rohes Ei.

»Hände in unserem Leben.« Wir bekommen kleine Szenen vorgegeben, in denen wir Gefühle wie Angst, Schmerz, Freude oder Liebe darstellen sollen, ohne die Hände zu benutzen. Es ist nahezu unmöglich. Hände ermöglichen uns durch Berührung Begegnungen ohne große Worte. Sie streicheln, sie verbinden, sie vermitteln Leben. Hände sind die Verlängerung, die Verdeutlichung unserer Gefühle. Hände tasten sich an den Nächsten heran, halten ihn fest. Hände beschützen.

Am Ende der drei Tage fahre ich glücklich nach Hause. Ich hatte diesen Ausbruch aus dem Alltag dringend gebraucht. Das merke ich jetzt. Zum erstenmal überlege ich ernsthaft, ob ich nicht doch wieder zu schreiben anfangen soll. Nicht kleine Artikelchen, vielleicht ein Buch. Der Traum vom Baumhaus ist zurückgekehrt. Diesmal schaukeln wir in unserem luftigen Lederbett, der Mann und ich. Über uns wölbt sich ein tiefblauer Himmel. Ich liege in seinen Armen, ganz fest an ihn gepreßt. Ich sehe zwar jetzt sein Gesicht, aber ich kenne ihn nicht. Trotzdem ist er mir vertraut. Wir lachen beide, ich weiß nicht worüber.

Ich wünsche mir, daß er mich nicht aus seinen Armen entläßt, den Griff nicht lockert. Er streichelt mich, fährt mit seinem Zeigefinger an meinem Gesicht entlang.

Ich wache auf. Mein Kater hat auf meinem Kopfkissen Platz genommen und versucht, mich mit seiner Pfote aufzuwecken. Das war also das Streicheln. Es bleibt mir keine Zeit, mich noch einmal in die Arme dieses Mannes zurückzuträumen. Der Kater will in den Garten gelassen werden, draußen dämmert es bereits.

Linda und ich schmieden Urlaubspläne. Ich habe das ganze Jahr über fleißig gespart. Eine Woche Cattolica können wir uns leisten. Lediglich das Geld für Extras fehlt. Ich werde meinen Vater erneut um Hilfe bitten müssen.

Wir wollen wieder Ende August fahren, wieder im Bus, wieder in dasselbe Hotel. Der Juli vergeht noch, bis ich meinen Vater anrufe. »Ich habe mir schon gedacht, daß sich meine Frau Tochter an mich wenden wird«, flachst er. »Wieviel hast du dir denn vorgestellt?« Ich nenne ihm einen von mir geschätzten Betrag. »Weißt du was, fahr in deinen Urlaub«, sagt er. »Und zwar gleich zwei Wochen. Ich geb euch das Geld dafür. Für euer Taschengeld mußt du allerdings selber aufkommen.« Ich stoße einen Jubelschrei aus, würde am liebsten durchs Telefon schlüpfen, so glücklich bin ich.

Zwei Wochen Italien! Ohne Druck einer drohenden Operation! Nur Sonnenschein — Meer. Ich schnappe fast über vor lauter Freude. Als Linda von der Schule kommt, wird sie von mir einfach übermannt. »Wir werden deinen Geburtstag in Cattolica feiern«, schlage ich vor. Sie ist einverstanden damit. Das Reisebüro wird verständigt, wir buchen zwei Wochen in unserem Hotel. Die Rechnung geht an meinen Vater.

Als mittlerweile routinierte Italienreisende besteigen wir den Bus. Wir bekommen sofort Kontakt mit einem Paar, das vor uns sitzt. Die beiden fahren zum erstenmal mit so einer Reisegesellschaft. Sie sind Bruder und Schwester, wie sich am nächsten Tag am Strand herausstellt. Obwohl ich die drangvolle Enge im Bus noch von der Fahrt im letzten Jahr in Erinnerung habe, erschlägt sie mich aufs neue. Wieder mache ich kein Auge zu, suche die Sterne am dunklen Abendhimmel, lenke mich ab, die Platzangst peinigt mich trotzdem.

Nach dem üblichen Espresso in der Autobahnraststätte bei Bologna nähern wir uns zum zweitenmal Cattolica. Ich bekomme richtiges Herzklopfen, als ich das Meer sehe und erinnere mich an die tiefe Traurigkeit, die ich empfunden hatte, als ich im letzten Sommer Abschied nahm. Wie groß meine Angst vor dem Kommenden war. Jetzt ist alles vorbei. Auf mich wartet keine Operation, kein Krankenhaus. Ich bin gesund, ich fühle mich wenigstens so. Ich mache zwei sonnige Wochen Urlaub in Italien. Das Leben ist wieder einmal ein bunter Blumenstrauß für mich.

Als ich mich dem Hotel nähere, fällt mir ein, daß die Signora ja gar nicht weiß, daß ich mich nicht operieren ließ, daß sie glaubt, ich sei amputiert, daß sie sicherlich sehr gespannt sein wird, wie es mir nach all dem geht.

Sie steht bereits am Hoteleingang, als Linda und ich aus dem Bus steigen, läuft mir entgegen, nimmt mich in die Arme. »Frau, wie geht es dir? Herzlich willkommen. Wir haben uns alle so auf Sie und Linda gefreut.« Ich bekomme zwar keine Luft, so fest hat sie mich an sich gepreßt. In drei Sätzen sage ich ihr, was mit mir geschehen beziehungsweise nicht geschehen ist. »Auch recht«, meint sie ungerührt. »Hauptsache, dir geht es gut.« Wieder beeindruckt mich ihre robuste Einstellung zu dieser Krankheit. »Ist Brust ab, ist gut. Ist Brust noch dran, ist auch gut.«

Wir bekommen wieder dasselbe Zimmer wie im Vorjahr. Es ist, wie erwartet, noch nicht frei, und Linda und ich gehen an den Strand. Dort treffen wir das Geschwisterpaar, das sich einen Liegeplatz und zwei Stühle sichern will. Ich biete meine Hilfe an, wir stellen uns vor, und damit beginnen gemeinsame Tage mit Dieter und Annette. Wir bekommen von Augustino, der Linda und mich sofort wiedererkannt hat, vier Liegestühle nebeneinander in der ersten Reihe. Bevor wir sie belegen, gehen wir erst einmal zum Frühstück.

Die Kellnerbrigade vom Vorjahr ist nahezu vollständig. Die Wiedersehensfreude schlägt hier hohe Wellen. Italienisches Temperament ist einfach ansteckend.

Nach dem Frühstück wandern wir zu viert zu unseren Liegestühlen zurück und warten darauf, daß unsere Zimmer frei werden. Die Zeit nützen wir, um uns gegenseitig zu beschnuppern. Eigentlich lege ich nicht den geringsten Wert darauf, im Urlaub jemanden kennenzulernen. In der Regel habe ich soviel Spaß an meiner neuen Umgegung, daß ich keinen Anschluß brauche. Ich genieße die Ungebundenheit und lehne bindende Verabredungen ab. Doch mit Annette und Dieter scheint das etwas anderes zu sein. Sie wollen auch nichts weiter, als in der Sonne braten, baden und dösen. Besichtigungsprogramme können sie ebenso wenig leiden wie wir. Sieht so aus, als könnte man sich mit den beiden anfreunden.

Noch am Vormittag beziehen wir unserc Zimmer. Beim Mittagessen entdecken Linda und ich Gesichter, die wir vom Vorjahr kennen. Das Hotel scheint viele Stammgäste zu haben. Am Abend sind die Signora und ich zu einem Ratsch verabredet. Linda will Annette und Dieter über die Viale Carducci führen und einen ersten Informationsgang durch die Geschäfte starten.

Wir sitzen auf der Terrasse vor dem Hotel, haben eine Flasche Rotwein vor uns stehen, die Signora und ich.

Ich bestehe darauf, daß wir wieder Italienisch sprechen, schließlich brauche ich Übung. Die Chefin hat am Empfang Anweisung gegeben, daß sie ab jetzt privat hier ist und nicht gestört werden will.

Und dann beginne ich ihr von meinem Erlebnis mit Professor Hackethal zu erzählen. Den Namen kennt sie. Sie läßt sich seine Behandlungsmethode genau schildern. »Für mich wäre das nichts. Ich bin mehr für eindeutige Lösungen«, meint sie. »Wenn nur der Knoten weg, die kranke Brust aber drangeblieben wäre, hätte ich kein gutes Gefühl.« Sie will wissen, ob auch ich regelmäßig zur Nachuntersuchung muß. Als ich das bejahe, ist sie beruhigt. Aber jetzt wollen wir das Thema Brustkrebs bis auf weiteres ad acta legen, schlage ich vor. »Ma si, Signora Benedict, con piacere — mit Vergnügen.« Ob sie von Pedro etwas gehört hat, frage ich sie. Oh, ja, er hat ein Engagement in Las Vegas und kommt diesmal gar nicht nach Cattolica.

Aber ein Freund von ihm hat Zimmer bestellt, ein Hotelier aus Florenz mit seiner Frau und drei Töchtern. »Wir erwarten die Familie am Mittwoch.« Ich bleibe still und denke nach. Ein Hotelier aus Florenz, mit Frau und drei Töchtern. Enrico kann das nicht sein. Er ist kein Hotelier, er ist ein Zauberer. Ich wische die Gedanken beiseite. Die Signora erzählt, daß die Saison sehr gut, aber glutheiß war, daß man hier allgemein auf ein kräftiges Gewitter wartet, das etwas Abkühlung bringt. »Wenigstens wir Arbeiter wünschen uns, daß es nicht so heiß bleibt. Die Touristen natürlich weniger«, lacht sie.

Wir trinken unsere Flasche aus, dann geht sie nach Hause. Sie und ihre Familie wohnen nicht im Hotel. »Ist besser so, sonst spannt man nie aus.«

Ich gehe Linda und dem Geschwisterpaar entgegen. Ich bin nachdenklich geworden. Jetzt, wo mir die Signora von Pedro erzählt hat, wird mir klar, daß ich eigentlich die ganze Zeit über gehofft hatte, ihn und Enrico hier wiederzutreffen. Irgendwie scheint sich dieser doch tiefer in mein Herz eingeschlichen zu haben, als das anzunehmen war, nach diesem einen Abend in der Pizzeria.

Linda läuft mir entgegen. Sie hat natürlich tausend Dinge gesehen, die sie morgen, übermorgen und überhaupt die ganzen nächsten Tage Stück für Stück kaufen muß. Auch Annette hat begehrliche Augen. In ihr scheint Linda eine geeignete Begleiterin gefunden zu haben. Eine Ledertasche und ein dazu passender Gürtel haben es ihr angetan. Drei Tage denkt sie darüber nach, ob sie die Dinge kaufen kann, nervt uns und ihren Bruder mehrmals mit ihrem Für und Wider, dann ist sie mürbe. Am vierten Tag geht sie gleich nach dem Frühstück los, um ihre Beute ins Hotel zu holen.

Tagsüber ist es wirklich unerträglich heiß. Wir plantschen die meiste Zeit im Wasser herum. Selbst zum Schwimmen sind wir zu faul. Da man uns das gute Essen bereits anzusehen beginnt und die Bikinis und Badeanzüge reichlich knapp werden, legen wir uns ein tägliches Aktivprogramm zurecht. Wir werden vor dem Frühstück im Swimmingpool einige Längen absolvieren. Das Becken ist 25 m lang, wir wollen mit zehn Längen beginnen und uns täglich steigern. Hundert müssen es werden.

Linda findet diese Idee gut, muß aber für sich absagen. »Ich bin doch nicht verrückt und stehe auch im Urlaub früh auf«, meint sie. Nichts dagegen hat sie, uns auf unserem Marsch zum Hafen zu begleiten. Den haben wir nämlich auch geplant. Wir gehen am Strand entlang, können uns die Leute ansehen und trinken im Hafen einen Espresso.

Mit Rückweg dauert das alles eine gute Stunde. Damit ist unser Fitneßprogramm abgeschlossen. Auch für den Abend haben wir uns einiges vorgenommen. Bruder und Schwester wollen Skat lernen. Ich biete ihnen meine Hilfe an. Die beiden sind so nett, daß ich alle meine Grundsätze über den Haufen werfe. Wir machen fast alles gemeinsam, und das stört mich überhaupt nicht.

Lindas Geburtstag steht bevor. Sie hat sich zwar alle offiziellen Hinweise darauf verbeten »weil ich mich viel zu sehr geniere, wenn sie mir alle gratulieren«, ist aber dann doch glücklich, als sie am Frühstückstisch von einem bunten Blumenstrauß und einer festlich dekorierten Geburtstagstorte begrüßt wird. Einen Teil der Geschenke habe ich von München nach Cattolica mitgenommen und jetzt auf unserem Balkon aufgebaut. Am Abend wollen wir mit Annette und Dieter eine Flasche Sekt trinken und vielleicht später noch in unserer Pizzeria weiter feiern. Der Vater, der Bruder und die Oma haben ihr telefonisch gratuliert.

Tagsüber, als wir am Strand liegen und später, als wir mit Vittorio in See stechen, schaue ich sie heimlich von der Seite an. Vermißt sie die gewohnte Geburtstagsfeier mit ihren Freundinnen in München? Sie macht nicht den Eindruck, ist vergnügt und lustig. Allerdings kann sie es nicht fassen, daß ihr nicht jeder an der Nasenspitze ansieht, daß sie heute 13 Jahre, also ein Teenager geworden ist.

Am Abend lassen wir uns den Sekt am Swimmingpool servieren. Linda hat zwar die Absicht, mindestens zwei Gläser zu trinken, doch nach den ersten Schlucken gibt sie klein bei. Der ungewohnte Alkohol ist ihr in den Kopf gestiegen. Sie wird müde und will ins Bett gehen. Annette und Dieter werden etwas bummeln. Ich bin unschlüssig, ob ich meiner Tochter folgen, oder noch etwas sitzen bleiben soll.

Vom Hotel her höre ich lautes Stimmengewirr. »Ciao, come sta?« Offenbar wird jemand begrüßt. »Si, le camere sono libere. Terzo piano, prego.« »Aha«, denke ich bei mir. In unserem dritten Stock ist jemand angekommen. Hoffentlich wecken sie mir die Linda nicht auf. Langsam gehe ich in Richtung Hotel, sehe ein Ehepaar mit drei Kindern am Empfang stehen, der Mann dreht sich um, schaut in meine Richtung — Enrico! Der Florentiner Hotelier mit Frau und drei Töchtern ist Enrico! Mein Zauberer ist Hotelier!

Er hat mich gesehen. Mit weit ausgebreiteten Armen kommt er auf mich zu. »Ciao, Ingrid.« Er strahlt mich an, nimmt meine Hand, zieht mit zu seiner Familie, stellt mich seiner Frau und den Töchter vor. Die Mädchen sehen allesamt ihrem Vater ähnlich, haben ebenfalls große verträumte Augen und kräftige schwarze Haare. Die kleinste dürfte 15 Jahre alt sein, die beiden anderen sind älter. Sie lächeln mich an, sind aber uninteressiert. Enricos Frau ist breit und kräftig gebaut. Sie hat kurz geschnittene, graumelierte Haare und warme, braune Augen. Sie wirkt auf mich wie die typische italienische Mamma, der ein Dutzend schreiender Kinder am Schürzenzipfel hängen. Gegen sie sieht Enrico schmal aus. Die beiden passen überhaupt nicht zusammen — wenigstens finde ich das. Ich gebe ihr die Hand.

Er erklärt ihr, wer ich bin und daß er mich und meine Tochter durch Pedro kennengelernt hat. Mich würde brennend interessieren, warum er sich damals als dessen Kollege, als Zauberer, vorgestellt hat, aber ich halte die Frage nach dem Grund zurück. Irgendwann werde ich ihn schon mal alleine erwischen, dann muß er mir das erklären.

Während die Töchter nach oben fahren und auspacken, trinkt er mit seiner Frau an der Bar einen Campari. Er lädt mich dazu ein, ich lehne ab und gehe in mein Zimmer. Linda schläft schon. Ich ziehe mich aus, dusche und setze mich auf unseren Balkon. Das Mondlicht spiegelt sich auf dem Meer, das dunkel und unbewegt vor mir liegt. Die Sterne sind wie Laternen am Himmel aufgehängt und funkeln auf die Erde. Am Horizont sehe ich hell erleuchtete Boote, die tanzende Touristen von Rimini nach Pesaro und wieder zurück fahren. Ab und zu weht ein Musikfetzen zu mir herauf.

Ich hätte jetzt gerne ein Glas Rotwein, aber den Getränkekellner kann ich nicht rufen. Ich habe Angst, meine Tochter zu wekken. Außerdem will ich mich nicht mehr anziehen. In dem übernächsten Zimmer geht das Licht an. Offenbar sind Enrico und seine Frau nach oben gegangen. Noch während ich hoffe, daß sie nicht auf den Balkon gehen, kommt Enricos Frau heraus. Sie geht vor zum Geländer, ruft Enrico, zeigt ihm die Tanzschiffe. Ich bleibe ganz ruhig sitzen und habe Angst, daß sie mich sehen könnten. Doch sie kehren wieder ins Zimmer zurück. Die Balkontüre wird geschlossen, ich höre nichts mehr von ihnen.

Warum bin ich so aufgewühlt, seit ich Enrico gesehen habe? Warum habe ich mir eigentlich gewünscht, ihn hier in Italien wiederzutreffen? Ich kann mich doch unmöglich in den Mann verliebt haben, an diesem einen Abend in der Pizzeria. Gut, er war mir sympathisch, ich habe mich wohl gefühlt, als er den Arm um mich legte und wissen wollte, ob ich glücklich bin. Seine Augen haben einen gewissen Zauber auf mich ausgeübt, aber mehr war da nicht. Dachte ich ... Warum mag ich seine Frau nicht? Warum betrachte ich sie als Gegnerin, obwohl sie mir gar nichts getan hat? Sie ist nicht besonders attraktiv. Ihre Brust wurde amputiert, sie hat zu kämpfen mit der Krankheit, genau wie ich. Sie hat Angst vor ihr, genau wie ich.

Warum bin ich Enrico überhaupt begegnet? Ich will mich

nicht mehr verlieben! Nicht mit der Krebsdiagnose im Rücken. Ich will von diesem sattsam bekannten »Männlein-Weiblein-Spiel« nichts mehr wissen.

Eine gescheiterte Ehe und eine abgebrochene Partnerschaft sind mir genug. Ich will nicht mehr weinen, nicht mehr wegen eines Mannes. Ich will mich auch keinem neuen Partner mehr zumuten, denn eine ruhige, zufriedene und sorglose Zukunft kann es für uns gar nicht geben.

Enrico ist verheiratet mit einer krebskranken Frau. Er ist Italiener und schon deshalb in seine Familie hineinzementiert. Ich habe vor einem Jahr die Diagnose »Krebs« gehört. Es besteht für uns keine Chance! Es gibt kein Morgen für uns.

Ich weiß nicht, wie lange ich auf dem Balkon saß, und versucht habe, mein durcheinander geratenes Innenleben wieder zu ordnen. In den Zimmern rund um mich herum ist es dunkel. Der Mond ist ein großes Stück weitergewandert. Anstelle der Musikschiffe sehe ich nun spärlich beleuchtete Fischerboote. Mir ist kalt. Ich schleiche in mein Bett, um die Tochter nicht aufzuwekken und schlafe sofort ein.

Am nächsten Morgen sind die dunklen Schatten weggewischt. Ich drehe mit Annette und Dieter meine Runden im Swimmingpool, jetzt schwimmen wir bereits zwanzigmal hin und her und kommen uns ungemein sportlich dabei vor.

Bis zum Frühstück habe ich mich wieder einigermaßen gefangen. Auf dem Weg zum Strand treffen wir Enrico und seine Familie.

Er verhandelt mit Augustino wegen der Liegestühle. Seine Frau ist mit den Töchtern vor zum Meer gegangen. Sie dreht sich zu mir um und schickt mir ein kühles Lächeln. Die Töchter beachten uns nicht. Enrico schaut mich an und winkt mir zu. Hoffentlich liegen sie nicht direkt neben uns, schießt es mir durch den Kopf. Doch ich habe Glück. Augustino weist ihnen einen Platz an, der sie von uns fernhält.

Ich begegne Enrico und seiner Familie am Strand kein einziges Mal. Kein Wunder, wie sich später herausstellt. Seiner Frau ist es dort zu stürmisch. Also zieht man an den windgeschützten Swimmingpool um. Die großen Töchter kommen nur zum Schwimmen ans Meer. Die Kleine schnorchelt im Pool.

Vor dem Abendessen gehe ich zum Zeitungsstand, um dort ein paar Postkarten zu besorgen. Linda bleibt im Hotel. Sie wartet auf ihre zwei englischen Freundinnen, die heute ankommen sollen.

Als ich mir am Ständer das Angebot betrachte, fühle ich beinahe körperlich Enricos Nähe. Ich drehe mich um, er steht hinter mir. »Buena Sera«, sagt er. »Ciao«, gebe ich zur Antwort. Gemeinsam gehen wir zum Hotel zurück. Er will wissen, wie lange wir schon hier sind, wie lange wir noch bleiben werden. Er findet, daß Linda ein hübsches Mädchen geworden ist, fragt, ob ich schon in unserer kleinen Pizzeria gewesen bin. »Warum hat dich Pedro als Kollege vorgestellt? Warum hast du mir gesagt, du seist ein Zauberer?« Ich bin stehen geblieben, halte ihn mit meinen Augen fest. »Oh, das ist eine lange Geschichte. Ich werde sie dir erzählen, aber jetzt nicht. Wir müssen zum Essen. Heute abend sind Laura und ich von Mailänder Freunden eingeladen. Sie wohnen im Hotel nebenan.« Er wünscht mir einen guten Appetit und geht zu seiner Frau. Sie wartet auf ihn.

Mit Enrico und seiner Familie ergibt sich kein weiterer Kontakt mehr. Am Abend sind sie meist unterwegs, sie scheinen hier sehr viele Freunde zu haben. Tagsüber liegen sie am Swimmingpool.

Am Montag sehe ich Enrico am Strand. Er mietet sich ein Tretboot und fährt alleine hinaus. »Willst du mit mir kommen?« fragt er mich. Ich schüttle den Kopf. Allerdings hänge ich mich eine Weile an sein Boot. Als er sich zu weit auf das offene Meer zu bewegt, lasse ich los und schwimme zurück. »Ciao Bella«, verabschiedet er mich und wirft mir eine Kußhand zu. Ich will ihm auch etwas nachrufen, mache den Mund zu weit auf und bekomme eine Portion Salzwasser hinein. Dank seiner Starthilfe habe ich mich viel zu weit hinausgewagt. Der Rückweg zieht sich endlos.

Als ich endlich am Ufer bin, dusche ich erst gar nicht, so erschöpft bin ich. Ohne mich abzutrocknen falle ich auf meinen Liegestuhl.

Ich bin schon fast am Einschlafen, als ein Schatten auf mich fällt. Er wird nicht zufällig auf mich geworfen von jemandem, der an mir vorübergeht, er verharrt. Instinktiv weiß ich, daß es Enrico ist. Ich mache die Augen nicht auf. Er läßt ein wenig Sand auf meinen Bauch rieseln, offenbar um zu prüfen, ob ich auch wirklich schlafe. Ich reagiere nicht, obwohl die Sandkörner fürchterlich kitzeln. Schließlich verschwindet der Schatten. Ich habe schreckliches Herzklopfen und könnte mich ohrfeigen deshalb. Langsam komme ich mir vor wie ein Teenager. Eine 46-jährige, der das Herz bis zum Hals schlägt, wenn ihr Schwarm vor ihr steht. Lächerlich!

Ich reiße mich aus meinen Träumen und setze mich auf. Der Sand fällt auf den Boden und landet in einem riesigen Herz, das da vor meinem Liebestuhl in den Sand gemalt ist. Das Herzklopfen kehrt zurück. Verstärkt sich noch. Kein Zweifel: Enrico hat das Herz in den weißen Sand gemalt. Kein anderer macht so etwas. Wie kann ich dieses Herz, das für mich im Moment das Wichtigste auf der ganzen Welt ist, vor achtlosen Füßen bewahren? Ich muß Umleitungen bauen, Linda, Dieter, Annette und den Rest der Welt bitten, nicht hineinzutreten. Keiner darf mir dieses Herz kaputtmachen. Da kommt mir der rettende Gedanke. Ich stelle ganz einfach meinen Liegestuhl darüber. Damit ist es zumindest für den heutigen Tag geschützt.

Beruhigt gehe ich unter die Dusche. Da sehe ich Enrico auf

der Hotelterrasse stehen. Er beobachtet mich. Mit dem Finger zeichne ich ein Herz in die Luft und setze ein Fragezeichen dahinter. Er lächelt mich an, nickt mit dem Kopf. Schickt ein Ausrufezeichen zurück. Ich hatte also recht. Das Herz stammt von ihm. Mit noch etwas anderem hatte ich recht: Ich bin verliebt!

Den restlichen Tag stehe ich etwas neben mir, träume vor mich hin, mache lauter Blödsinn. Auf unserem täglichen Weg zum Hafen beginne ich mit Linda, Dieter und Annette ein Spiel mit einem imaginären Ball. Die drei verstehen sofort. Wir werfen uns einen Ball zu, den es nicht gibt, jagen ihm nach, holen ihn aus dem Wasser zurück, werfen ihn hoch hinauf in den blauen sonnigen Himmel, weichen ihm aus, damit er uns nicht trifft, strecken ihm unsere Hände entgegen. Ein älterer Herr beobachet uns eine Weile und beginnt dann plötzlich mitzuspielen. Wir nehmen ihn sofort auf in unser Team. So nach und nach gesellen sich noch ein paar Träumer zu uns. Zuschauer haben wir mittlerweile eine ganze Menge. Verstehen tun uns die wenigsten.

In unserer Hafenkneipe trinke ich heute keinen Espresso, sondern ein Glas Wein. »Sag mal, hat deine Mutter heute früh zufällig mit Sekt geduscht?« erkundigt sich Dieter bei meiner Tochter. »Möglich wär's schon, wie die rumalbert«, lacht Linda. Am Abend gehen wir alle vier noch ein wenig spazieren. Linda und Annette sind müde und wandern anschließend in ihr Bett. Ich genehmige mir mit Dieter noch ein Glas Sekt an der Bar. Wir zwei lachen viel, fallen wohl auf in einer Gesellschaft, die sich zu langweilen scheint.

In der Nacht kommt das von der Signora so sehnlich erwartete Gewitter. Das Meer tobt. Grelle Blitze fahren vom Himmel. Es ist das erste Gewitter, das ich am Meer erlebe. Linda ist aufgewacht und kommt zu mir auf den Balkon. Wir sind vor dem einsetzenden Sturzregen durch den Balkon über uns bestens geschützt. Zunächst noch. Unsere Badeanzüge und Handtücher haben wir von der Leine genommen. Wir sitzen zu zweit auf einem Stuhl, halten uns fest, damit uns nicht kalt wird. Die Mädchen von Enrico sind auch auf dem Balkon. Sie winken Linda zu, die sie am Nachmittag beim Minigolf kennengelernt haben. Enrico und seine Frau scheinen nicht im Hotel zu sein. Ihr Zimmer bleibt dunkel. Hoffentlich regnet es sich nicht ein, denke ich und vergesse dabei ganz, daß ich mich nicht in Bayern, sondern in Italien befinde.

Am nächsten Morgen strahlt die Sonne wie immer, lediglich beim Frühstück auf der Terrasse merkt man, daß der Wind kühler geworden ist.

Am Abend wollen wir endlich in unsere Pizzeria gehen. Linda besteht darauf, und mich zieht es eigentlich auch dorthin. Dieter und Annette bringen noch ein Ehepaar mit, das sie an der Strandbar kennengelernt haben. Zu sechst ziehen wir los, finden Platz an einem freien Holztisch. Rotweinkaraffen, Pizzabrote, eingelegte Oliven werden von der Tochter des Hauses gebracht.

Linda forscht nach den Katzen, kann nur zwei vom vergangenen Jahr finden. Die Einäugige ist im Frühjahr überfahren worden. Das Lokal ist wesentlich voller, als ich es vom vergangenen Jahr gewohnt bin, aber noch immer überwiegen die italienischen Besucher. Wir sind der einzige deutsche Tisch. Dieter und Annette erzählen von sich. Sie ist in meinem Alter, geschieden und arbeitet als Sekretärin in einer Heidelberger Sonderschule. Er hat zwei Kinder und lebt in München, getrennt von seiner Frau. Für beide ist es der erste Urlaub ohne den Partner. Daß Bruder und Schwester sich so gut verstehen, halten sie für einen Glücksfall. »Man ist nicht allein und hat trotzdem seine Ruhe«, kommentiert Dieter die Zweisamkeit mit seiner Schwester. »Im Hotel wollten sie uns allerdings ein Doppelzimmer verpassen«, lacht Dieter. »Aber da haben wir beide gestreikt.«

Das Paar, das sich noch zu uns gesellt hat, stammt aus München, ist seit 19 Jahren verheiratet und verbringt den ersten Urlaub ohne die Kinder. Anfangs fällt es ihnen noch schwer, sich an den Gedanken zu gewöhnen, daß die Kinder nicht dabei sind, aber von Tag zu Tag genießen sie ihren ersten Urlaub ohne Elternpflichten mehr.

Linda ist müde. Ich will sie ins Hotel bringen, verspreche aber den anderen, noch einmal zurückzukommen. Am Ausgang stoße ich um ein Haar mit Enricos Frau zusammen. In großer Gruppe haben sie die Pizzeria angesteuert. Es sind mindestens 15 Leute. Ich wünsche allen einen schönen Abend und will mit Linda gehen. Da kommt Enrico und packt mich am Arm. »Oh nein, ihr bleibt hier«, bestimmt er. »Wir setzen uns alle zusammen, feiern einen schönen Abend. Morgen fahren wir ab.« Linda will nicht bleiben. »Mami, was soll ich da machen. Ihr seid lauter Erwachsene. So wie ich das sehe, trinkt ihr noch eine Menge Wein und werdet immer lustiger, und ich schlafe am Tisch ein.«

Ich gebe ihr recht und begleite sie ins Hotel. Im Zimmer schwanke ich, ob ich nicht besser bei ihr bleiben und ebenfalls in mein Bett gehen soll. Ich habe ein bißchen Angst vor Enrico als Ehemann, als Fremden unter Fremden. Das Herz, das er mir in den Sand gemalt hat, wird sich von selbst verwischen, so als wäre es nie für mich gemalt worden.

Trotz dieser Überlegungen gehe ich in die Pizzeria zurück. In der Mitte des Gartens steht ein großer Tisch, an dem die ganze Gesellschaft Platz gefunden hat.

Auch Annette, Dieter und die Münchner gehören inzwischen dazu. Sie haben sich am unteren Ende plaziert, weil sie Italienisch weder verstehen, noch sprechen können. Sie alle machen einen schrecklichen Lärm, man hört sie schon von weitem, wenn man sich dem Lokal nähert.

Ich bin eben dabei, nach einem Stuhl zu suchen, den ich an den Tisch rücken kann, als Enricos Frau aufsteht. »Sie können sich auf meinen Platz setzen«, ruft sie mir zu. »Ich gehe zurück ins Hotel. Ich bin müde.« Enrico unterhält sich quer über den

Tisch mit einer jungen Frau, hat offenbar den Wechsel seiner Tischnachbarinnen gar nicht mitbekommen.

»Laura, erinnerst du dich noch an das Konzert in Mailand?« Er wendet sich seiner Frau zu und sieht mich. Im ersten Moment verschlägt es ihm die Sprache. »Wo ist Laura?« will er wissen. »Sie hat mir ihren Platz angeboten, weil sie ins Hotel zurückwollte. Sie hat gesagt, sie sei müde. »Aha«, ist Enricos einzige Reaktion. »Va bene cosi.« »Du kannst dich ja wohl nicht an das Konzert in Mailand erinnern«, lacht er.

So nebenbei legt er den Arm um mich, redet weiter mit der jungen Frau. Er scheint sich blendend zu amüsieren. Langsam lasse ich mich in die Unterhaltung einbeziehen. Sprachliche Schwierigkeiten habe ich nach 10 Tagen in Italien und einem halben Liter Rotwein nicht mehr. Was ich nicht direkt ausdrükken kann, umschreibe ich. Die Menschen, die er da um sich versammelt hat, sind allesamt brave Bürger. Einer ist Lehrer, zwei sind Unternehmer, ein Arzt ist unter ihnen und ein Kinobesitzer, zwei Modedesignerinnen, eine ehemalige Fernsehansagerin, eine Zahnarzthelferin, ein Maler, zwei Gastronomen.

Sie alle scheinen sich seit langem zu kennen. Nie wird Enricos Vergangenheit als Zauberer, als Artist, erwähnt.

Langsam habe ich den Verdacht, ich hätte das alles nur geträumt. Vielleicht habe ich ihn auch gar nicht durch Pedro kennengelernt. Enrico redet wenig mit mir. Den Arm hat er wieder von meiner Schulter genommen.

Da spüre ich plötzlich seine Finger an meinem Rücken entlangwandern. Ganz langsam, ganz zart. Abwartend. Er redet weiter, erzählt irgendeine Geschichte, die er mit einem Gast in seinem Hotel erlebt hat, und schlüpft mit seiner Hand unter mein T-Shirt. Dort bleibt sie zunächst ruhig liegen, lernt erst einmal meine Haut kennen, hofft auf mein stillschweigendes Einverständnis, bevor sie vorwärts geht.

Instinktiv beuge ich mich nach vorne, dem Tisch entgegen

und kreuze meine Arme vor meiner Brust. Es scheint so, als würde sich mein Blut, meine Nerven, mein ganzer Körper auf diese Hand konzentrieren. Während wir uns mit den anderen unterhalten, erwacht in unseren Körpern die Sehnsucht.

Es gibt einfach zwei Enricos und zwei Ingrids am Tisch. Während er mich mit zärtlichen Fingern streichelt, lacht er mit den anderen, stößt er mit ihnen an. Während ich mich weich und geschmeidig für ihn mache, zwinkere ich meinem Gegenüber zu.

Noch heute gelingt es mir nicht, diese Nacht exakt nachzuzeichnen. An die Gefühle erinnere ich mich sehr wohl. Wie es mir, wie es uns gelungen ist, sie vor dem ganzen Tisch geheimzuhalten, ist mir indes rätselhaft. Manchmal entgleite ich seiner Hand, weil ich mich allzu temperamentvoll einem Gesprächspartner zuwende.

Aber er holt mich immer wieder zurück, läßt mich nur für kurze Zeit los, um mich dann um so fester zu packen. Was will er von mir, geht es mir durch den Kopf. Er ist verheiratet, seine Frau wartet im Hotel auf ihn. In meinem Doppelbett schläft meine Tochter. Ich will nicht weiterdenken. Seine Zärtlichkeiten machen mich jetzt, in diesem Augenblick, so glücklich, warum soll ich an später denken?

Unser Tisch beginnt sich langsam zu leeren. »Kommst du mit uns?« wollen Annette und Dieter wissen. Ich schwanke, weiß, daß es vernünftiger wäre, mit ihnen ins Hotel zurückzugehen, aber ich kann mich von dieser Hand nicht trennen, nicht, solange ich nicht muß. Ich winke den beiden zum Abschied zu. »Herrschaften, morgen früh müßt ihr alleine schwimmen, ich schlafe aus«, rufe ich ihnen noch nach.

Wir sind jetzt nur noch zu fünft und bestellen eine weitere Karaffe Wein. Ich muß von München erzählen. Mario und Bruno, Enricos Freunde, waren schon ein paarmal dort und haben das Wetter in schrecklicher Erinnerung. Julia, die Zahnarzthelferin, ist noch nie in Deutschland gewesen. Sie wollen wissen, ob ich das Oktoberfest mag, ob es stimmt, daß sich in Deutschland Ausländerfeindlichkeit breitmacht. Ich versuche, diese Fragen zu beantworten, bemühe mich nach Kräften, nicht abzugleiten in das Gefühl, das die spielende Hand Enricos in mir erzeugt.

Ich beobachte die drei und kann es nicht fassen, daß sie nicht merken, was mit Enrico und mir geschieht. Sie scheinen wirklich ahnungslos.

Enrico schaut auf die Uhr und erschrickt. »Es ist halb zwei. Ich muß zurück«, sagt er. »Wir wollen morgen spätestens um neun abfahren. Mittags muß ich im Geschäft sein. Eigentlich habe ich mich sowieso fortgeschlichen. Wir haben schließlich auch Hochsaison in Florenz.«

Vor der Pizzeria verabschieden wir uns von den anderen. Nur wir beide wohnen im »Caravelle«. »Wann fährst du wieder heim?« will Julia von mir wissen. »Am Samstagnacht mit dem Bus.« »Wäre schön, wenn wir uns noch einmal sehen könnten«, meint sie und verspricht mir, am nächsten Tag vorbeizukommen. Enrico und ich sind alleine. Arm in Arm gehen wir zum Hotel, doch er führt mich am Eingang vorbei zum Strand. Gesprochen haben wir bisher beide kein Wort. Er dreht mich plötzlich zu sich um und küßt mich lange und zärtlich.

Jetzt will ich wissen, warum er mir vor einem Jahr die Komödie vom Kollegen Pedros mit freiem Abend vorgespielt hat. Wir setzen uns auf einen umgeklappten Liegestuhl, halten plötzlich Abstand, berühren uns überhaupt nicht. »Ingrid, vor einem Jahr, da bin ich allem und allen davongerannt«, sagt er. »Ich hatte die Nase voll von meinem Hotel, von meinen Gästen, von den brodelnden Kochtöpfen. Mich erdrückte die Familie. Laura fühlte sich ständig schlecht und war mißgelaunt. Daß sie Brustkrebs hatte, wußten wir damals noch nicht.« Ich lasse ihn erzählen, unterbreche ihn nicht.

»Weißt du, ich bin Hotelier geworden, weil das mein Vater so wollte. Seit Generationen sind wir Hotelbesitzer. Meine Brüder haben ihre Hotels in Genua, Rom und Amalfi. Ich wollte unser Florentiner Hotel übernehmen. Doch ich hatte so viele Träume. Ich wollte Schauspieler werden, Maler, Musiker, Handwerker. Aber ich ließ mich in die Hotelfachschule zwingen und bereitete mich gründlich auf den ungeliebten Beruf vor — wie das mein Großvater, mein Vater und meine Brüder gemacht haben. So nebenher wurde ich Ensemblemitglied bei einer Laienspielgruppe, nahm Gesangsunterricht, schrieb mich bei einem magischen Zirkel ein. Man holte uns zu kleineren Betriebsfesten. Tagsüber spielte ich den angehenden Hotelier, am Abend lebte ich wirklich.«

Während ich ihm zuhöre, kommt mir plötzlich der Gedanke, daß er jeden Augenblick auf die Uhr schauen und beschließen könnte, ins Bett zu gehen. Was hat er in der Pizzeria gesagt? »Ich muß zurück. Wir wollen spätestens um neun Uhr starten.« Ich weiß nicht, wie spät es ist, aber es ist still um uns. Cattolica schläft. Entsetzliche Angst packt mich vor dem Abschied von diesem Abend, von Enrico.

Am liebsten würde ich jede Minute festhalten. In einer, zwei Stunden wird alles Erinnerung, wird alles gestern gewesen sein.

Ohne jede Vorwarnung werfe ich mich Enrico in die Arme. Ihn bringt mein plötzlicher Angriff etwas aus dem Konzept. Er hatte sich nach unseren unerwarteten Zärtlichkeiten wieder in den Griff bekommen, war ruhiger und wohl auch vernünftiger geworden. Jetzt ist sie auch bei ihm wieder da, diese Sehnsucht nach Berührungen.

Mit rauher Stimme setzt er seine Erzählung fort, so als müsse er sie noch loswerden, bevor diese Nacht endet.

»Inzwischen hatte ich Laura kennengelernt. Sie war Lehrerin, vielseitig interessiert, wir mochten uns auf Anhieb gerne. Nach einem Jahr heirateten wir, weniger aus ganz großer Liebe. Wenn ich ehrlich sein will, wir mußten heiraten. Claudia war unterwegs. Wenn Lauras Eltern oder auch meine Familie etwas von dieser frühzeitigen Schwangerschaft gewußt hätten, wären ganze Welten eingestürzt. Und ich war nicht traurig darüber, Laura zu heiraten. Wir hatten uns wirklich sehr gerne. Sie paßte wunderbar in das Bild, das man mir vorgezeichnet hatte. Daß die wenigen Farben zunächst langsam und dann immer schneller verblaßten, das lag wirklich nicht an ihr. Unsere Kinder kamen schnell hintereinander. Daß kein Sohn dabei war, der wie ich in das Hotelfach gezwungen werden konnte, amüsierte mich.

Irgendwann wollte ich raus aus diesem ordentlichen, erfolgreichen Leben. Da lernte ich Pedro kennen. Er trat in Florenz auf, ich war unter den Zuschauern. Nach der Nachmittagsvorstellung wartete ich auf ihn. Als einziger Erwachsener unter lauter Kindern stand ich am Bühneneingang. Zuerst hielt er mich wohl für einen Vater, der seine Kinder begleitet hatte, doch ich sagte ihm, daß ich selbst das Kind sei, das ihn so sehr bewundere. Er freute sich darüber, lud mich auf einen Wein ein. Seitdem haben wir uns nicht mehr aus den Augen verloren. Immer wenn Pedro in Florenz ist, meldet er sich bei mir, wohnt in meinem Hotel. Und an ihn wandte ich mich auch, als ich den Laden und alles um mich herum satt hatte.

Er verstand sofort. Viele Tage und Nächte redete ich mit Laura und ließ mir schließlich von ihr und den Kindern freigeben. Ich sagte ihr, daß keine andere Frau existiert, daß sie auch nicht schuld sei an meiner Unruhe, daß ich einfach mal weg müsse, und ich versprach, wieder zu ihr und den Kindern zurückzukommen.

Ich habe eine großartige Frau. Sie litt unter der Vorstellung, das Hotel jetzt allein führen zu müssen, aber sie gab mir schließlich frei. Sie nahm dumme Fragen aus der Verwandtschaft, aus unserem Bekanntenkreis in Kauf, sie wollte die Verantwortung für die Kinder allein übernehmen. Sie gab mir frei, nicht mich, Ingrid, das ist ein großer Unterschied.

Damals haben wir uns kennengelernt. Doch am nächsten Tag

bin ich zu Laura und den Kindern zurückgefahren. Die Tatsache, daß sie Brustkrebs hatte, ertrug sie noch alleine. Die Operation überstand sie ohne mich. Doch dann brach sie zusammen. Sie rief in Cattolica an und bat mich, sofort zurückzukommen.«

Plötzlich will ich nichts mehr hören. Es ist besser, wir verabschieden uns sofort. Jedes weitere Wort kann nur noch Verwirrung stiften. Es ist genug gesagt worden. Er spürt meine Ratlosigkeit, kann mir nicht helfen. Ich nehme an, daß er vorübergehend sogar die Annäherung und die Zärtlichkeiten in der Pizzeria bereut. Doch darin scheine ich mich zu täuschen. »Es ist wunderschön, daß ich dich kennengelernt habe. Mit dir kann ich plötzlich wieder träumen. Seitdem wir uns vor einem Jahr getroffen haben, bist du nie ganz aus meiner Erinnerung verschwunden. Und ich weiß jetzt auch, warum ich plötzlich in der Hochsaison meine Familie zusammenpackte und mich im »Caravelle« einquartierte: ich hoffte ganz einfach, dich hier zu sehen.«

Am Horizont beginnt es hell zu werden. Wir müssen uns jetzt Adieu sagen. Das steht fest. Wir müssen uns jetzt loslassen, bevor wir etwas tun, was den Zauber in uns zerstören könnte. Unsere Betten sind belegt. Die Sehnsucht in uns und nach uns ist stark, der Wunsch, sie zu erhalten, sie nicht gleich auszuleben und sie damit zu gefährden, ist größer. »Enrico, ich mag dich.«
»Ich dich auch.«

Wir kehren ins Hotel zurück, begegnen niemandem auf unserem Weg. Wir gehen die Treppe hinauf in den 3. Stock, wo wir beide wohnen, in getrennten Zimmern. Ein letztes Mal suche ich Schutz in seinen starken Armen. Er preßt mich an sich. »Wir sehen uns wieder«, flüstert er in mein Ohr. »Das verspreche ich dir.«

Ich krieche in mein Bett, versuche noch ein paar Stunden zu schlafen, bevor am Strand der Betrieb losgeht. Es gelingt nicht. Dieser Abend mit Enrico hat mich zu sehr aufgeregt. Tausend

Gedanken jagen durch meinen Kopf. Die Frage, wie das alles weitergehen soll, stelle ich mir nicht, noch nicht.

Es ist acht Uhr. Dieter und Annette werden jetzt gerade mit ihrem morgendlichen Schwimmprogramm anfangen. Inzwischen sind wir auf 35 Längen gekommen. Kurzentschlossen schlüpfe ich in meinen Bikini und gehe zu ihnen. Ihr Erstaunen ist groß, als sie mich sehen. »Wie ihr seht, habe ich mich wacker gehalten«, sage ich und lasse mich einfach ins Wasser fallen. Mir ist heute nicht nach einem neuen Rundenrekord. Ich will mich nur treiben lassen. Da höre ich Lauras Stimme. Sie ruft nach dem Boy, der die Koffer zum Auto bringen soll. Blitzartig verlasse ich den Pool und kehre auf Umwegen ins Hotel zurück. Ich will jetzt keinem von ihnen begegnen, auch Enrico nicht. Ihn in seiner Eigenschaft als treusorgenden Familienvater zu erleben, könnte ich jetzt mit Sicherheit nicht ertragen.

Den ganzen Vormittag über bin ich eigentlich noch recht aufgekratzt. Ich albere mit Linda im Wasser herum, baue mit Dieter eine Sandburg, die immer wieder einstürzt, weil der Sand zu trocken ist. Erst am Nachmittag macht sich die lange Nacht bemerkbar. Ich gehe in unser Zimmer und schlafe zwei Stunden. Durch ein Klopfen werde ich geweckt.

»Signora, Blumen für Sie.« Ich springe aus dem Bett, nehme einen bunten Sommerstrauß entgegen. Daß er nur von Enrico sein kann, ist mir sofort klar. Daß ich ihn mit nach München und dort aufheben werde, ebenfalls. »Ich dich auch«, lese ich auf einer kleinen Karte. »Enrico, ich mag dich«, das war mein Abschied von ihm. »Ich dich auch«, hat er mir darauf geantwortet.

Zwei Tage bleiben wir noch, dann fahren wir zurück nach München. Julia kommt auf einen Espresso vorbei, sagt, daß sie am Sonntag zurück nach Florenz fahren muß. Es reizt mich zwar, sie etwas über Enrico und seine Familie auszufragen, aber ich halte mich zurück.

Am Freitag verprassen wir die restlichen Lire in unserer Hafenkneipe, lassen uns Berge von Meeresfrüchten und viel Wein servieren. Das Essen im Hotel haben wir abbestellt. Wir nehmen uns vor, uns auch in München zu treffen. Annette besucht ihren Bruder recht häufig, wenn sie nicht bei ihm wohnen kann, ist sie bei uns willkommen.

Ich sage ihnen, daß ich im Oktober wieder in die Klinik muß, für drei Wochen. Meine Krankengeschichte habe ich Annette vor einiger Zeit einmal am Strand erzählt. Zunächst wurde sie daraufhin sehr befangen, doch das hat sich sehr bald wieder gelegt.

Nur einmal zeigt sie sich besorgt. »Sag mal, Ingrid, ist das eigentlich gut für dich, daß du dich immer in die pralle Sonne legst? Ich habe gelesen, daß zu intensive Sonnenbestrahlung Hautkrebs verursachen kann.« Ich beruhige sie. »Weißt du, es liegen so viele Leute in der Sonne herum und lassen sich braun brennen, ohne daß ihnen etwas passiert. Warum sollte es mich erwischen? Ich habe eine sehr robuste Haut, selbst im Winter, wenn alle anderen aussehen wie Gespenster, ist sie getönt.« Das Argument überzeugt sie, zumal sie auch eine Sonnenanbeterin ist.

»Bloß schade, daß wir uns in Deutschland in dicke Pullover wickeln müssen, weil es dort so kalt ist. Unsere Bräune wird keiner bewundern können.«

Bevor unser Bus fährt, trinken wir mit der Signora und Fausto noch einen Campari. Wir haben seit unserem Begrüßungsgespräch nicht mehr über Krebs geredet. Für uns ist das Thema erledigt. Ihr geht es gut, sie fährt Ende September zu ihren regelmäßigen Untersuchungen. Für uns steht fest, daß wir uns auch im nächsten Sommer wiedersehen werden.

Der Reiseleiter empfängt uns gut aufgelegt. Für ihn ist das die vorletzte Fuhre. Dann winken ihm und seiner Frau vier Wochen Urlaub irgendwo am Ende der Welt, oder zumindest dort, wo kein Tourist irgendetwas von ihnen wissen will.

Zu Hause werden wir von Gipsy stürmisch begrüßt. Obwohl er von Florian, Helga und meiner Mutter bestens versorgt wurde — er ist kugelrund geworden — hat er ganz offenbar das Frauchen doch vermißt. Während Linda in ihr Bett schleicht, packe ich die Koffer aus. Das heißt, zunächst suche ich eine geeignete Vase für Enricos »Ich Dich Auch«-Strauß. Schließlich landet er in einer kugelrunden Vase auf meinem Nachtkästchen.

Aus beginnenden Träumereien reißt mich der Wäscheberg, der sich vor mir auftürmt. Ich sortiere ihn nach Temperaturen und finde mich seufzend in meine Pflichten als Hausfrau. Als Linda wach wird, basteln wir uns ein kärgliches Frühstück zusammen und nehmen uns vor, heute Abend in die Pizzeria um die Ecke zu gehen. Sozusagen zum endgültigen Abschied von Italien.

Ursula ruft bei mir an, schimpft, weil ich ihr nicht gesagt habe, daß ich 14 Tage nach Italien fahre. »Zu allen Tages- und Nachtzeiten habe ich es versucht anzurufen. Niemand hat den Hörer abgenommen.«

Im Oktober hat sie einen ambulanten Termin, ob sie wieder bei mir wohnen kann. Ich bedauere, am 3. Oktober muß ich selbst für drei Wochen in die Klinik. »Wunderbar«, freut sie sich. »Dann können wir uns dort ausführlich unterhalten.« Offenbar ist sie wieder versöhnt. Die Freundschaft, die uns beide seit meinem ersten Aufenthalt in der Klinik verbindet, hatte inzwischen leichte Risse bekommen, aber einer von uns nahm sich immer wieder die Mühe, diese zu kitten.

Ursula ist und bleibt unsicher, was ihre Krankheit und die Behandlung durch Professor Hackethal betrifft. Diese Schwankungen, in die sie mich recht ausführlich mit einbezieht, gehen mir manchmal auf die Nerven. Ich kenne »Wenn« und »Aber« nicht. Für mich steht fest, daß ich den richtigen Weg gegangen bin, und ich habe im Grunde wenig Verständnis dafür, wenn sie sich immer wieder verrückt machen läßt. Es gibt dauernd neue Ärzte, die sie besucht. Sie kennt jeden Artikel, der in irgendeiner Illustrierten zum Thema »Krebs« steht oder gestanden hat; tauchen neue Behandlungsmethoden oder Medikamente auf, läßt sie sich diese umgehend verschreiben. Vergeblich habe ich versucht, ihr diesen Unsinn auszureden.

Sie wiederum ärgert sich über meine, wie sie sie nennt, Vogel-Strauß-Politik. »Du kannst doch nicht einfach den Kopf in den Sand stecken und so tun, als ob es das Thema Krebs für dich einfach nicht mehr gibt.«

Ich schaffe es nicht, ihr klarzumachen, daß ich meine Krankheit nicht verdränge, sondern daß ich der Meinung bin, ich hätte sie zunächst einmal überwunden. Mit Kleinigkeiten versuche ich sie zu überzeugen, z.B. mit der Tatsache, daß ich seit einem Jahr, also seitdem ich zum ersten Mal am Chiemseewinkel war, kein einziges Mal krank war, daß ich keine einzige Tablette geschluckt habe. Rund um mich litten sie alle im vergangenen Winter an einer handfesten Grippe. Ich bekam nicht einmal einen Schnupfen. Hackethals Theorie von der Abwehrkraft, die so gestärkt werden muß, daß die gesunden Zellen die kranken einfach nicht hochkommen lassen, hat mir von Anfang an eingeleuchtet.

Ich stärke meinen Widerstand gegen mögliche Krankheitserreger, indem ich natürlich lebe, und ich widersetze mich ihnen auch seelisch. Krebs ist nicht nur eine Erkrankung des Körpers. Es ist auch ein Anzeichen dafür, daß die Seele eines Menschen krank ist; Hackethal und seine Ärzte vertreten diese Theorie, und die Erfahrungen, die ich mit mir und Patienten aus seiner Klinik gemacht habe, bestätigen mich darin. Ich habe den jahrelangen verbissenen Kampf von Frau Waldmann gegen ihren drohenden

Tod miterlebt. Erst als sie nicht mehr wollte, als sie wirklich keine Kraft mehr hatte, ist sie gestorben.

Ich bin traurig darüber, daß ich Ursula so wenig von meinem Kampfgeist übermitteln kann. Bei Frau Sixt gelingt mir das wesentlich besser. Wenn wir miteinander telefonieren, fragen wir uns nie, wie es dem anderen geht. Daß er sich wohl fühlt, setzen wir ganz einfach als Selbstverständlichkeit voraus. Auch sie wird wieder in der Klinik sein, wenn ich im Oktober hinkomme.

Zum erstenmal habe ich Schwierigkeiten mit meiner Versicherung, als ich die Notwendigkeitserklärung einschicke und um die gewohnte Kostenübernahme-Erklärung bitte.

Ein Sprechstundenbericht, den ich dem Sachbearbeiter zugeschickt habe, hätte eigentlich keine Notwendigkeit für einen neuerlichen stationären Aufenthalt ergeben, ich scheine ja gesund zu sein, bekomme ich zu hören. Außerdem wolle man da künftig sowieso einiges nicht mehr übernehmen, wie z.B. die Thymus-Spritzen und die Ozon-Infusionen. Mein Vater schaltet sich als Vermittler ein, schließlich schickt man mir die benötigte Zusage.

Drei Tage vor meiner Abreise geht am Nachmittag das Telefon.

Es rauscht etwas in der Muschel, dann höre ich »Ingrid, es tu?« Enrico! Ich bin derart überrascht, daß ich wie ein Wasserfall in das Telefon hineinplappere. Unendliche Minuten verplempere ich, weil ich unbedingt wissen will, wie er an meine Telefonnummer gekommen ist. Als ob das das Wichtigste wäre! Enrico meint, diese Nummer stehe schon seit dem vergangenen Jahr in seinem Telefonbuch. Er habe sie von der Auskunft bekommen, nachdem ihm Signora meine Adresse in München gegeben habe.

»Ingrid, ich komme nach München«, unterbricht er endlich meine lästige Fragerei, die nur Zeit kostet und doch nur ein Zeichen meiner grenzenlosen Überraschung ist. »Das heißt, wir kommen nach München. Laura und ich. Wir wollen ein Lokal anschauen, das man uns angeboten hat. Vielleicht kannst du uns helfen, so als Fremdenführerin und Dolmetscherin.«

Im Nu ist meine Freude verschwunden. Laura und Enrico kommen nach München. Mich braucht er nicht, um mich in die Arme zu nehmen, mich zu streicheln, mich zu spüren, oh nein. Ich soll ihnen München zeigen und für sie übersetzen. Ein ganz sachlicher Anruf also, keine Spur von Sehnsucht nach mir oder zumindest meiner Stimme.

Ich würge schwer an dieser Enttäuschung, zeige mich aber weiterhin erfreut. Nur helfen werde ich dem Ehepaar nicht können, schließlich fahre ich ins Krankenhaus. Das teile ich ihm jetzt mit. »Um Gottes Willen, warum mußt du ins Krankenhaus? Was fehlt dir?« schreit er durchs Telefon. Da erst fällt mir ein, daß Enrico tatsächlich keine Ahnung hat, daß ich Brustkrebs hatte, genau wie seine Frau.

Es hat sich einfach nie ergeben, daß wir darüber gesprochen hätten. Jetzt am Telefon will ich ihm das alles erst recht nicht erzählen. »Es ist nichts weiter, Enrico«, beruhige ich ihn. »Es ist eigentlich mehr eine Kur.« »Gib mir Adresse und Telefonnummer von dem Krankenhaus«, bittet er mich. »Enrico, es ist nicht in München. Außerdem habe ich jetzt die Telefonnummer nicht im Kopf und bis ich sie suche, vergeht zuviel Zeit. Das Gespräch wird zu teuer.« Jetzt ist er enttäuscht. »Kann ich deine Kinder anrufen, wenn ich in München bin? Dürfen die mir die Nummer geben?« »Natürlich.« Plötzlich bin ich einsilbig geworden. Das Glück, das ich empfunden hatte, als er am Telefon war, ist weggewischt. Er scheint das zu merken. »Ingrid«, lockt plötzlich seine Stimme. »Ich hab dich lieb.« »Ich dich auch.« Und dann überfalle ich ihn doch noch einmal mit einem Redeschwall.

»Enrico, besuch mich im Krankenhaus. Komm auf alle Fälle. Bring Laura ruhig mit. Ich werde das schon irgendwie ertragen.

Nur komm bitte. Ich möchte dich sehen. Italien ist so weit weg. Das habe ich jetzt erst gemerkt, seitdem ich wieder zurück bin.« »Ich kann dir nichts versprechen. Aber wenn es irgend geht, besuche ich dich. Von Linda hole ich mir die Adresse. Außerdem, cara, brauche ich dich gar nicht als Dolmetscherin oder als Fremdenführerin. Ich kann sehr gut Deutsch und München kenne ich auch. Ich habe hier zwei Jahre in einem großen Hotel gearbeitet. Ich wollte dich sehen und das will ich immer noch, jetzt ganz besonders. Ciao, bella.« »Ciao, Enrico.«

Die Kinder wundern sich, daß ich an diesem Abend so aufgedreht bin. Sonst sind sie gewohnt, daß ich kurz vor meiner Abreise an den Chiemsee recht nachdenklich und traurig bin. Diesmal mache ich lauter Unfug, lade sie in »unser« chinesisches Stammlokal ein und trinke später daheim noch eine Flasche mit Florian.

Als ich mich am Empfang eintrage und meinen Zimmerschlüssel erhalte — ich habe wieder mein altes Zimmer bekommen — entnehme ich einem Gespräch zwischen zwei Patientinnen, daß Frau Waldmann zwar hier, vor zwei Tagen aber in Traunstein operiert worden ist. Ich will Näheres wissen, stelle mich als eine alte Klinikbekannte von ihr vor. Frau Waldmann war diesmal in einem gesundheitlich recht desolaten Zustand in die Klinik zurückgekommen, konnte nichts essen, hatte hohes Fieber, war kraftlos. Sie bekam einen Darmverschluß, mußte nach Traunstein, weil der Professor diese Operation in seiner Klinik nicht durchführen kann. Jetzt hat sie einen künstlichen Ausgang. Man wird sehen, wie es weitergeht.

Auf jeden Fall will sie so schnell wie möglich wieder hierher verlegt werden. Schlagartig ist meine gute Laune vergangen. Wen der Krebs erst einmal im Griff hat, den läßt er einfach nicht los, geht es mir durch den Kopf, und ich brauche einige Zeit, bis ich die dunklen Gedanken wieder verdrängt habe.

Bei der Voruntersuchung erfahre ich, daß ich der jungen Ärztin, Frau Dr. Groll, zugeteilt bin, die im März auch die gynäkologische Untersuchung bei mir vorgenommen hatte. Sie ist jetzt an die Stelle von Dr. Herbst getreten, der im Juni das Haus verlassen hat. Mir ist es recht. Sie wird mit mir nicht sehr viel zu tun haben. Ich fühle mich gut. Das teile ich auch wenig später dem Professor mit. Er freut sich darüber ganz offensichtlich. »Sag mal, was machen die Schmerzen in der Brust«, will er wissen. »Nichts, absolut nichts. Ich spüre seit Wochen nichts mehr.« »Werden halt doch irgendwelche Ablagerungen gewesen sein, oder beginnende Wechselbeschwerden.« Wir wissen es beide nicht, warten, ob sie wiederkommen.

»Du siehst glücklich aus«, stellt mein Seelendoktor fest. »Bist du etwa verliebt?« »Das halte ich für möglich«, gebe ich zurück.

»Werde ich ihn hier mal zu sehen bekommen? Du weißt, daß ich großen Wert darauf lege, auch die Partner meiner Patientinnen kennenzulernen«, sagt er. »Julius, du liegst falsch. Er ist nicht mein Partner, wenn du das Bett damit meinst.« »An die große platonische Liebe glaube ich nicht«, lacht er. »Wird schon noch werden. Wie dem auch sei, auf jeden Fall tut er dir gut. Du bist richtig attraktiv geworden.«

Ich will ihm ein Bussi auf die Nasenspitze geben, rutsche ab und verschmiere ihm die Brille. »Hau ab, du Huhn«, grollt er und sucht nach einem Taschentuch.

Als ich am Montag in der Früh zur Blutabnahme gehe, fällt mir eine kleine zierliche Frau auf, vielmehr erregt ihr verträumter, völlig abwesender Blick meine Aufmerksamkeit. Sie hat wunderschöne graue lockige Haare und ein fein geschnittenes Gesicht. Doch am eindrucksvollsten sind diese großen dunklen Augen. Und dann ist da noch so ein schüchternes, hilfloses Lächeln, das mich sofort in seinen Bann schlägt. Die Frau kommt auf mich zu. »Ach, bitte könnten Sie mir vielleicht sagen, wo ich hier bin? Ich muß nämlich zur Blutabnahme. Das soll hier irgendwo im Kellergeschoß sein.« Sie sind hier richtig«, informiere ich sie. »Setzen Sie sich gleich neben mich, Sie kommen sowieso nach mir dran.« Sie lächelt mich dankbar an.

Es dauert keine fünf Minuten, da wendet sie sich wieder an mich. »Ach bitte, könnten Sie mir vielleicht sagen, was hier gemacht wird?« Ich erkläre ihr, daß wir hier vor dem Labor auf eine Blutuntersuchung warten und daß es in demselben Raum im übrigen von 10 bis 12 Uhr die Thymusspritzen gibt. »Danke«, lächelt sie mich an. Plötzlich steht sie auf und geht weg. Ihre Behandlungsmappe und ein Handtuch läßt sie liegen, so daß ich zunächst annehme, daß sie nur schnell was erledigen und dann wieder auf ihren Platz zurückkehren will. Als ich aus dem Labor komme, liegen die Sachen immer noch auf ihrem Stuhl. Oben auf der Treppe begegne ich der Frau. Sie sieht sehr erschrocken aus. »Irgendwo muß ich meine Mappe verloren haben«, sagt sie aufgeregt. »Die brauche ich, wenn ich zur Blutentnahme gehe.«

In mir taucht plötzlich ein Verdacht auf. Ich nehme sie an der Hand und führe sie an ihren Platz zurück. Außerdem bleibe ich bei ihr sitzen, bis sie ins Labor muß. Sie redet nichts, schaut mich nur immer wieder mit ihren erstaunten Augen an. Da ich Zeit habe, beschließe ich, auf sie zu warten und sie zum Frühstück zu begleiten. Sie freut sich offensichtlich darüber. Ihr Zimmer findet sie ganz leicht, es liegt in der Nähe von meinem, an welchem Tisch sie sitzt, fällt ihr hingegen partout nicht ein. Wir müssen eine Bedienung danach fragen. Ich bringe sie zu ihrem Platz. Der Tisch ist leer, ihre Nachbarn sind schon gegangen. Da setze ich mich neben sie, biete ihr an, noch eine Tasse Tee zu trinken und ihr beim Frühstück Gesellschaft zu leisten. Sie lächelt. »Das ist aber lieb von Ihnen.« Sie ißt wie ein Spatz, knabbert ein wenig an einer halben Semmel herum. »Ach bitte, könnten Sie mir vielleicht sagen, wo Blut abgenommen wird?« wendet sie sich wieder an mich. »Da muß ich nämlich hin.« Ich kann nichts dagegen machen, aber plötzlich schießen mir die Tränen in die Augen. Mir tut diese Frau so ungemein leid. Ich bin zwar medizinisch nicht sehr gebildet, auch jetzt noch nicht, wo ich mich doch etwas mehr mit Krebs und seinen Folgen befassen sollte, aber soviel ist selbst mir klar: die Frau muß einen Gehirntumor oder ähnliches Schreckliches haben, sie kann sich überhaupt an nichts erinnern. Sie sieht so lieb und so hilflos aus, wie sie hier am Tisch sitzt und ihre Semmelhälfte zu bewältigen versucht. Ich werde auf sie aufpassen, nehme ich mir vor. Ich werde sie einfach zu ihren Terminen bringen, und außerdem will ich mit Li sprechen. Sie bräuchte dringend Spezialbetreuung. »Ingrid, unsere Schwestern haben alle Hände voll zu tun, ich kann keine von ihnen nur dafür abstellen, daß sie diese eine Patientin durchs Haus begleitet«, wehrt diese ab. »Bitte, kümmer du dich halt ein bisserl um sie. Der Frau geht es an sich nicht schlecht. Zumindest klagt sie nicht über Schmerzen.«

Bekümmert schleiche ich weg. Immer wieder läuft sie mir über den Weg, wie ein verscheuchter kleiner Vogel. Ich weiß auch nicht, warum gerade ihr Anblick in mir soviel Mitleid erweckt. Ich habe hier bei meinen Aufenthalten weitaus schlimmere Fälle gesehen. Es wird wohl ihre Hilflosigkeit sein. Wann immer ich ihr begegne, packe ich sie und frage sie, was auf ihrem Plan steht. Da sie das in der Regel auch nicht weiß, nehme ich ihn ganz einfach an mich und lese die Termine nach.

Inzwischen haben aber auch viele andere Patienten gemerkt, daß man sich dieser Frau annehmen muß. Immer häufiger sehe ich sie in Begleitung. Eines Nachmittags komme ich von einem Spaziergang zurück und finde sie auf meiner Terrasse. »Können Sie mir helfen? Ich habe meinen Zimmerschlüssel verloren«, bittet sie mich. Durch die offene Terrassentür gelangen wir in ihr Zimmer. Es herrscht ein unglaubliches Chaos da drinnen. Überall liegen Kleidungsstücke, Bücher, Zeitungen. Auf ihrem Schreibtisch steht ein großer Korb mit bunten Wollknäueln und dicken hölzernen Stricknadeln darin. Die Frau hat sich auf das Bett gesetzt. Es ist frisch gemacht und wirkt deshalb in dieser Unordnung recht deplaziert. »Wie sind Sie denn in Ihr Zimmer gekommen?« will ich von ihr wissen. »Haben Sie die Terrassentüre offen gelassen?« »Oh nein«, meint sie, »das mach' ich doch nicht. Da kann doch jeder in mein Zimmer. Nein, nein, ich bin durch meine Zimmertüre gegangen«, sagt sie. »Dann muß der Schlüssel auch irgendwo hier rumliegen«, folgere ich.

Nachdem ich mich vergewissert habe, daß sie den Schlüssel nicht in der Hand und auch nicht in der Hosentasche hat, fange ich an, den Raum systematisch zu durchsuchen. Ich stoße auf eine Cremedose, die auf dem Tisch unter einem Teller mit Obst liegt und von ihr begeistert in Empfang genommen wird. »Das ist meine Nachtcreme, die suche ich schon seit Tagen.« Auch über andere Dinge, die ich rein zufällig entdecke, freut sie sich wie ein kleines Kind. Besonders glücklich scheint sie über ihren Kugelschreiber zu sein. »Jetzt kann ich endlich den Brief an meine Schwester fertigschreiben.« Das einzig Unauffindbare bleibt nach wie vor der Zimmerschlüssel. Da kommt mir eine Idee. Ich öffne die Türe. Da ist der Schlüssel. Sie hat ihn ganz einfach nach dem Aufsperren draußen hängen lassen. Ihre Freude ist groß. Sie fällt mir um den Hals, und ich kämpfe wieder mit den aufsteigenden Tränen. Ich weiß nicht, warum diese Frau so nachhaltig an mein Herz gegriffen hat. Noch heute beim Schreiben dieser Zeilen kommen mir die Tränen, wenn ich mir dieses hilflose, strahlende Gesicht ins Gedächtnis zurückrufe.

Trude Sixt ist am Mittwoch gekommen, ist wie immer in den ersten Stunden ihres Klinikaufenthaltes krank vor Heimweh. »Was soll ich denn hier? Mir geht's bestens«, nörgelt die Schwäbin. Doch es dauert nicht lange, dann streckt sie die Waffen, läßt sie sich von meiner Wiedersehensfreude anstecken. Sie sitzt an unserem Tisch, diesmal einer reinen Damenrunde. Leni, eine strahlend blonde Holländerin, Ursel, eine Stuttgarterin, und Irmi aus dem hohen Norden, irgendwo aus der Nähe von Hamburg. Ich habe die drei schon bei meinem Aufenthalt im März gesehen und sehr fröhlich in Erinnerung. Diesmal ist die Stimmung etwas gedämpfter, zumindest bei Leni und Ursel. Li wußte um dieses momentane Tief und hatte nichts Besseres zu tun, als die beiden zu mir an den Tisch zu setzen.

»Die Ingrid mit ihrer guten Laune schafft das schon«, hat sie verlauten lassen. »Noch dazu, wo sie jetzt frisch verliebt ist.«

Leni vor allem steckt tatsächlich ganz tief im Loch. Im März hatte sie sich hier einen Knoten aus der linken Brust operieren lassen. Ein zweiter ist jetzt nachgekommen, im äußeren Bereich in Richtung Achselhöhle. Sie hat schreckliche Angst. »Weißt du, Ingrid«, weint sie eines Tages in meinem Zimmer, »ich hatte im März soviel Schwung, genau wie du, aber jetzt ist er weg. Jetzt sind die Sorgen wieder da.« Ebenso scheint es Bruno, ihrem Mann, und Jacky, ihrem erwachsenen Sohn, zu gehen. Die beiden haben Leni in die Klinik gebracht und wollen noch bis zum Wochenende bleiben. Für ihren Fisch-Delikatessenladen daheim haben sie endlich eine gute Aushilfe gefunden, so daß sie die Sorgen um das Geschäft zunächst einmal in den Hintergrund schieben können.

Auch Ursel hat Schwierigkeiten. Nach der Operation, bei der er sehr viel Gewebe entfernen mußte, hat Hackethal ihre Brust wieder aufgebaut. Doch der Körper hat dieses fremde Material nicht angenommen.

Die Einlage mußte wieder entfernt werden. Jetzt vermutet sie eine erneute Verhärtung. Sowohl sie wie auch Leni sollen diesmal nicht operiert, sondern zunächst einmal mit Suprefact behandelt werden, dem Hormonblocker, von dem sich Hackethal viel zu viel verspricht.

Vor allem Leni wäre eine Operation viel lieber. »Weißt du, dann ist das Zeugs wieder draußen und ich bin zufrieden. Solange ich am Tag hundertmal nach meiner Brust greife und nachprüfe, ob der Knoten größer oder kleiner geworden ist, finde ich keine Ruhe mehr.«

Irmi ist die gelassenste in dem Trio. Sie hat nach ihrer Operation keinerlei Beschwerden, fühlt sich ausgezeichnet, ist nur zur Nachbehandlung da. Heiner, ihr Mann, bleibt die ganzen drei Wochen bei ihr, hat sich in Bernau ein kleines Zimmer gemietet. Ich bewundere ihn, wie er Tag für Tag in unserem Krankenhaus auftaucht, sich von wildfremden Frauen ihre Krankengeschichte anhört und geduldig wartet, bis seine Irmi zwischen den einzelnen Behandlungen immer wieder auftaucht.

Beide kennen sich von Jugend an, verloren sich aber aus den Augen und heirateten andere Partner. Der Zufall führte sie viele Jahre später wieder zusammen. Irmi war inzwischen Witwe. Heiner stand am Ende seiner Ehe. Die alte Liebe zwischen den beiden brach durch. Seit acht Jahren sind sie nun verheiratet. »Du glaubst gar nicht, wie groß unser Schreck war, als ich die Diagnose Krebs zu hören bekam«, erzählte mir Irmi einmal beim Spazierengehen. »Wir waren doch erst so kurz verheiratet, hatten das halbe Leben ohne einander verbracht und jetzt sollte ich plötzlich sterben.« Irmi nahm den Kampf auf und ist jetzt voller Optimismus, daß sie ihn gewonnen hat.

Zweifel, ob sie richtig behandelt worden ist, kommen ihr so gut wie nie.

Da Bruno und Heiner motorisiert sind, bieten sich unvermutet Ausflugsmöglichkeiten. Wir achten darauf, daß unsere Anwendungen und Behandlungen zeitlich einigermaßen parallel laufen und machen in den Pausen Touren nach Reichenhall, nach Berchtesgaden und an den Tegernsee. Leni hat die Kaufwut gepackt. Sie sucht nach einem schicken Pullover, gibt nicht auf, bis sie buchstäblich im letzten Moment, bevor das Geschäft schließt, ein sündteures Modell findet. Es glitzert und funkelt und beeindruckt mich schon deshalb, nur haben möchte ich es nicht. Das geht mir bei vielen Sachen so, die Leni im Gepäck hat. Sie ist bei weitem die eleganteste Patientin in der Klinik, hat sichtbar Freude an allem Schönen. Auch Ursel verfügt über eine eindrucksvolle Garderobe. Wenn die beiden zum Salatbuffet gehen, schaut der halbe Speisesaal hinter ihnen her. Vereinzelt habe ich darüber auch Abfälliges gehört. Manche Patienten fühlen sich an eine tägliche Modenschau erinnert. Ich kann das nicht finden und verteidige die zwei. »Hackethal predigt uns, daß wir tun und lassen sollen, was uns gefällt, und die beiden haben eben Spaß an attraktiver Kleidung.«

Ein Herr fällt mir auf, dessen Schicksal besonders hart zu sein scheint. Er hat eine Kehlkopfoperation hinter sich, kann nur einige wenige Worte röcheln. Fast jeden Abend sitzt er in den Aufenthaltsräumen, einmal bei den Rauchern, einmal bei den Nichtrauchern. Wo mehr los ist, läßt er sich nieder. Er ist total vereinsamt, weil ihm die Unterhaltung fehlt. Er kann nicht telefonieren, kann mit niemandem reden. Er sieht so verzweifelt aus, daß mir das Herz weh tut, wenn ich ihn anschauen muß. Obendrein ist er von ausgesuchter Höflichkeit. Wann immer er mir irgendwo begegnet, und sei es das dritte Mal innerhalb einer Stunde, begrüßt er mich mit gurgelnden Lauten, die ihm Beschwerden machen müssen. Also versuche ich, ihm aus dem Weg zu gehen, damit er nur ja keinen Ton von sich geben muß. Aber das gelingt nicht immer. Außerdem befürchte ich, daß er meine Umwege bemerkt und ich ihn damit kränken könnte.

»Frau Waldmann ist wieder im Haus«, mit diesem Freudenschrei begrüßt mich Schwester Traudl. »Sie hat es in Traunstein nicht mehr ausgehalten. Da haben sie sie zurückverlegt. Und stellen Sie sich vor, sie ist nicht etwa auf einer Trage gebracht worden. Sie hat sich im Rollstuhl fahren lassen. Eine tolle Frau!«

Diese »tolle Frau« liegt in ihrem Bett und sieht aus wie eine

Tote, als sie Leni und ich am Nachmittag besuchen. Wir beide erschrecken bei ihrem Anblick derart, daß wir zunächst nicht in der Lage sind, uns zu verstellen. Frau Waldmann macht die Augen auf und weiß Bescheid. »Gebt euch bloß keine Mühe, mir jetzt weismachen zu wollen, ich sähe blendend aus«, sagt sie schwach. »Mir geht es miserabel, und ich sehe dementsprechend aus.« Das ist Frau Waldmann, wie wir sie kennen. Sie macht sich nichts vor, läßt sich auch nichts vormachen. Sie ist sich im klaren darüber, daß sie »am Umkippen« war, wie sie das nennt. Sie will nicht sterben — noch nicht!

»Es wird ein wenig dauern, bis ich mich wieder erholt habe«, vermutet sie. Ihr Gesicht ist immer noch schön, aber es ist eingefallen und kreidebleich. Die Arme sind so dünn geworden, daß die Schwestern Schwierigkeiten haben, die Infusionsschläuche zu setzen. Sie kann doch einfach gar nichts mehr wiegen, denke ich mir im stillen.

Nach ihrer Rückkehr besuchen Leni und ich Frau Waldmann jeden Tag. Wir bleiben nicht lange bei ihr, wollen sie nicht überanstrengen. Aber sie muß wissen, daß wir immer an sie denken, und nicht nur wir. Sie zieht viele an mit ihrer unaufdringlichen und eindrucksvollen Tapferkeit.

Mir fällt plötzlich ein, daß ich meinen Schützling mit dem »löchrigen« Gedächtnis schon lange nicht mehr gesehen habe. Ich erkundige mich umgehend bei Li nach ihr. Diese weicht aus, will und kann auch keine näheren Auskünfte geben. Auch von den Schwestern erfahre ich nichts, stoße überall nur auf Achselzucken und Ausflüchte.

Schließlich bekomme ich mit, daß man mit ihr eine Heilschlafkur macht. Bestätigen kann mir das allerdings niemand. Zumindest sehe ich sie nicht mehr, bis ich die Klinik Ende Oktober verlasse.

Ich ertappe mich dabei, daß sich Mutlosigkeit in meinem Herzen einnistet, führe das auf die offensichtliche Verschlechterung des Gesundheitszustandes von Frau Waldmann zurück, auf wieder aufgetauchte Knoten bei Leni, Ursel und Ursula.

Doch das stimmt nicht ganz. Eineinhalb Wochen bin ich jetzt hier, und Enrico hat noch nicht angerufen. Das ist es. Ich kann mir da vormachen, was ich will. Ich warte auf diesen Anruf, seit ich hier bin. Ich hatte schon Pläne gemacht, was ich mit Enrico und seiner Frau unternehmen würde, wenn sie mich besuchten, was ich ihnen zeigen wollte. Daß sie als Ehepaar kommen würden, mit diesem Gedanken hatte ich mich bereits abgefunden. Daß er sich überhaupt nicht bei mir melden würde, damit hatte ich eigentlich nicht gerechnet.

Drei Tage später läutet das Telefon. Frau Sixt will mich gerade zum Mittagessen abholen, ich schwanke, ob ich den Hörer überhaupt noch aufnehmen soll und tue es schließlich doch. »Ciao Bella, Enrico.« Sprachlos setze ich mich auf mein Bett. Frau Sixt hat wohl an meinem Gesichtsausdruck gemerkt, daß mich dieser Anruf mitten ins Herz getroffen hat. Sie flüstert »Bis später« und macht die Türe hinter sich zu. »Ingrid, was ist mit dir, du hast gesagt, es sei nichts Schlimmes, du würdest so etwas wie eine Kur machen. Linda hat mir erzählt, daß du Krebs hast, Brustkrebs. Was stimmt?« Er macht sich Sorgen um mich!

Mit wenigen Sätzen versuche ich ihm zu erklären, was mit mir geschehen ist, daß ich, als ich ihn kennenlernte, kurz vor der Amputation stand, daß ich mich für eine andere Therapie entschieden habe, daß ich ihm nichts davon erzählt habe, weil es ihn eigentlich auch nichts angeht. »Es geht mich natürlich etwas an«, bekomme ich zur Antwort. »Ich möchte dich schließlich nicht verlieren. Ich will mit dir träumen und nicht um dich weinen.« Ich muß unwillkürlich lächeln. Mit diesem Satz meldet sich der dramatische Italiener zu Wort. »Das brauchst du auch nicht, es geht mir wirklich gut.«

»Guarda, Ingrid, hör zu. Ich komme dich besuchen. Ich allein. Ich werde Laura sagen, was dir fehlt, und dann wird sie keine Lust mehr haben, mitzufahren. Sie haßt alles, was mit Krebs zu tun hat. Ihre Angst ist sehr groß. Bevor ich dich nicht gesehen habe, glaube ich ganz einfach nicht, daß es dir tatsächlich gut geht. Basta!«

Er ist mit dem Auto in München. Ich erkläre ihm, wie er nach Felden gelangt, wo er die Klinik findet. Er wird übermorgen kommen. Am Samstag also. »Enrico, ich freue mich so sehr auf deinen Besuch«, schluchze ich ins Telefon. »Weine nicht, schone dich«, bekomme ich zur Antwort. »Ciao, Bella.«

Ich schwebe zum Mittagessen, esse fast nichts. Leni ist besorgt und fürchtet, daß es mir nicht gut geht. Frau Sixt beruhigt sie. »Sie ist verliebt, nichts weiter.« Ich widerspreche nicht, lasse mich aber auch nicht dazu überreden, irgendetwas von dieser Liebe zu erzählen.

Ich bin ja selber viel zu unsicher. Eigentlich kenne ich Enrico noch gar nicht. Daß wir beide uns anziehen, daß wir einander nicht aus dem Weg gehen, daß wir uns in dieser kleinen Pizzeria nicht verfehlen konnten, ist mir hingegen klar. Da haben sich zwei Träumer gefunden.

Aber da gibt es auch eine Wirklichkeit, und die sieht ganz anders aus: in der gibt es eine kranke Ehefrau, drei Kinder, da gibt es den Beruf, die übernommenen Pflichten, die eingegangenen Verpflichtungen.

»Ich bekomme am Samstag Besuch«, erzähle ich Frau Waldmann, als ich am Abend noch ein paar Minuten bei ihr sitze. »Darauf scheinen Sie sich aber sehr zu freuen. Sie leuchten direkt«, lacht sie. Spontan schenkt sie mir eine Flasche Champagner, die sie von ihrem Mann zum Hochzeitstag bekommen hatte. »Ich darf ihn nicht trinken. Ihnen beiden wird es sicherlich besser schmecken.«

Zurück in meinem Zimmer versuche ich, mich und meine Hoffnungen zu bremsen. Erwarte dir nicht zu viel, rede ich mir zu. Er wird dich besuchen, mit dir reden und dann wieder abfahren. Er wird sich hüten, sich in deine Arme zu begeben. Wir müssen schließlich überleben, jeder für sich alleine.

Der Samstag ist ein strahlender, warmer Herbsttag. Schon am Morgen scheint die Sonne in mein Zimmer. Nebel hat es heute gar nicht gegeben. Ich weiß nicht, wann Enrico kommen wird, also halte ich mich in der Nähe meines Zimmers auf oder gehe vor dem Haus auf und ab. Kurz nach II Uhr biegt er von der Autobahn ab. Ich sehe einen zitronengelben italienischen Wagen und weiß sofort, daß es Enrico ist. Eigentlich hatte ich vor, ihm entgegenzulaufen. Aber plötzlich lähmt mich eine unerwartete Befangenheit. Er hat mich noch nicht bemerkt, ist zunächst auf der Suche nach einem Parkplatz. Ich gehe in mein Zimmer zurück, setze mich auf einen Sessel und warte, daß er an meine Türe klopft.

Das dauert noch eine Weile. Er wird sich am Empfang nach meiner Zimmernummer erkundigen, dann den Weg finden müssen. Wie sieht er eigentlich aus? Ich versuche ihn mir ins Gedächtnis zurückzurufen, während ich nach draußen horche. Er ist nicht übermäßig groß, nur ein wenig größer als ich. Er hat dichtes schwarzes Haar und blaue Augen.

Er hat, wenn ich mich noch recht entsinne, einen kleinen Bauchansatz und ein umwerfend liebenswürdiges Lächeln. Und er hat vor allem geräumige Hände. Daran erinnere ich mich sehr genau. Damals, als er sich in der Pizzeria eine Zigarette anzündete und die Flamme seines Feuerzeuges vor dem Wind zu schützen versuchte, sind mir diese Hände aufgefallen. Ein kleiner Vogel hätte bequem darin Platz gefunden, ohne sich beengt zu fühlen.

Es klopft. Mein »Ja bitte« klingt belegt und nicht besonders laut. Enrico macht die Türe auf. Auch jetzt springe ich ihm nicht entgegen, bleibe einfach sitzen und schaue ihn an. Er streckt mir seine Hände entgegen. Ich komme auf ihn zu. Es ist das erste Mal, daß wir uns in den Armen halten und daß wir ganz allein in einem Raum sind. Keiner will den anderen als erster wieder loslassen. Schließlich schiebt er mich doch ein wenig von sich, schaut mich an. »Du hast recht, krank siehst du wirklich nicht aus«, sagt er schließlich. »Was ist eigentlich los mit dir?« Obwohl es in meinem Zimmer verschiedene Sitzmöglichkeiten gibt, mache ich es mir auf seinem Schoß bequem. Es ist nicht sehr viel zu erzählen. Am Telefon habe ich ihm das Notwendigste gesagt. Mehr braucht er auch nicht zu wissen.

Er reagiert jedoch ärgerlich auf meine Zurückhaltung. »Enrico, ich habe keine Lust, unsere Verbindung, die eigentlich noch gar keine ist, mit meiner Krankengeschichte zu belasten. Du hast eine Frau, die selbst Brustkrebs hat, das genügt. Es muß dir reichen, wenn ich dir sage, daß es mir gut geht. Sollte sich da einmal was ändern, werde ich mich sofort zurückziehen. Ich will, daß wir beide miteinander glücklich sind. Wir haben einfach keine Zeit dazu, uns den Kopf gegenseitig schwer zu machen.«

Er ist nicht einverstanden damit, aber schließlich gelingt es mir doch, ihn abzulenken. Zunächst will ich wissen, wie lange er bei mir bleiben kann, wann er spätestens wieder in München sein muß. »Ich habe Laura gesagt, daß ich gegen 17 Uhr wieder im Hotel bin.« Es ist jetzt 13 Uhr, es bleiben also gute drei Stunden für uns.

Wir haben später einmal darüber gesprochen. Nicht nur in mir, auch in ihm tauchte damals für einige Sekunden der Wunsch auf, dieses Zimmer zu verriegeln und die ganze Welt ganz einfach auszusperren. Daß wir beide solchen Versuchungen zunächst widerstanden haben, wurde unsere Chance. Was erst wie ein leidenschaftlicher Zeitvertreib ausgesehen hatte, entwickelte sich im Laufe der Jahre, die inzwischen vergangen sind, zu einer engen Bindung, als Geschenk für uns beide. In unzähligen Gesprächen, meistens am Telefon, aber auch bei seinen wenigen Besuchen in München, und in Briefen lernten wir uns kennen, gaben wir dem Haus, in das wir zunächst leichtfertig eingezogen waren, einen soliden Unterbau.

Enrico ist Laura, seiner Frau, ein aufmerksamer und geduldiger Ehemann geblieben. Ich habe mich an den Gedanken gewöhnt, weiterhin allein zu leben und darauf zu warten, daß Enrico Zeit hat, mich anzurufen oder auch für ein, zwei Tage zu mir zu kommen. Mehr dürfen wir einfach nicht wollen.

An diesem sonnigen Samstag verlassen wir also mein Zimmer und flattern wie zwei trunkene Zitronenfalter durch den Tag. Weil es am Wochenende von Ausflüglern nur so wimmelt, haben sich einige Verleiher von Tret- und Elektrobooten dazu entschlossen, ihre Boote noch einmal zu vermieten.

Eigentlich waren diese schon zum Überwintern bereit gewesen, aber dieser Herbst schlägt alle Sonnenrekorde.

Enrico und ich ergattern ein besonders wackliges Exemplar. Schon als wir es besteigen, schwankt es derart, daß ich befürchte, wir könnten jeden Moment im kalten Wasser liegen. Enricos Bemühungen, mich zu beruhigen, sind ziemlich fruchtlos. Nachdem uns eine Herde hungriger Möven umschwärmt und ich mich sofort an Hitchcocks »Vögel« erinnert fühle, gibt Enrico auf und steuert wieder das Ufer an. »Enrico, meinst du, es wäre möglich, deine Rückkehr nach München noch etwas zu verschieben? Dann könnten wir mit dem Schiff auf die Fraueninsel fahren«, schlage ich vor. Er ist einverstanden. Wir gehen in die Klinik zurück, versuchen Laura zu erreichen. Die Hotelzentrale hat auch eine Nachricht für Enrico. Laura ist mit Bekannten an den Tegernsee gefahren und wird nicht vor 19 Uhr zurück sein. Va bene, wir können auf die Fraueninsel! In der Klinik leihen wir uns zwei Fahrräder, eine Busverbindung nach Prien gibt es nicht, und die Chiemsee-Schiffahrt hat seit Anfang Oktober den Linienverkehr eingestellt.

Enrico ist seit Ewigkeiten auf keinem Rad mehr gesessen.

Dementsprechend schwankend ist seine erste Probefahrt auf dem Parkplatz. Um ein Haar hätte er mehrere Autos gerammt. Wir wagen es trotzdem. Statt der Viertelstunde, die man normalerweise benötigt, um mit dem Radl von der Klinik nach Prien zu gelangen, brauchen wir 35 Minuten. Den Plan, nebeneinander herzufahren, damit wir uns sehen können, geben wir sofort auf. Enrico schlenkert derartig mit seinem Gefährt, daß ich Gefahr laufe, von ihm gerammt zu werden.

In allerletzter Minute erreichen wir den Anlegeplatz. Unsere Räder stellen wir am Steg ab. Der Kapitän will gerade die Landebrücke einziehen, hat aber dann doch Mitleid mit den zwei abgehetzten Touristen. Eng aneinandergelehnt, genießen wir die Fahrt. Ein Stück vom Schloß Herrenchiemsee winkt uns zu, wir beobachten eine Schwanenfamilie, und ich langweile Enrico mit einer Vorlesung über den Familiensinn von Schwänen. »Ich habe gehört, daß sie ein ganzes Leben zusammenbleiben und sich treu . . .«, bevor ich weiterplappern kann, gibt Enrico mir vorsichtshalber einen Kuß.

Auf der Fraueninsel herrscht zunächst Hochbetrieb, doch die Touristen verschwinden sehr schnell in der Klosterbrauerei, nur wenige erforschen, so wie wir, diese zauberhafte kleine Insel. Obwohl ich bezweifle, daß um diese Jahreszeit wirklich noch frisch geräucherte Renken im Garten serviert werden, gehe ich in Richtung eines hölzernen Pfeiles, der dieses verspricht. Wir stehen vor einem blumengeschmückten kleinen Holzhaus. Ein alter Mann öffnet uns, als wir läuten. »Was, an Fisch wollt's ihr noch?« fragt er erstaunt. »Mir san scho seit dem ersten Oktober zu.« Offenbar sieht er mir die Enttäuschung an. Er hat eine Idee. »Privat hamma noch gnua Fisch. Wenn's oan mögt's, könnt's den hier im Garten essen. Und a Bier hamma auch.« Enrico und ich sitzen im Grünen, genießen eine herrliche Renke und bauen Luftschlösser, besser gesagt, ich baue Luftschlösser.

»Wenn wir einmal allem und allen davonlaufen wollen, fahren wir hierher und zwar im November, wenn auch bestimmt keine Touristen hier sind. Am Abend geht kein Schiff mehr, weder vom Land auf die Insel noch umgekehrt. Wir wären dann ganz allein hier mit den Inselbewohnern, die um diese Jahreszeit sowieso ihren Winterschlaf halten.« Auch Enrico fällt einiges dazu ein. »Es wäre herrlich neblig hier. Man könnte die Hand nicht vor den Augen sehen, das Wasser würde stinken und die Betten wären eiskalt und feucht.« Ich protestiere gegen soviel Sachlichkeit. »Cara, wir haben in Italien auch wunderschöne verträumte Plätze. Aber dort ist es warm, fast das ganze Jahr über. In Deutschland friert es mich immer. Ich könnte hier nicht leben.« Aus diesem Grund wird er auch das Lokal, das man ihm in München angeboten hatte, nicht übernehmen. »Weißt du, man kann Spaghetti und Pizza und vieles andere von Italien ins Ausland exportieren. Etwas wird trotzdem immer fehlen, und das ist die italienische Mentalität, das italienische Wetter, die Sonne. Sie macht die Menschen einfach fröhlicher und leichtlebiger. Sie singen mehr, und selbst wenn sie miteinander schimpfen, klingt das noch nach etwas.«

Auf dem Rückweg zum Schiff bewundern wir die bunten Gärten und die gemütlichen alten Häuser. Selbst der eingefleischte Italiener ist beeindruckt. Als wir das kleine Schiff betreten, liegt bereits ein leichter Dunst über dem Wasser. Es ist kühl. Die meisten Passagiere gehen ins Innere, andere versuchen zumindest einen windgeschützten Platz in der Nähe der Kabinenwand zu ergattern. Wir setzen uns auf die vordersten Plätze. Enrico hat den Arm um mich gelegt. Wir sind beide recht schweigsam geworden. Obwohl ich weiß, daß mir später tausend Sachen einfallen, die ich ihm hätte noch sagen, die ich ihn noch hätte fragen wollen, bleibe ich stumm. »Übermorgen fahren wir nach Florenz zurück.« Enrico zieht mich enger an sich, weiß wohl, daß mich diese Eröffnung noch ein wenig trauriger macht. »Und wann kommst du wieder nach München?«

Vor dieser Frage graut es mir, weil ich die Antwort fürchte. Und da ist sie, genauso wie ich sie mir vorgestellt habe. »Ich weiß es nicht, Ingrid. Sicher ist, daß ich wiederkommen werde. Unsicher hingegen, wann das sein wird.« Fest steht auf jeden Fall, daß er hier kein Lokal aufmachen wird. Trotzdem gibt es immer wieder Möglichkeiten für ihn, nach München zu fahren. Er hat Freunde hier, es gibt geschäftliche Verbindungen. Er ist auch früher öfter nach München geflogen. Laura werden diese Reisen nicht sonderlich überraschen.

Allerdings kann er mit Sicherheit nicht monatlich kommen. Ich höre mir das alles schweigend an, was sollte ich auch dagegen sagen. Er ist verheiratet, er muß aufpassen, daß er seine Familie nicht verletzt. Er muß damit fertigwerden, daß es da jetzt doch eine zweite Frau in seinem Leben gibt, die er anfängt zu lieben. Er war — wie er sagt — noch nie in einer solchen Situation. Sicherlich hat er sich schon ein paarmal aus seinem Alltag geschlichen, aber daran waren in erster Linie die Theaterwelt schuld, die Schauspielerei, die Zauberei. Aber jetzt gibt es mich.

Während er mir das alles sagt, tauchen in mir Zweifel auf, ob ich dieses Leben ertragen werde. Ich habe doch eigentlich keine Zeit, will ich ihm sagen. Ich habe doch gar keine Ahnung, wie es mit mir weitergeht. Ich kann doch nicht einfach Wochen und Monate verschenken, in denen ich nur darauf warte, daß er mich anruft, daß er mir schreibt oder daß er für ein, zwei Tage nach München kommt. Doch im selben Moment weiß ich sehr wohl, daß ich diese Zeit haben werde, daß meine Liebe zu ihm den Kampf gegen den Krebs sogar noch verstärken, daß er mir beim Überleben behilflich sein wird.

Als das Schiff in Prien anlegt, ist die Beklemmung wieder verschwunden. Den Rückweg auf unseren Rädern bewältigen wir bereits in 20 Minuten. Kurz vor 18 Uhr sind wir in der Klinik. Um sieben Uhr will Enrico in München sein, bleibt uns für den Abschied also wenig Zeit.

In meinem Zimmer fallen wir uns noch einmal in die Arme. »Man kann mit dir herrlich lachen, Ingrid. Wir müssen darauf achten, daß wir fröhlich bleiben«, murmelt er. Ich kann mir das zwar in diesem Moment nicht vorstellen, aber ich nicke zustimmend, während mir die Tränen über die Wangen laufen. »Wann kommst du wieder?« Ich kann diese Fragerei einfach nicht lassen, auch später nicht.

Während ich mich verbissen an Daten klammere und sofort getröstet bin, wenn er mir sagt, er kommt heute in sieben Wochen um 13 Uhr zu mir zurück, will er sich einfach nicht auf einen bestimmten Termin festlegen, weil er Angst hat, ich könnte dann enttäuscht sein, wenn er ihn nicht einhalten kann.

Ich versuche, ihm den Unterschied zwischen unseren Gedankengängen klarzumachen. »Schau, ich reagiere wie der Fuchs in Saint-Exupérys kleinem Prinzen. Der sagt einmal zu dem kleinen Mann: ›Wenn du zum Beispiel um vier Uhr nachmittags kommst, dann kann ich um drei Uhr anfangen, glücklich zu sein. Je mehr die Zeit vergeht, um so glücklicher werde ich mich fühlen. Um vier Uhr werde ich mich schon aufregen und beunruhigen. Ich werde erfahren, wie teuer das Glück ist. Wenn du aber irgendwann kommst, kann ich nie wissen, wann mein Herz da sein soll. Es muß feste Bräuche geben‹.«

Zunächst ist Enrico erstaunt darüber, daß ich diese Passage auswendig kann. Auch er liebt das Buch, hat Gedankengänge daraus durchaus im Kopf, aber nicht gleich ganze Absätze im Wortlaut. »Mein liebes Kind, du bist eine hemmungslose Romantikerin«, lacht er. Damit ist unserem Abschied einiges von der sich anbahnenden Dramatik genommen. Er schiebt mich von sich, verschwindet in meinem Bad. Ich hole inzwischen eine Trachtenjacke aus dem Schrank, es ist kalt geworden, und ich will ihn noch zum Auto begleiten. »Enrico, was heißt auf Italienisch ›ich habe dich lieb‹?« will ich auf dem Weg dorthin von ihm wissen. »Ich liebe dich, ti amo, klingt mir einfach zu dramatisch.« »Ti voglio bene kommt eurem ›ich habe dich lieb‹ am nächsten«, vermutet er. »Ciao Bella.« Er hat mein Gesicht zwischen seine großen Hände genommen. Mein ganzer Kopf samt meinen vielen Haaren paßt in diese Hände. »Wir werden uns wiedersehen. Paß auf dich auf. Werde gesund. Ich melde mich bei dir.«

Schon sitzt er im Auto, dreht sein Fenster runter. »Ingrid, ti voglio bene.« »Anche io, Enrico.« Ich auch.

Ich schaue dem Auto nach, bis es um die Ecke fährt. Dann gehe ich langsam ins Haus zurück. Überall treffe ich Patienten, die ebenso wie ich Besucher verabschiedet haben. Ich werde begrüßt, grüße zurück und sehe dabei kein einziges Gesicht. Ich will nicht zum Essen. Ich möchte jetzt allein sein.

Um lästigen Fragen aus dem Weg zu gehen, sperre ich die Tür hinter mir zu und mache kein Licht an. Ich sitze auf meinem Bett, fühle mich kreuzunglücklich und verlassen. Auf meinem Schreibtisch steht die Flasche Champagner, die mir Frau Waldmann geschenkt hat. Ich habe sie völlig vergessen. Jemand klopft an meine Zimmertür. Ich rühre mich nicht. Es ist sicher Frau Sixt, die mich zum Essen abholen will. Sie geht weiter. Ganz langsam kommen die Tränen.

Ich weiß nicht, wie lange ich so im Dunkeln gesessen bin, aber plötzlich halte ich diese Einsamkeit nicht mehr aus. Ich werde Frau Waldmann noch besuchen. Vielleicht setze ich mich auch noch mit Leni und den anderen etwas zusammen. Im Bad wasche ich mein Gesicht, damit man die Tränenspur nicht sieht. Während ich mich kämme, nehme ich im Unterbewußtsein wahr, daß sich irgend etwas an der Spiegelwand verändert hat. Ich weiß nur noch nicht, was es ist. Dann sehe ich an der Spiegelhälfte über dem zweiten Waschbecken, das ich eigentlich nie benütze, links unten ein kleines Herz. Es wurde mit Seife dorthin gemalt. Enrico muß es gezeichnet haben, als er in meinem Bad verschwand. Und mit einem Mal ist der nagende Kummer in mir verschwunden. Dieser Gruß, mit dem ich wirklich nicht gerechnet hatte, tröstet mich und macht mich sehr glücklich. Im Laufe der Jahre hat mir Enrico viele solcher Hilfestellungen gegeben.

Trotz der großen räumlichen Entfernung und den wenigen Gelegenheiten, die wir haben, uns zu sehen, weiß er ziemlich genau, wann ich in ein Loch zu fallen drohe. Ich muß ihm das gar nicht erst sagen. Und dann kommt aus Florenz unvermittelt ein Zeichen seiner Liebe zu mir, an dem ich mich mühelos wieder aufrichten kann.

Frau Waldmann merkt dank dieses kleinen Seifenherzens nichts von meinem vorangegangenen Stimmungstief. Im Haus ist es schon ziemlich still. Die Besucher haben es verlassen, die Besuchten sind meist müde und überanstrengt und bleiben auf ihren Zimmern. Frau Waldmann schläft. Es riecht herrlich nach Bratkartoffeln. Auf einem kleinen Tisch ist ihr Essen angerichtet, doch bis jetzt hat sie nichts angerührt. Ich nehme ihre Hand, sofort ist sie wach. »Sie müssen mir helfen«, bittet sie mich. »Ich hatte heute eine solche Sehnsucht nach Bratkartoffeln und eingelegten Heringen. Der Koch hat sie mir gemacht und ich bringe keinen Bissen runter. Sie müssen einfach was davon essen«, beschwört sie mich. Sie wird einige Löffel von der roten Grütze probieren, die sie sich ebenfalls gewünscht hat. »Da haben Sie aber Glück, daß ich heute noch kein Abendessen hatte«, lache ich sie an. Tatsächlich schaffe ich die Hälfte der Kartoffeln und zwei Fische. Sie will wissen, ob mein Besuch gekommen ist und ob wir einen schönen Tag hatten.

Ich erzähle wenig, strahle sie nur an, und sie versteht. Frau Waldmann ist ein Mensch, der nie versucht, in den anderen zu dringen. Sie belästigt einen nie mit indiskreten Fragen, erwartet aber auch von ihrem Gegenüber, daß es nicht nach Dingen forscht, die sie absolut nicht erzählen will.

Leni und ich vermuten schon seit einiger Zeit, daß sie Kummer hat. Sie erzählt viel von ihren Söhnen. Über ihren Mann hat sie schon lange nicht mehr geredet. »Er hat beruflich viel zu tun und kann mich nicht besuchen.« Das ist alles, was sie sagt.

Plötzlich macht sie einen recht aufgekratzten Eindruck. Die rote Grütze hat ihr geschmeckt, die Beschwerden sind nach der Operation leichter geworden, mit ihrem künstlichen Darmausgang, von dem sie zu diesem Zeitpunkt noch annimmt, daß er bald wieder zurückverlegt wird, hat sie sich soweit abgefunden.

»Frau Benedict, wie wär's, gehen wir ein Stück den Gang entlang«, bittet sie mich. Ich melde Zweifel an, ob wir das überhaupt dürfen, ob ihre Kraft reicht.

Doch sie schiebt meine Bedenken beiseite. »Was soll denn passieren. Ich hake mich bei Ihnen unter, und wenn es mir zuviel wird, kehren wir wieder um. Ich muß mal raus aus meinem Zimmer, und im Bett liegen kann ich auch nicht mehr die ganze Zeit. Mir tut jeder einzelne Knochen weh.« Das glaube ich ihr aufs Wort. Die Frau ist ohnehin nur noch Haut und Knochen. Sie muß beim Liegen Beschwerden haben.

Behutsam helfe ich ihr aus dem Bett. Als sie endlich ihren Jogginganzug anhat und bereit ist zu gehen, macht sie auf mich den Eindruck, als müsse sie sich dringend sofort hinlegen. Doch Frau Waldmann ist zäh, das hat sie schon sehr oft bewiesen. Die wenigen Patienten und Schwestern, denen wir um diese Zeit begegnen, staunen nicht schlecht, als sie uns sehen. Frau Waldmann sonnt sich in dem Lob, das man ihr zollt.

Vorübergehend kokettiert sie sogar mit der Idee, die Treppe hinunter und mit mir in den Aufenthaltsraum zu gehen. Doch mein Einwand, daß sie die ganze Strecke ja wieder zurück muß, bringt sie zur Vernunft.

Wir kehren langsam ins Zimmer zurück. Dort angekommen, legt sie sich sofort auf ihr Bett. Sie hat keine Kraft mehr. Wir verabreden, daß sie sich mit meiner Hilfe jetzt täglich auf Wanderschaft durchs Haus begeben wird.

Ihr Ziel ist es, demnächst wieder eine Zigarette im Raucherzimmer zu genießen. Rauchen ist nämlich ihre große Leidenschaft. Sie raucht nicht viel, aber gerne. Auch Hackethal konnte sie nicht davon abhalten. »So'n bißchen Smoken schadet schon nichts« — davon ist sie fest überzeugt.

Am Sonntag früh fallen sie am Frühstückstisch über mich her. Leni, Frau Sixt und Irmi. »Wo warst du denn gestern? Wir haben dich überall gesucht.« Ich sage ihnen, daß ich erst spät am Abend gekommen sei und dann noch Frau Waldmann besucht hätte. Mit dieser Erklärung sind sie zufrieden.

Da das Wetter auch heute herrlich ist, planen wir einen langen Spaziergang. Behandlungen gibt es keine. Um 10 Uhr wollen wir losziehen. Bevor ich mein Zimmer verlasse, schütze ich Enricos Seifenherzchen vor allzu eifrigen Reinigungsfrauen. »Bitte nicht wegwischen«, steht auf einem Zettel, den ich mit einem Klebstreifen am Spiegel befestigt habe. Das Mädchen hält sich dran. Bis ich wegfahre, bleibt Enricos Gruß erhalten. Am Montag kommt Ursula in die Klinik. Sie hat einen Sprechstundentermin. Jetzt soll endgültig entschieden werden, ob noch einmal operiert wird. Ursula sieht blaß und bekümmert aus, als ich ihr vor dem Sprechzimmer begegne. Sie verspricht mir, nicht abzureisen, ohne mir Bescheid zu geben, was mit ihr passieren soll.

Ich liege mit Leni auf der Sonnenterrasse, als sie mich findet. »Ich werde nun doch operiert«, sagt sie und setzt sich an das Fußende meines Liegebettes. »Eigentlich bin ich froh darüber, dann weiß ich wenigstens, ob da in meiner Brust noch ein neuer Knoten entstanden ist.« Leni schreckt von ihrer Liege hoch. Sie ist in einer ähnlichen Situation, doch bei ihr will der Professor absolut nicht schneiden.

»Ich werde mir einen neuen Termin geben lassen«, nimmt sie sich vor. »Er muß mir noch einmal erklären, warum er hier schneidet und bei mir nicht. Wo liegt der Unterschied?«

»Julius, hast Du eigentlich Angst um mich?« Ich habe die Türklinke schon in der Hand, war gerade dabei, das Zimmer zu verlassen, als mir diese Frage einfällt.

Er schaut mich nachdenklich an, ist keine Sekunde überrascht über diese Frage. Trotzdem dauert es, bis er mir antwortet. »Angst ist wohl nicht das richtige Wort. Ich mache mir Sorgen um Dich, keine sehr großen, aber immerhin schon einige.«

Das will ich jetzt genau wissen, denn eigentlich hatte ich erwartet, daß er in ein lautes Gelächter ausbrechen würde. »Warum hast Du Sorgen um mich?« »Mein liebes Kind, wir kommen um diese Fünf-Jahres-Marke einfach nicht herum. Ist die erst einmal überwunden, hat sich in dieser Zeit kein Rückfall gezeigt, sind wir einen gewaltigen Schritt weiter. Vorher nicht.«

»Es könnte also sein, daß sich doch Metastasen gebildet haben, die irgendwann einmal sichtbar werden, die Beschwerden und schließlich Schmerzen verursachen?« »Sicher ist das möglich«, antwortet er mir. »Doch keine Angst! Metastasen sind nicht der Anfang vom Ende, bedeuten nicht, daß alles vorbei ist. Sie müssen bekämpft werden, genauso rigoros wie der ursprüngliche Tumor. Nichts weiter.«

Er läßt mich an seinen Überlegungen teilnehmen. »Gehen wir davon aus, wir setzen die Zelle mit dem Menschen gleich. Wird der Mensch kastriert, gibt es keine Kinder. Wird die Zelle kastriert, gibt es keine Zellen. Wird die Krebszelle kastriert, gibt es keine Krebszellen. Hier muß irgendwie der Schlüssel liegen.« Beim Suprefact habe er lange Zeit geglaubt, es könne die Vermehrung der Zellen verhindern, doch es wirke nur bei verschiedenen Krebsarten und auch da manchmal nur gewisse Zeit.

»Was mache ich, wenn Metastasen bei mir auftauchen?« frage ich mehr mich als ihn. »Du wirst weiterkämpfen. Du wirst Dir Deinen Schwung erhalten. Dafür werde ich sorgen. Dann kannst Du beweisen, daß es Dir ernst ist mit Deinem so offen zur Schau getragenen Optimismus.«

Nach diesem Gespräch habe ich mich zu Frau Waldmann ins Zimmer geschlichen. Sie sitzt am Fenster und schaut auf das Schilf, das sich im Wind wiegt. Als sie mich hört, dreht sie mir ihr Gesicht zu. Es ist traurig und eingefallen, wie so oft in letzter Zeit. »Frau Waldmann, was haben Sie empfunden, als die ersten Metastasen in Ihrem Körper auftauchten?« will ich schließlich von ihr wissen. »Eigentlich war ich überhaupt nicht überrascht darüber. Irgendwie habe ich sie erwartet«, erinnert sie sich. »Ich glaube, ich habe zum Professor sogar gesagt: ›Also doch, jetzt haben wir sie endlich‹.«

»Sie sind nicht zusammengebrochen? Haben nicht geweint?«
»Oh nein, damals habe ich nicht geweint.«

Wir sind beide schweigsam. Da lacht sie plötzlich auf. »Wissen Sie, ein bißchen ist das mit dem Kranksein und Kränkerwerden wie mit dem Altsein und dem Älterwerden. Wenn man als junges Mädchen liest, eine Dreißigjährige hat gerade ihr erstes Kind geboren, meint man, die hätte das in dem Alter wohl auch besser bleiben lassen. Ist man selbst so alt, ordnet man eine Mittvierzigerin dem alten Eisen zu und feiert man schließlich seinen Fünfzigsten, fühlt man sich immer noch ganz ordentlich und hält die Sechzigjährigen für alt. Ähnlich ist das mit der Krankheit. So lange ich ohne starke Schmerzmittel sein kann, ist alles in Ordnung. Solange ich gehen und mich selber versorgen kann, bin ich zufrieden. Solche Brücken baut sich jeder Mensch und ist damit getröstet.« Wieder einmal bewundere ich diese tapfere Frau. Noch heute, nachdem sie jetzt schon über ein Jahr tot ist, richte ich mich an ihrem Beispiel auf, wenn meine Kraft einmal nicht ausreicht.

Unsere Abschluß-Untersuchungen stehen bevor. Die Ergebnisse sind, wie sich herausstellt, befriedigend. Keiner unserer Werte ist erhöht. Leni erklärt sich nach einem langen Gespräch mit Professor Hackethal nun endgültig damit einverstanden, einen möglichen Operationstermin noch hinauszuschieben. Sie wird alle sechs Wochen zu einer ambulanten Untersuchung kommen und dem Professor die Entscheidung überlassen. Bis dahin wird sie sich weiter Suprefact spritzen und versuchen, sich nicht dauernd mit lauernden Fingern abzutasten.

Frau Waldmann ist traurig, daß wir abreisen. Sie hat sich an den täglichen Marsch mit mir gewöhnt. Jetzt befürchtet sie, daß sie niemanden mehr findet, der sich um sie kümmert und sie auch dann aus dem Bett jagt, wenn sie eigentlich keine Lust dazu hat, aufzustehen.

Ich nehme mir vor, Ursula zu bitten, sich Frau Waldmanns anzunehmen. Leni und ich versprechen ihr, zum Abschied Friseur bei ihr zu spielen. Seit ihrer Operation vor drei Wochen sind ihre Haare nicht mehr gewaschen worden. Jetzt findet sie, sei es an der Zeit, wieder »einen ordentlichen Kopf« aufzusetzen.

»Ich kann mich nicht mehr sehen«, jammert sie. »Wenn der Kopf scheußlich ist, sieht man doppelt krank aus.« Ein Außenstehender kann das vielleicht nicht begreifen, aber es ist wirklich so: viele Patientinnen fühlen sich sofort besser, wenn ihre Haare frisch gelegt, wenn die Finger- und Fußnägel frisch lackiert sind. Es wäre von den Angehörigen grausam, würden sie durchblicken lassen, daß sie solche Anstrengungen für sinnlos und übertrieben halten. Das Bedürfnis, sich zu pflegen, ist bei Schwerkranken symbolisch zu werten. So lange sie sich darum kümmern, so lange sie bitten, daß man ihnen dabei behilflich ist, wenn ihre eigenen Kräfte nicht mehr ausreichen, so lange haben sie sich noch nicht aufgegeben, so lange wollen sie noch leben.

Ich habe Zureicherdienste übernommen, Frau Sixt beschränkt sich aufs Zuschauen. Wir sind sehr vergnügt an diesem Nachmittag und dankbar, daß wir miteinander lachen können. Jeder von uns spürt wohl in seinem Innersten, daß Frau Waldmann nicht mehr lange leben wird, und wir erleben intensiv jede Minute, die wir mit ihr verbringen können.

Als sie fertig ist und die Haare endlich trocken sind, zaubert Leni eine wunderhübsche Frisur. Obwohl ihr Gesicht ausgemergelt und eigentlich ohne Farbe ist, sieht man, daß Frau Waldmann vor ihrer Krankheit eine schöne Frau gewesen sein muß. Darauf angesprochen, wehrt sie ab. »So toll war das auch wieder nicht.« Trotzdem freuen sie unsere Komplimente, und das sollten sie auch. Den letzten Abend wollen wir mit ihr verbringen, versprechen Frau Sixt und ich. Leni und Irmi werden mit Heiner und Bruno Abschied feiern.

Mittwoch und Donnerstag sind noch angefüllt mit Behandlungen. Ich habe ziemlich zu tun, die Termine pünktlich einzuhalten.

Mein Vater hat angerufen: er kann mich dieses Mal nicht abholen, Helga wird einspringen. Florian würde die Mutter eigentlich auch gerne chauffieren, doch ich lehne kategorisch ab. Er müßte dafür die Schule schwänzen, und im Abiturjahr scheint mir das doch recht unpassend.

Am Mittwochnachmittag ist Ursula angekommen. Sie sitzt mit an unserem Tisch und scheint sich etwas zu entspannen. Es war wohl die Unsicherheit und die Angst, die sie zeitweise so unduldsam gemacht hat. Auf einem kleinen Spaziergang, den wir nach dem Abendessen machen, erfahre ich von ihr, daß sie, bevor sie hierher kam, bei einem Krebsspezialisten in Hannover war, dort eine Kur gemacht hat. Jetzt will sie sowohl Hackethalsche Medikamente als auch die dieses norddeutschen Arztes nehmen. Ich explodiere. »Du mußt völlig verrückt sein!« schimpfe ich los. »Du kannst doch nicht beides miteinander mischen. Vielleicht hebt das eine Medikament die Wirkung des anderen sogar auf! Du kannst doch nicht löffelweise das Zeug in dich hineinschaufeln!«

Ursula erschrickt über meine heftige Reaktion, obwohl sie sie im Grunde erwartet hat. Schließlich kennt sie mich lange genug und weiß, wie ich auf ihre medizinischen Experimente reagiere. Sie verspricht mir, wenigstens hier alle anderen Medikamente abzusetzen.

Am Donnerstagabend mache ich Ursula mit Frau Waldmann bekannt. Sie geht aber sehr bald wieder. Zu sehr ist sie mit sich und ihren Ängsten befaßt. Den Anblick der schwerkranken Frau erträgt sie nicht lange.

Sie macht mir auch keine Hoffnung, als ich sie vor meiner Abreise bitte, gelegentlich bei Frau Waldmann vorbeizusehen.

»Ingrid, ich kann das nicht. Schließlich werde ich selber operiert. Ich kann der Frau nicht helfen.«

Frau Waldmann wird hier noch mindestens 6-8 Wochen bleiben müssen, soviel steht jetzt fest. Vorher ist an eine Rückoperation des künstlichen Darmausganges gar nicht zu denken. Manchmal kommen ihr Zweifel, ob es überhaupt noch dazu kommen wird. »Ich bin so schrecklich schwach«, klagt sie an dem letzten Abend. »Ich kann auch nichts mehr essen.« Sie wird künstlich ernährt zur Zeit, hängt am Tropf. Ihre Venen sind dünn und brüchig geworden. Trotzdem macht sie bisher noch nicht den Eindruck, als wolle sie aufgeben.

»Vor Weihnachten komme ich noch einmal zu Ihnen«, verspreche ich ihr. Im übrigen werde ich sie anrufen. Frau Sixt und ich gehen noch einmal in den Aufenthaltsraum mit ihr. Sie raucht zwei Zigaretten.

Ich schaue mir inzwischen die Patienten an, die an den Tischen sitzen. Ist einer dabei, der Frau Waldmann aus dem Bett holen wird? Ich verlasse mich auf keinen. Frau Waldmann ist bettlägerig, da schließt man keine neuen Freundschaften.

Wenn man zusammen bei Tisch sitzt, wenn man sich bei Behandlungen trifft oder gemeinsam im Vorzimmer auf den Professor wartet, geht das Kennenlernen einfacher. Hackethal weiß schon, warum er drauf dringt, daß jeder, der dazu nur einigermaßen in der Lage ist, Tag für Tag aufsteht, zusammen mit den anderen ißt und zu den Behandlungen geht, sich seine Spritzen selber holt. Man vereinsamt nicht so, als wenn man tatenlos in seinem Bett liegt und darauf wartet, daß die Türe aufgeht und wenigstens ein Arzt oder eine Schwester hereinkommt.

Zurück in ihrem Zimmer fürchten wir uns eigentlich alle drei vor dem Abschied. »Machen wir's kurz«, sagt Frau Waldmann endlich. »Ich mag rührselige Szenen nicht.«

Nacheinander fallen wir uns in die Arme. Ich helfe ihr beim Niederlegen, decke sie vorsichtig zu, bringe ihr noch eine Wärmflasche. Wir können nichts dagegen tun, plötzlich beginnen doch die Tränen zu fließen. »Ich schaue morgen noch kurz vorbei, bevor ich fahre«, schluchze ich. Frau Waldmann nickt mit dem Kopf. Sie hat die Augen zugemacht. Auch ihr laufen Tränen über die Backen.

Die Abreise verläuft wie immer äußerst turbulent. Vor dem Frühstück habe ich bereits meine Koffer gepackt. Das Seifenherzchen am Badespiegel lasse ich so lange stehen, bis ich endgültig mein Zimmer räume.

Beim Frühstück verabschiede ich mich bereits von Leni, Irmi und Ursel und vielen anderen Patienten, die mir hier während der vergangenen drei Wochen begegnet sind, mit denen ich aber keinen engeren Kontakt hatte. Trinkgelder müssen verteilt werden, im Büro unterschreibe ich für die Versicherung einen Bescheid, daß ich hier behandelt worden bin.

Li Hackethal treffe ich in ihrem Zimmer. Sie ist traurig, daß ich wegfahre. »Es ist so schön, wenn du im Haus bist«, meint sie. »Da rührt sich immer was.« Außerdem macht sie sich Sorgen um Frau Waldmann. »Sie kommt einfach nicht mehr so recht zu Kräften. Wenn du weg bist, hat sie im Moment niemanden hier, der sie ein bisserl aufbaut.« Ich erzähle ihr, daß ich versprochen habe, in den nächsten Wochen wieder zu kommen und notfalls über ein Wochenende ein Zimmer in Bernau zu mieten, wenn mich Frau Waldmann länger braucht.

Li ist erleichtert. Ich weiß, daß sie Frau Waldmann besonders gerne hat und darunter leidet, daß sie so wenig Zeit findet, sie häufiger zu besuchen.

»Irgend etwas ist passiert, seit sie das letzte Mal daheim war. Sie hat sich seitdem verändert. Du mußt mal aufpassen, wie traurig sie schaut, wenn sie sich unbeobachtet glaubt.«

Auch Ursel macht den Hackethals zu schaffen. »Irgendwie haben der Julius und ich das Gefühl, daß sie kein Vertrauen mehr zu uns hat, und das lähmt.« Ich meine, daß diese Unsicherheit vor allem für Ursula verhängnisvoll ist.

Als ich in mein Zimmer zurückkomme, um dort nun endgültig auf Helga zu warten, sitzt Ursula auf meinem Bett. Auf der Suche nach mir hat sie das Herz entdeckt. Sie will wissen, von wem es stammt. Ich verweigere die Auskunft und lache sie nur an.

Helga steht vor der Türe. In Windeseile räumen wir das Auto ein. Jetzt will ich raus hier aus diesem Zimmer, so schnell wie möglich.

Seitdem ich meine Sachen eingepackt habe und mit meinem kleinen Teddybären auch der letzte Hinweis verschwunden ist, daß hier einmal meine kleine Wohnung war, ist mir der Raum fremd geworden. Ganz zuletzt nehme ich ein Handtuch und wische Enricos Herz weg. Ein trüber, fettiger Fleck bleibt zurück. Das Zimmermädchen wird sich anstrengen müssen, den Spiegel wieder blank zu putzen.

Während Helga zum See schlendert und eine Zigarette raucht, gehe ich ein letztes Mal zu Frau Waldmann. Sie liegt in den Kissen und blättert in einer Illustrierten. Ihre Hare schauen immer noch gut aus, obwohl sie durch das Liegen schon etwas verdrückt sind. »Wollen wir noch einen kleinen Marsch machen?« frage ich sie. »Nee, eigentlich nicht. Sie sind doch so sehr in Eile, da macht es keinen Spaß.« Doch ich lasse nicht locker. Ich habe nämlich einen Hintergedanken dabei. Ich will mit Frau Waldmann in den Aufenthaltsraum gehen und dort sehen, ob ich nicht doch jemanden finden kann, der sie wieder in ihr Zimmer zurückbringt. Damit — so hoffe ich wenigstens insgeheim — könnten sich neue Kontakte ergeben. »Frau Waldmann, es spielt keine Rolle, ob ich hier ein bißchen später wegkomme. Meine Kinder rechnen nicht vor dem frühen Nachmittag mit mir, und auch meine Freundin hat sich von der Familie freigeben lassen. Wir machen jetzt unseren Gang.« »Na gut«, sagt sie, schlüpft in ihren Jogginganzug, steckt ihre Zigaretten ein, zupft vor dem Spiegel ihre Haare zurecht, hakt sich bei mir ein und schlurft los. Lust hat sie keine, das merke ich ihr an.

Schließlich ist sie aber dann doch ganz zufrieden. »Eigentlich gut, daß ich noch einmal aus meiner Bude komme«, gibt sie schließlich zu. »In den nächsten Tagen wird sich sowieso nichts rühren.«

Mein Plan, sie mit einer anderen Patientin ins Gespräch zu bringen, mißlingt kläglich. Kein Mensch ist im Aufenthaltsraum. Wer nicht abreist, ist entweder bei Behandlungen oder nützt das schöne Wetter und geht spazieren. Wir sind ganz allein. Helga kommt und sucht mich. Sie setzt sich zu uns. Ich habe ihr schon von Frau Waldmann erzählt. Sie weiß Bescheid und versucht, diese aufzuheitern.

Nach einer Weile treten wir den Rückzug an, diesmal zu dritt, Frau Waldmann in der Mitte. Der Abschied ist schnell vorbei. »Tschüß, machen Sie's gut«, sagt sie, bevor sie die Türe hinter sich zuzieht. Es hätte keinen Sinn gehabt, noch etwas zu sagen.

Es dauert ein wenig, bis Helga und ich das Bild dieser kranken Frau weggewischt haben. Unser Auto schnurrt die Autobahn entlang. Obwohl wir noch nicht darüber geredet haben, ist uns beiden klar, daß wir nur auf Umwegen zurück nach München fahren werden. Es ist Ende Oktober, ein herrlicher Herbsttag, vielleicht der letzte, bevor das Novembergrau unsere Welt zudeckt.

Wir steuern den Tegernsee an, wollen irgendwo in der Sonne sitzen und zu Mittag essen. Wir fahren nach Kreuth. Helga zeigt mir einen Bauernhof, auf dem sie und ihre Großmutter oft Ferien gemacht haben. Es ist ein prächtiges Anwesen mit einem dunklen Holzbalkon voller herrlich blühender Geranien. Vor einem kleinen Lokal nehmen wir auf einer abgesessenen Holzbank Platz und lesen die handgeschriebene Speisekarte durch.

Ich kämpfe mit mir. Soll ich die Hackethalsche Vollwert- und fleischlose Kost hier fortsetzen oder soll ich sündigen und einen Schweinsbraten wählen?

Ich entscheide mich für eine Forelle, ebenso Helga.

Auf Nebenstraßen zuckeln wir nach München. Als wir vor unserem Haus den Kofferraum ausräumen, stürzt Linda herbei. Nach einer liebevollen Umarmung packe ich sie an den Schultern und betrachte sie aus einiger Entfernung. Sie hat meine Abwesenheit genutzt und sich Löcher in die Ohren stechen lassen. Die dafür notwendige Unterschrift für Minderjährige hat sie sich von ihrem Bruder geben lassen. Natürlich bin ich nicht ernsthaft böse darüber, aber ich sage ihr recht deutlich, daß ich Ohrringe, und seien sie noch so winzig, einfach abscheulich finde. »Die schauen ganz stark aus«, werde ich belehrt, aber nicht überzeugt.

Am Abend kommt Florian mit ein paar Freunden. Weil eigentlich nichts Eßbares im Hause ist, was ich kochen könnte, holen wir uns mehrere Pizzas und verbringen einen gemütlichen Abend miteinander. Ich bin froh, daß ich wieder unter ihnen sein kann. Die Krankheit und ihre möglichen Folgen sind wieder einmal für eine Weile in den Hintergrund getreten.

Für Montag ist das Thema Schule angesagt. Florian macht im kommenden Mai Abitur und tut für meine Begriffe nach wie vor zu wenig. Linda kämpft erwartungsgemäß mit Französisch und Mathematik.

Ich lasse mir das Sprechstundenverzeichnis geben und besuche einige Lehrerinnen. Von allen höre ich im Prinzip das gleiche. Sie ist ein fröhliches, liebenswertes Kind, beteiligt sich erfreulicherweise lebhaft am Unterricht und versagt bei schriftlichen Arbeiten kläglich.

Sobald sie etwas schreiben muß, läßt die Konzentration nach. Sie wird unsicher und bringt nichts mehr zustande.

Eine Lehrerin vermutet, daß sie unter meiner Diagnose leidet. Daß ich an Krebs erkrankt war, hat Linda selbst in der Schule erzählt. Doch ich habe da so meine Zweifel. »Ich möchte auf gar keinen Fall, daß meine Kinder in der Schule mit einem Krebsbonus bedacht werden«, entgegne ich. »Wir drei gehen von der Voraussetzung aus, daß ich die Krankheit überstanden habe. Das bedeutet, daß wir zu Hause nicht mehr darüber reden. Ich mache alles mit, lebe ein ganz normales Leben, klage auch nie über Beschwerden. Meine Kinder haben eine weitaus lebhaftere und unternehmungslustigere Mutter als so manche ihrer Klassenkameraden, deren Müttern noch nie etwas Ernsthaftes gefehlt hat.«

Die Lehrerin schaut mich etwas verständnislos an, hält meine Gelassenheit wohl für Verdrängung. Bevor ich mich verabschiede, bitte ich ausdrücklich, Linda nichts nachzusehen, bloß weil man die Mutter schonen will. Das soll sie auch ihren Kollegen ausrichten.

Die Tage vergehen schnell. Weihnachten steht wieder einmal vor der Tür. Meine Stimmung hat ihren gewohnten Tiefstand erreicht. Von Frau Waldmann höre ich, daß ihre Familie darauf besteht, das Fest mit ihr gemeinsam zu feiern. Ihr Mann will sie holen und notfalls Anfang des neuen Jahres wieder an den Chiemsee zurückbringen. Sie hat schreckliche Angst vor den

Strapazen einer langen Fahrt, weint am Telefon. Am 3. Advent setze ich mich in den Zug und fahre zu ihr.

Sie hat mich zwar nicht direkt um einen Besuch gebeten, aber ich habe den Hilferuf auch so verstanden. Der Weg vom Bernauer Bahnhof zur Klinik ist deprimierend. Nichts ist von seinem herbstlichen Charme geblieben. Die Bäume sind kahl, es weht ein eiskalter Wind über die Wiesen, rüttelt an den Ästen, färbt Nasen und Wangen unnatürlich rot. Auch die Klinik bietet nicht den gewohnten heimeligen Anblick. Die Blumenkästen sind verschwunden, die Balkone somit kahl.

Eine Ärztin ist gerade bei ihr, als ich an Frau Waldmanns Zimmertüre klopfe.

Ich gehe den Gang auf und ab und warte, bis ich zu ihr kann. Traudl biegt um die Ecke, schiebt einen Stoffbehälter vor sich her. Sie freut sich, al sie mich entdeckt. »Traudl, was soll das, warum laßt ihr denn Frau Waldmann überhaupt fahren? Die übersteht doch die Reise gar nicht!« überfalle ich sie. Sie hebt die Schultern. »Keiner will sie weglassen, aber ihr Mann macht Theater. So krank, daß sie transportunfähig wäre, sei sie auch wieder nicht.«

Die Ärztin hat das Zimmer mittlerweile verlassen. Frau Waldmanns schmales Gesicht ist noch spitzer geworden. Kraftlos liegt sie in ihrem Bett, als ich das Zimmer betrete. Ihre Augen beginnen zu leuchten, als sie mich sieht. »Also weißt du, das hätte es ja nicht gebraucht, daß du mitten im Weihnachtsrummel zu mir an den Chiemsee kommst«, empfängt sie mich. Mir wird bewußt, daß sie mich das erste Mal geduzt hat. Ich mache sie darauf aufmerksam. »Du wirst lachen, ich hätte jetzt nicht Frau Benedict zu dir sagen können, dafür bist du mir zu vertraut.«

Ich freue mich über dieses »Du«, hatte es mir eigentlich schon lange gewünscht, wollte es aber nicht provozieren.

Da fällt mir ein, daß ich ihren Vornamen ja gar nicht kenne. »Heidrun heiße ich. Nicht besonders schön, aber was willst du von einer Preußin anderes erwarten. Ich wohne zwar jetzt im Schwarzwald, geboren bin ich aber in Bremen.«

Ich ziehe mir einen Stuhl an ihr Bett, nehme ihre eiskalte Hand in meine Hände. Erst will sie wissen, wie lange ich Zeit habe. Ich kann unter vier Zügen wählen, bin also ziemlich ungebunden.

Sie muß mir versprechen, mir sofort zu sagen, ob und wann ich sie anstrenge. Ich werde dann einen kleinen Spaziergang machen oder durchs Haus gehen, andere Patienten begrüßen und mich mit den Schwestern unterhalten.

Sie erzählt mir, daß ihre körperlichen Beschwerden stark zugenommen haben. Nach meiner Abreise sei sie von Li Hackethal, von ihren Söhnen und von Schwestern noch einige Male in den Aufenthaltsraum geführt worden, dann hätte sie die Kraft für diesen Weg nicht mehr gehabt. Der künstliche Darmausgang werde ihr wohl bleiben, vermutet sie. »Eine neuerliche Operation würde ich gar nicht überstehen.« »Muß diese stundenlange Reise nach Hause in den Schwarzwald wirklich sein?« »Mein Mann will es so. Was soll ich machen?«

Fast bin ich versucht, sie jetzt, wo wir das abstandhaltende »Sie« in ein vertrautes »Du« umgewandelt haben, zu fragen, ob in ihrer Ehe alles in Ordnung ist. Doch irgendetwas hält mich davon ab. Ich habe Scheu davor, Dinge aus ihr herauszuholen, die sie nicht von sich aus erzählt.

Monate nach ihrem Tod erfahre ich dann von einer anderen Patientin, die in der Nähe der Waldmanns wohnt und die Familie auch kennt, was diese kranke Frau ertragen mußte. Ihr Mann hatte nach der ersten Operation ihre Schwester ins Haus geholt. Sie sollte seine Frau pflegen und die Kinder versorgen. Als sich der gesundheitliche Zustand seiner Frau wesentlich verbesserte, zog diese wieder aus. Doch sie kehrte zurück, als Frau Waldmann wochenlang in der Klinik am Chiemsee war. Die Söhne wehrten sich gegen diesen Zustand, doch erfolglos. Nacheinander zogen sie aus. Frau Waldmann kam also nicht mehr »heim«, wenn sie nach Hause fuhr. Deshalb auch ihre Verzweiflung, als sie das Weihnachtsfest dort verbringen sollte.

Doch das wußte ich noch nicht, als ich Frau Waldmann am 3. Advent besuchte.

Ich erzählte, was ich in München getrieben hatte, daß Professor Hackethal im Rahmen einer Vortragsreihe auch in einem Münchner Hotel war und daß ich mich als Zuhörerin dabei nicht sonderlich wohl fühlte.

Sie hört mir eine Weile zu und schläft schließlich ein. Sanft löse ich meine Hand aus der ihren und verlasse das Zimmer.

Ich treffe auf kein bekanntes Gesicht, als ich zum Ausgang gehe, um draußen etwas frische Luft zu schnappen.

Offenbar reisen doch so ziemlich alle Patienten ab, um Weihnachten bei ihren Familien zu feiern. Nur ganz wenige bleiben hier. Neue werden zwischen den Jahren wohl nicht aufgenommen.

Obwohl er mich eigentlich nicht lockt, schlendere ich zum See. Eiskalt schaut er aus, trübe und unfreundlich. Ich kann nicht einmal bis zur Herreninsel sehen. Die Enten kommen sofort angeschwommen, als sie mich sehen. Jetzt gehen hier wenig Menschen spazieren. Sie bekommen selten Brot und alte Semmeln. Auch ich stehe mit leeren Händen am Ufer.

Enttäuscht drehen sie ab. Hunderte von Möwen ziehen kreischend ihre Kreise über dem dunklen Wasser. Sie kommen mir plötzlich wie Aasgeier vor!

Ich bin deprimiert. Gedanken an Frau Dollinger, mit der ich hier war, gehen mir durch den Kopf, und ich sehe Enrico und mich an dem Bootssteg stehen und in ein Boot hineinbalancieren.

Die Bretter des Steges sind abmontiert. Fröstelnd gehe ich in das Haus zurück. Es ist 15 Uhr. Ich werde den Zug um 17 Uhr nehmen.

Überall riecht es nach Kaffee. Ich beschließe, in die Küche zu gehen und mir ein Kännchen zu holen. Den ganzen Tag über habe ich noch nichts gegessen. Mein Magen knurrt. In der Küche werde ich von Brigitte, unserer Serviererin, stürmisch begrüßt. »Wann kommens' denn wieder?« will sie von mir wissen. »Sie werden dringend gebraucht. Zur Zeit lacht hier niemand im Speisesaal.« »Ich werde eigentlich erst wieder im nächsten Oktober erwartet«, teile ich ihr mit. »Wenn nichts dazwischen kommt.« Dieses »Wenn nichts dazwischen kommt« gehört zu den ständigen Redensarten in diesem Haus. Eine Floskel nur, aber sie beleuchtet die Situation sehr gut, in der wir uns alle befinden. Wir bekommen unsere Termine für die regelmäßigen Untersuchungen, halten sie pünktlich ein und tauchen in der Regel nicht früher auf, es sei denn, »es kommt etwas dazwischen«, und dieses »Dazwischen-Gekommene« bedeutet, daß man einen neuen Rückfall in die Krankheit hat, bedeutet einen neuen Tumor, neue Beschwerden, neue Angst.

Nach einer Tasse Kaffee, die ich alleine im Aufenthaltsraum trinke, gehe ich zu Frau Waldmann zurück. Sie ist wach. »Sehe ich eigentlich sehr schlecht aus?« will sie unvermittelt von mir wissen. Ich weiß im ersten Moment gar nicht so recht, was ich darauf antworten soll.

Natürlich sieht sie elend und krank aus, aber das kann ich wohl kaum sagen. Ich winde mich etwas, schiebe alles auf ungepflegte Haare und weiße Haut. »Ingrid, meinst du, du hättest noch Zeit, mir die Haare zu richten?« fragt sie mich. Ich beschließe, einen Zug später zu nehmen. »Glaubst du, du wirst durchhalten?« erkundige ich mich besorgt. Doch Frau Waldmann ist finster entschlossen, sich von mir verschönern zu lassen. Ihre Haare sind sehr dünn geworden. Bei jeder Nadel, die ich setzen muß, damit die Lockenwickler halten, habe ich Angst, sie entweder zu stechen oder ein wertvolles Haarbüschel auszureißen.

Es dauert nicht lange, bis die Haare trocken sind. Ich löse die Wickler. Jetzt ist sie dran. 10 Minuten bleibt sie im Bad. Dann kommt sie ins Zimmer zurück. Erwartungsvoll sieht sie mich an, mit der unausgesprochenen Frage »Na, wie findest du mich?« Gut, daß ich mit der Zeit gelernt habe, meine Gefühle doch etwas im Zaum zu halten, sonst hätte ich auf der Stelle losgeheult. Sie sieht so armselig aus, so hoffnungslos krank. Sie bemüht sich hübsch auszusehen, dabei sitzt ihr der Tod bereits im Nacken. Das merkte ich jetzt, wo sie sich ein bißchen hergerichtet hat, viel deutlicher als zuerst, als sie im Bett lag.

Ich habe es plötzlich eilig, wegzukommen. Am Freitag wird ihr Mann anreisen, am Samstag soll sie heimfahren. »Ich rufe dich zu Weihnachten an«, verspreche ich ihr. Sie wird mir Bescheid geben, wenn sie wieder in die Klinik zurückkommt.

Daß sie wieder hierher fährt, ist ihr offenbar klar. Sie kennt nur den Zeitpunkt noch nicht.

Auch diesmal türmt sich das kommende Weihnachtsfest wie ein unüberwindbarer Berg vor mir auf. Enrico hat zu viel zu tun, um mich aus dem fernen Florenz zu trösten. Er ruft häufig an, ist enttäuscht, daß er mich so selten erreicht. Wie immer verbringe ich die meiste Zeit bei meinen Freunden. Dort im Kreise der lebhaften Familie wird der Kummer, der um diese Zeit halt immer in mir nagt, am wirkungsvollsten übertönt.

Besonderes Grausen verursachen Presseberichte über Professor Hackethal in mir, die in Form und Bild immer gehässiger werden. Ebenso abstoßend sind seine Erwiderungen. Er hat sich in das Suprefact verrannt, ein Medikament, das er für ein Wundermittel hält, verteidigt es mit gefletschten Zähnen, hat sich vernünftigen Gegenargumenten versperrt.

Die Ärzteschaft fordert ein Berufsverbot. Das Thema »geleistete Sterbehilfe« taucht wieder auf. Längst bekannte Fakten werden zu widerwärtigen Aktualitäten aufpoliert und aufgeblasen. Hackethal kämpft mit dem Rücken zur Wand, mit Schaum vor dem Mund. So wenigstens hat es den Anschein.

Für Anfang Januar beruft er eine Pressekonferenz in seiner Klinik ein. Ich erfahre davon, telefoniere mit Li und biete ihr an, zu kommen und mir die Kollegen einmal näher anzusehen. Vielleicht kenne ich noch einige von früher und kann sie ein wenig bremsen.

Sie ist erleichtert über meinen Vorschlag, meint, es sei tröstlich, unter diesem fremden Haufen einen Menschen zu wissen, dessen Freundschaft man sich sicher sein kann.

»Es würde ja schon reichen, wenn du dich mit ihnen unterhalten und denen mal sagen könntest, was der Julius wirklich fertigbringt.«

Da noch Weihnachtsferien sind, nehme ich Linda mit zum Chiemsee. Im Zug warne ich sie vor dem Wirbel, der uns in der Klinik mit Sicherheit erwartet, der sie vermutlich abstoßen, mich hingegen nicht sonderlich beeindrucken wird. Doch die Tochter bleibt gelassen. Ich vermute sogar, daß ihr ein kleiner Skandal durchaus Freude bereiten könnte. Turbulente Pressekonferenzen, unverschämte Reporter und dergleichen Hektik mehr kennt sie bisher bloß aus dem Fernsehen.

Im Haus summt es wie in einem Bienenkorb, als wir ankommen. Es begegnen uns nervöse Schwestern, bedrückte Ärzte und ein Haufen fanatischer Patienten, denen man auf den ersten Blick ansieht, daß sie sich vor surrenden Fernsehkameras und gezückten Fotoapparaten in Szene setzen wollen.

»Wir lassen den Professor nicht verkommen«, klingt es aus einem Aufenthaltsraum. »Keine Angst, keine Angst, Hackethal«, ergänze ich in Gedanken und erinnere mich dabei an einen Gassenhauer aus den dreißiger Jahren.

Im Ärztetrakt treffen wir auf Li Hackethal. Sie sieht abgespannt und bekümmert aus. »Hallo«, begrüßt sie uns. »Geh nur rein zu ihm.« Hackethal schaut mich an, als wollte er mich in der Luft zerreißen, als ich in sein Zimmer komme. »Was willst du denn hier? Du möchtest mich wohl bremsen?« vermutet er richtig.

»Sei doch nicht gleich sauer«, fahre ich zurück. »Ich bin da, erstens weil ich die Li unterstützen will, und zum zweiten will ich versuchen, meine Kollegen davon zu überzeugen, daß du weit mehr bist, als der wild um sich schlagende Professor Hackethal.« »Macht, was ihr wollt. Mein Manuskript zeige ich dir jedenfalls nicht«, schnaubt er, und damit ist die Audienz beendet.

Auf dem Weg zur Aula fallen mir drei Damen auf, die ihre Arme nach oben reißen und mit Mittel- und Zeigefinger das »V« für »Victory« signalisieren, so als ginge es hier um ein Fußball-Länderspiel oder einen Boxkampf.

Ich schüttle den Kopf. Zwei Reporter fragen die Oberschwester aus, wollen durchs Haus geführt werden. Jutta schaut mich verzweifelt an. Sie wird in den Krankenzimmern gebraucht, nicht vor den Fernsehkameras. »Frau Benedict, könnten Sie bitte die Führung übernehmen?«

Ich kann. Ich zeige ihnen die Behandlungsräume, beantworte Fragen nach der hier üblichen Therapie, setze mich gemeinsam mit Linda bereitwillig auf einen Behandlungsstuhl. Wir lassen uns Sauerstoffschläuche in die Nase schieben. Die Kameras surren. Li stößt zu uns. Sie hat eine Gruppe Journalisten im Schlepptau. »Ingrid, redest du mit ihnen?« bittet sie. »Ich muß in die Aula.« Ein Reporter will in ein Krankenzimmer und eine Patientin fotografieren. Li braucht erst gar nicht zu protestieren, das übernehme ich für sie.

»Sagen Sie einmal, sind Sie hier als PR-Chefin oder sowas ähnliches angestellt?« werde ich plötzlich von einem Journalisten gefragt, der mich schon die ganze Zeit über beobachtet hat. »Ich habe nämlich das Gefühl, daß ich Sie von irgendwo her kenne.« Ich gestehe ihm, daß es mir bei seinem Anblick ähnlich gegangen ist. Wir stellen uns gegenseitig vor. Natürlich, wir sind Kollegen von früher, haben in derselben Zeitung gearbeitet, nur in verschiedenen Redaktionen.

Die Freude ist auf beiden Seiten groß. »Sag mal, für wen bist du denn hier? Schreibst du jetzt frei, oder wer hat dich hierher geschickt?« will er wissen.

Vor Entsetzen bleibt mir im ersten Moment die Luft weg. Was soll ich ihm denn antworten? Hier in diesem Wirbel habe ich kein einziges Mal daran gedacht, daß ich zu den Krebskranken gehöre, die hier behandelt werden. »Ich bin eigentlich Patientin hier. Mich hat keine Zeitung geschickt. Doch heute bin ich da, um den Reportern klarzumachen, daß der Hackethal keineswegs so wild ist, wie er momentan tut.«

Der Kollege kann seine Überraschung nur mühsam verbergen. »Also ansehen tut man dir auf jeden Fall nicht, daß du krank bist«, meint er schließlich. »Bin ich auch nicht mehr. Verlaß dich drauf.«

Wir nehmen uns vor, nach der Pressekonferenz eine Tasse Tee miteinander zu trinken. »Für den Fall, daß es hier dann noch einen ruhigen Ort gibt«, lacht der Kollege. »Finden wir«, versichere ich ihm. »Schließlich kenne ich dieses Haus inzwischen wie meine Hosentasche.«

Linda und ich suchen uns etwas abseits von der Patientengruppe, die sich zusammengefunden hat, »um es den Schreiberlingen zu zeigen«, einen Platz.

In der letzten Reihe sitzen Ärzte und Schwestern, soweit sie sich freimachen konnten. Li sehe ich nicht, dafür lehnt ihre Tochter Nicole im Türrahmen. Die Fernsehteams haben ihre Kameras aufgebaut. Sie suchen die Stuhlreihen nach Patienten ab, lassen die laute Gruppe zunächst außer acht. Ihnen geht es mehr um die ausgemergelten Gesichter der anderen Kranken, die still auf ihren Plätzen warten. Nachdenklich schauen sie vor zu dem Pult, von dem aus Julius Hackethal demnächst seinen

Zorn loslassen wird. Mit ihnen fühle ich mich sehr viel mehr verbunden, als mit den aufdringlichen »Victory«-Schreiern.

Sie werden sich ebenso fürchten wie ich, daß sich ein gereizter Julius Hackethal zu Bemerkungen hinreißen läßt, die jederzeit gegen ihn benutzt werden können. Wir alle wissen längst, daß er als Arzt das Letzte aus sich herausholt, um seinen Patienten zu helfen.

Wir kennen ihn als kraftvollen, energiegeladenen Menschen, als liebreichen Tröster, als ansteckenden Optimisten. Jetzt haben wir Angst, daß er sich blamieren, daß er von einem Fettnäpfchen in das andere treten könnte, daß sein Temperament mit ihm durchgeht und er seinen Kritikern genügend Gelegenheit bietet, über ihn herzufallen.

Als er endlich in die Aula kommt, greife ich unversehens nach Lindas Hand, so als wollte ich mir bei ihr Zuversicht und Mut holen. Nun, sein Auftritt hält, was seine blitzenden Augen versprechen. Er ist zornig, er ist verletzt. Er ist in seiner Ehre als Arzt gekränkt, fühlt sich an die Wand gedrängt. Ich höre ihm genau zu. Was er sagt, hat Hand und Fuß. Er muß nicht tatenlos zusehen, wenn man ihn und seine Arbeit in den Schmutz zieht. Nur die Art, wie er sich verteidigt, läßt zu wünschen übrig.

Ich schaue mir die Gesichter der umsitzenden Journalisten an: sie sind gespannt, lauernd. Man wartet auf einen Skandal.

Doch der bleibt aus. Hackethal hat in der Sache recht. Das leuchtet wohl allen ein. Es ist leichter über ihn zu urteilen oder ihn zu verurteilen, wenn man ihm nicht gegenüber sitzt, wenn man nichts spürt von der Kraft, die von ihm ausgeht. Nach seinen Ausführungen bittet er um Fragen. Die kommen zögernd. Warum er nicht nach Amerika gehe, man habe ihm dort doch ein hervorragendes Angebot gemacht, will man von ihm wissen. »Weil ich hier nicht weglaufen will wie einer, der Angst hat. Ich stehle mich nicht aus meiner Verantwortung. Ich will auch meine Patienten nicht im Stich lassen.« Brausender Beifall von Seiten der »Victory«-Gruppe. Auch Ärzte und Schwestern klatschen. Mit welchem Urteil rechnet er in dem drohenden Prozeß über geleistete Sterbehilfe? »Mit Freispruch«, donnert er, »nichts anderem als Freispruch.«

Zu diesem Prozeß wird es im übrigen gar nicht kommen. Im November 1986 schlägt die Staatsanwaltschaft das Verfahren nieder. Zwei lange Jahre Diffamierung und Diskriminierung haben an den Nerven von Hackethal, seiner Frau, seiner Ärzte und Patienten gezehrt.

»Sag mal, warum schreibst du eigentlich nicht mehr?« will der Kollege von mir wissen. Wir haben uns eine Portion Tee geholt und gemeinsam mit Linda einen ruhigen Platz gefunden. »Paß auf, ich mach' jetzt ein Interview mit dir, nenne auch, wenn du damit einverstanden bist, deinen vollen Namen, und dann wirst du schon sehen, daß Aufträge kommen.«

Ich solle doch nicht so ungeschickt sein, andere an meiner Geschichte verdienen zu lassen, meint er. »Schreib selbst was über deine Erfahrungen hier. Das hast du schließlich gelernt.«

Ich bin nachdenklich geworden. Eigentlich hat er recht. Seit vielen Jahren besitze ich keine Schreibmaschine mehr. Wenn ich meine Beiträge für unseren »Gemeindebrief« tippen muß, leihe ich mir eine von Brigitte, meinem Gegenüber. Mir schien die Anschaffung unrentabel.

So gerne ich früher geschrieben habe, seit meiner Scheidung, seitdem ich für Erziehung, Haushalt, Schule, kurz: für die ganze Famile verantwortlich bin, bin ich geistig träge geworden. Ich lese viel weniger als früher, beneide erfolgreiche Kolleginnen, ohne jemals auf die Idee zu kommen, es ihnen gleich zu tun.

Meine Beiträge für das kleine Kirchenblatt, meist reiner Lesestoff mit dem Ziel, nicht nur über Veranstaltungen in der Gemeinde zu informieren, sondern auch ein wenig zu unterhalten, schienen mir schriftstellerische Leistung genug. Pfarrer Söllner, der »Chefredakteur« des »Gemeindebriefes«, fand das ganz und gar nicht. »Das hier kann Ihnen gar nicht genügen«, bohrte er immer wieder, »und das darf Ihnen auch nicht reichen.« Ich schaltete auf stur, meinte, ich sei mit diesen Artikeln voll ausgelastet und im übrigen auch überaus zufrieden damit. Der Pfarrer schaute mich zweifelnd an, zog sich zurück. Aufdringlichkeit liegt ihm nicht. Weder als Seelsorger noch als zeitweiliger »Berufsberater«.

Doch an diesem 7. Januar 1986, als mein Kollege aus früheren Zeiten in diese bereits angeritzte Kerbe schlug, fing ich Feuer. Am nächsten Tag stand mein Telefon kaum mehr still. Andere Zeitungen und Zeitschriften meldeten ihr Interesse an. Kollegen wollten mich zum Thema Krebs, Leben, Überleben, Lebensangst, Lebensmut befragen. Ich verweigerte fast alle Interviews, bot an, meine Geschichte selber zu verfassen. Man war einverstanden damit.

Ich begann wieder zu schreiben.

Da alle gleichzeitig etwas von mir wissen wollten, geriet ich gewaltig unter Zeitdruck. Ein herrliches Gefühl!

Obwohl ich 15 Jahre Redaktionsmitglied der »Süddeutschen Zeitung« und später freie Mitarbeiterin einiger anderer Zeitungen war, habe ich die Freude am Gedruckten, unter dem mein Name stand, nie verloren.

Jetzt wurde mein Eßtisch plötzlich wieder zum Schreibtisch umfunktioniert. Die Zeit reichte plötzlich nicht mehr aus. Wenn die Kinder aus der Schule kamen, gab es kurze Küche. Ich bekam ein schlechtes Gewissen, entschuldigte mich bei ihnen. »Das macht uns überhaupt nichts aus«, beruhigten sie mich. »Es ist schön, daß du mal wieder etwas anderes tust als Staubwischen, Fensterputzen und Bügeln.« »Jetzt habe ich halt weniger Zeit für euch«, meinte ich bekümmert. »Na und, wir sind doch keine kleinen Kinder mehr«, bekam ich zur Antwort. So ist das also. Da meint man als bemühte Mutter, man müßte ausschließlich für seine Kinder da sein, damit ihnen ja nichts abgeht, und dann wollen die das gar nicht so unbedingt.

Nach und nach treffen die Belegexemplare ein. Ich fotokopiere meine Beiträge, ordne sie nach Datum und überreiche sie Pfarrer Söllner. Er hat von meinen Aktivitäten nichts gewußt. Die Blätter, die sich für meine Krankengeschichte interessierten, gehören nicht zu seiner täglichen Zeitungslektüre. Er zeigt sich überrascht und erfreut. Ein »Ich habe es ja gleich gewußt« verkneift er sich zunächst noch. »Wenn das so weitergeht, werde ich mich nach einer neuen Mitarbeiterin für den Gemeindebrief umsehen müssen«, lacht er und glaubt selbst keine Sekunde daran, daß ich diese Artikel vernachlässigen werde.

Ich möchte Franz wiedersehen, den Kollegen, mit dem mich vor fast 30 Jahren soviel verbunden hat. Plötzlich ist dieser Wunsch da, wird mit der Zeit immer stärker. Wir haben uns nach stürmischer Wiedersehensfreude vor vielen Jahren endgültig aus den Augen verloren. Ich finde seinen Namen weder im Münchner noch im Hamburger noch im Wiener Telefonbuch, allesamt Stationen seines Lebens. Ein Kollege erzählt mir, daß er sich selbständig gemacht hat, daß er Bücher schreibt und hin und wieder Reportagen oder kleine Feuilletons liefert. Ich will seine Adresse, bekomme schließlich die Nummer eines Postfachs, schreibe sofort einen Brief an ihn mit der dringenden Bitte um Rückmeldung und höre lange nichts von ihm.

Als ich gerade dabei bin, wieder berufliche Pläne zu schmieden, eine Zeit, die ich sehr genieße, weil mich beginnende Aktivitäten von Sorgen ablenken, überfallen mich die Schmerzen in der Brust wieder.

Drei Wochen lang attackieren sie mich nahezu täglich. Einmal zwischen acht und neun Uhr in der Früh, einmal nachts zwischen zwei und drei Uhr. Sie tauchen regelmäßig auf, woher sie kommen und wie sie entstehen weiß ich nicht. Die Brust ist dann hart und bleibt druckempfindlich. Zunächst verständige ich die

Hackethals nicht. Einmal aus Feigheit und zum anderen, weil ich hoffe, sie würden wieder verschwinden. Ich taste mich ab, Knoten fühle ich nicht. Krebs als Ursache für Beschwerden dränge ich weg.

Eines Nachts träume ich wieder von meinem Baumhaus. Ich sitze auf der Leiter ganz oben in den Sprossen und werde geschaukelt. Erst ganz sanft, dann immer schneller. Mir wird schwindelig. Ich rufe nach unten: »Bitte aufhören!« Enrico läßt die Leiter augenblicklich los und schaut nach oben.

Ich bin so erleichtert ihn zu sehen, daß ich das Seil, an dem die Sprossen befestigt sind, loslasse und mich einfach nach unten werfe. Wohlbehalten lande ich in seinen Armen. Dort erst wird mir klar, daß ich mich in Gefahr befunden habe. Ich klammere mich fest an diesen Mann und weine hemmungslos.

Von meinen Tränen werde ich geweckt. Sofort erinnere ich mich an meinen Traum, bemühe mich, ihn fortzusetzen. Doch dieser Versuch scheitert kläglich. Ich hole Enricos Briefe und lese sie durch. Eigentlich kann ich sie längst auswendig, doch in dieser Nacht brauche ich die Originale.

Fasching ist in München angesagt. Ich bin seit eh und je ein Faschingsmuffel gewesen, entwickle einfach keine Phantasie, wenn ich mich verkleiden soll. Sicherlich liegt das auch an meiner Brille. Rollen, die ich schon als kleines Mädchen im Fasching spielen wollte, waren einfach nicht drin. Eine Prinzessin, eine Zigeunerin, ein Schneewittchen, eine Gänseliesel mit dicker Brille?

Mehrere Einladungen zu Hausbällen habe ich abgelehnt. Der Vorschlag von Florian, am Rosenmontag in ein Münchner Künstlercafé zu gehen und uns die zur Zeit favorisierte Life-Gruppe »Supersonic« anzuhören, interessiert mich dagegen schon weit mehr. Bevor wir das Haus verlassen, wirft der Sohn einen prüfenden Blick auf mich. Doch meine Garderobe — Jeans und ein viel zu großer verwaschener Baumwoll-Pullover, der eigentlich Christls Sohn Thomas gehört — gefällt ihm offensichtlich. Das Café hat weißgekalkte Wände, ist in grelles Licht getaucht und wirkt auf den ersten Blick äußerst ungemütlich. Zumindest auf mich. Da die Tische fast alle besetzt sind, suchen Florian und ich einen Platz an der Bar.

Er liegt strategisch sehr günstig. Wir stehen an der Ecke, können gut auf die Bühne sehen und haben vor allem Beinfreiheit. Das ist sehr wichtig, wie sich später herausstellt. Die Zusammensetzung des Publikums überrascht mich etwas. Ich entdecke wenig Maskierte, keine Punker. Junge Leute im Alter von Florian, also 20jährige, dominieren.

Hin und wieder sieht man auch ältere Musikfans. Meine ursprüngliche Sorge, ich könnte mir dort vorkommen wie die komische Alte unter lauten Halbwüchsigen, ist unbegründet. Wir bestellen zunächst Bier, reden wenig miteinander, weil ich einfach viel zu beschäftigt bin, meine Umgebung zu beobachten. Freunde von Florian treffen ein und gesellen sich zu uns an die Bar. »Meine Mutter«, stellt er mich ab und zu vor. Meistens unterläßt er es aber, uns miteinander bekannt zu machen.

Die Band, unterstützt von einer temperamentgeladenen, hervorragenden Sängerin, fegt unvermittelt los. Eine Unterhaltung wird damit unmöglich. Dafür lösen sich die Zuhörer nach und nach von ihren Stühlen, von den Tischen und der Bar und fangen an zu tanzen.

Ich bin hingerissen. Es dröhnt in meinem Kopf. Die Musik füllt mich ganz und gar aus. Florian und seine Freunde tanzen bereits. Sie haben mich vergessen, und das ist gut so, denn auch ich kann nicht widerstehen, gleite von meinem Barhocker und mache mit. Plötzlich fühle ich mich beobachtet und schaue in das Gesicht eines Mannes, der mich anlächelt. Meine Augen grüßen zurück, ich tanze weiter, beachte ihn nicht mehr. In einer Tanzpause gehe ich zum Waschraum. Der Weg dorthin führt direkt an dem Mann vorbei. Er lehnt an einem Stehtisch, hat ein

Bier vor sich stehen und blickt mir entgegen. Da mehrere die Gelegenheit nützen, sich frischzumachen, ordne ich mich in eine Schlange von Wartenden ein. Direkt vor ihm muß ich anhalten. Plötzlich fühle ich, wie er mir über die Haare streicht. Ich drehe mich um, lache ihn an. »Schön machst du das.« Er grinst zurück. Ich werde weitergeschoben.

Als ich den Rückweg antrete, ist er zunächst verschwunden. Die Musik fängt wieder an. Ich will weitertanzen. Da steht er neben mir, nimmt meine Hand und zieht mich an einen Platz, wo man etwas mehr Bewegungsfreiheit hat. Aber die will er offenbar gar nicht. Er hat mich ganz fest an sich gedrückt. Ich wehre mich überhaupt nicht. Er ist ungemein sympathisch, sehr groß und breit, hat dunkelblonde, dichte Locken, blaue Augen, sieht meiner Meinung nach ein bißchen aus wie ein gutmütiger Teddybär.

Obwohl er hautnah mit mir tanzt, ist er nicht aufdringlich. Nach einer Weile bringt er mich an die Bar zurück. »Vinzenz heiß ich«, sagt er zu mir »und du?« »Ingrid.« »Na schön, Ingrid. Jetzt laß ich dir eine Pause. Aber ich hol dich wieder. Ich hol dich den ganzen Abend. Du liegst einem so gut im Arm.« Mit einem Bussi in meine Haare verabschiedet er sich von mir.

Der Sohn schaut mich an. Kritisch? Strafend? Streng? Mitnichten! Er betrachtet mich richtig liebevoll. »Sauber, sauber«, meint er schließlich. »Da hat sich doch meine alte Mutter glatt den nettesten Typen im ganzen Lokal geangelt.« Ich verbiete mir weitere »Anzüglichkeiten« und bestelle ein neues Bier. Die Sängerin kommt zu uns. Sie kennt Florian und seine Freunde, weil sie ihre Konzerte regelmäßig besuchen und ein ehemaliger Klassenkamerad von ihnen jetzt am Schlagzeug sitzt. »Das ist meine Mutter«, stellt mich der Sohn vor. »Toll, daß du sie mitgebracht hast«, wird er gelobt.

Ein Glas geht zu Bruch. Man kann das Splittern deutlich hören, ich drehe mich um, sehe daß Vinzenz seinen Kopf auf den

Tisch gelegt und dabei das Glas umgeworfen hat. Ich gehe zu ihm hin, richte seinen Wuschelkopf auf. Er schaut mich glücklich und ein bißchen betrunken an. »Hör bloß auf mit dem Trinken«, warne ich ihn. »Sonst wird das heute abend nichts mit unserer Tanzerei.« »Sei nicht so streng mit mir«, entgegnet er und legt seinen Arm um mich. »Du bist wohl von der Heilsarmee.« Ich gebe ihm einen Nasenstüber. Da zieht er mich wieder an unseren Tanzplatz. Es ist erstaunlich, wie sicher er tanzt. Ich fühle mich wohl in diesen Armen. Plötzlich hebt er mich in die Luft und läßt mich eine Weile zappeln, bis ich wieder festen Boden unter den Füßen habe. Dieser unerwartete Temperamentsausbruch hat Florian auf den Plan gerufen. »Geht's gut?« will er wissen. »Selbstverständlich«, gebe ich zurück. »Wer war das?« erkundigt sich mein Tanzbär. »Mein Sohn.« Das erstaunt ihn dann doch. So einen großen Sohn hat er mir wohl nicht zugetraut. »Wie alt bist du überhaupt?« »47 Jahre.« Er ist tatsächlich verblüfft. Jetzt interessiert mich sein Alter. »46 Jahre.« Wir brechen beide in Gelächter aus. Da sind wir ja beide nahezu gleich alt. Das Seniorenpaar in diesem Etablissement, wie uns scheint.

»Darauf brauche ich noch ein Bier«, entscheidet Vinzenz. Einen Rüffel, der mir bereits auf der Zungenspitze liegt, unterdrücke ich. Schließlich bin ich ja wirklich nicht von der Heilsarmee. Ganz im Gegenteil. Ich amüsiere mich ausnehmend gut mit diesem Mann, fühle, wie ich mich wohlig seinem umwerfenden Charme ergebe. Florian zwinkert mir von der Ferne zu. Es ist das erste Mal, daß er Gelegenheit hat zu beobachten, wie gerne seine Mutter flirtet.

Da macht Vinzenz einen Fehler. Einen kleinen nur, aber er trübt meine Freude zunächst. Wir trinken das Bier an seinem Stehtisch. Während er mit der einen Hand in meinen Haaren spielt, versucht er seine andere Hand unter meinen weiten Pullover zu schieben. Ich erstarre. Das mag ich nicht! »Vinzenz, laß das bleiben!« sage ich zu ihm. Er zieht die Hand sofort zurück, ist nicht beleidigt über diese Abfuhr. Aber er ist hartnäckig. Während ich mich langsam entspanne und die Gefahr für gebannt halte, startet er einen neuerlichen Versuch. Vielleicht hätte ich ihm sogar nachgegeben, vielleicht hätte ich mich von seiner Stimmung anstecken lassen, doch da gibt es einen Enrico, irgendwo in Italien, der hat das gleiche auch mit mir gemacht, doch dem ist mein Körper entgegengekommen, den hat mein Körper gebraucht, den habe ich wohl von Anfang an geliebt.

»Vinzenz, sei ein Schatz und laß das bleiben«, bitte ich ihn und er hält dann wirklich den von mir gewünschten Abstand.

Seine Enttäuschung über meine unvermutete Zurückhaltung hält er im Zaum, läßt er sich zumindest nicht anmerken. Er fängt sich wieder, das Lachen und die gute Laune bleiben zwischen uns, und darüber bin ich sehr froh. Wir tanzen wie die Wilden, ich vermute, daß uns die Jugend rund um uns, inklusive mein Sohn Florian, für zwei völlig ausgeflippte Alte hält. Florian signalisiert mir, daß er nach Hause möchte. Ich bin sofort damit einverstanden und leite ein Abschiedsgespräch mit Vinzenz ein. Er ist zunächst dagegen. »Schau, ich muß gehen, der Sohn ist müde.« Auf seinen Vorschlag, mich von ihm etwas später heimbringen zu lassen, gehe ich nicht ein. »Gut, du darfst heim, aber erst brauche ich noch deine Adresse«, meint er schließlich. Die will ich ihm nun ganz und gar nicht geben. Er wendet sich an den Sohn, der nicht verstehen kann, daß ich ihn plötzlich so finster anschaue. »Florian, gib ihm keine Adresse«, warnen meine Augen und er hält sich zurück. Vinzenz ist enttäuscht.

»Warum sollen wir uns denn nicht noch einmal sehen?« schmeichelt er. Ganz sanft streicheln seine Finger an meinem Nacken entlang, verursachen vorübergehend ein sehr verdächtiges Herzflimmern. »Na gut, gib mir einen Zettel, ich schreib dir Adresse und Telefonnummer auf«, gebe ich schließlich nach.

Vinzenz ist begeistert. Er reicht mir sein Notizbuch. Ich blättere darin, suche nach einem leeren Blatt, schreibe etwas hinein. Meine vorgehaltene Hand verdeckt den Einblick.

»Servus, Vinzenz«, verabschiede ich mich von ihm und lege die Arme um seinen Hals. Er zieht mich näher an sich, will mir einen Kuß geben, verfehlt meinen Mund und landet mit seinen Lippen an meinem Hals. Ich lache. »Paß nur auf, wenn wir uns wiedersehen, hole ich alles nach«, droht er mir lachend. Mit Florian gehe ich aus dem Lokal.

Im Auto freut sich der Sohn. »Muß schon sagen, Du hast wirklich einen besonders netten Typen aufgetan«, meint er. »Ich bin gespannt, wann der sich meldet.« »Der wird sich gar nicht melden«, sage ich ungerührt. »Wieso denn nicht? Der ist doch ganz scharf auf Dich«, bekomme ich zur Antwort. »Ich nehme an, der schläft morgen früh seinen Rausch aus, den er sich jetzt endgültig antrinkt und spätestens am Nachmittag ruft er Dich an.« »Wird er nicht. Ich habe ihm meine Adresse gar nicht gegeben.« »Wie bitte?« der Sohn verschaltet sich beinahe, so überrascht ist er. »Was hast Du denn in das Bücherl geschrieben?« »Gar nichts. Ich habe lediglich ein Herz hineingemalt mit einem Pfeil in der Mitte und einem dicken Blutstropfen drunter.« »Du bist einfach nicht zu retten«, werde ich beschimpft. »Da lernt die Frau mal einen netten Mann kennen und dann verweigert sie ihm die Adresse.« Der Sohn ist sauer. Ich denke an Enrico und schmunzle in mich hinein.

Ich schlafe noch fest, als das Telefon neben meinem Bett schrillt. »Ciao, Bella«, ruft mir Enrico durch die Muschel zu. »Come stai?«

»Enrico, es geht mir eigentlich noch gar nicht«, antworte ich verschlafen. »Ich bin erst vor kurzem ins Bett gekommen.« »Brutta ragazza«, schimpft er. »Guarda. Du wirst jetzt wach bleiben, Dich wunderschön machen und mich um 10.30 Uhr vom Flugplatz abholen. Ich bin mit Geschäftsfreunden in Venedig. Sie wollen hier Carneval feiern. Ich möchte aber lieber zu Dir. Ich kann bis morgen bleiben. Ingrid, wir haben einen ganzen Tag für uns alleine.«

Als Linda zum Frühstücken kommt, bin ich bereits frisch frisiert und so aufgeregt, daß ich keinen Bissen essen kann. Lediglich dem Kaffee spreche ich kräftig zu. Ich sage ihr, daß ich heute den ganzen Tag über unterwegs sein werde und schlage ihr vor, zu ihrer Freundin zu gehen. Das hatte sie sowieso vor. Schließlich ist heute Faschingsdienstag. Es schneit zwar draußen, aber ein paar Klassenkameradinnen wollen in die Innenstadt ziehen und sich dort amüsieren. Wir Mütter haben bereits unser Einverständnis gegeben, allerdings nur, wenn sie in der Gruppe bleiben. Einzelaktionen scheinen uns zu gefährlich. »Was machst Du eigentlich heute?« will sie von mir wissen, bevor sie abzieht. »Ich bekomme Besuch von Freunden, die sich mal den Münchner Fasching anschauen wollen. Ich muß ihnen halt ein bisserl was zeigen. Deshalb kann ich mich auch nicht festlegen, wann ich am Abend zurück sein werde. Ich rufe Dich aber auf jeden Fall von unterwegs aus an. Vielleicht komme ich auch zwischendurch mal heim. Ich weiß es wirklich nicht. Es ist alles ein wenig überraschend gekommen.« Linda wirft mir eine Kußhand zu und verschwindet. Florian hinterlasse ich eine Nachricht. »Es war wunderschön gestern abend. Dank Dir dafür. Heute bin ich ausgeflogen. Rückkehr sicher. Zeitpunkt äußerst ungewiß. Bis morgen.«

Ich sehe ihn sofort, als er durch die Sperre geht. Er strahlt soviel gute Laune aus, daß alles um ihn herum zu leuchten beginnt. Wenigstens für mich. »Sag mal, warum bist Du gestern nacht erst so spät ins Bett gekommen?« will er im Taxi zur Innenstadt von mir wissen. Ich schildere den vergangenen Abend in allen Details. Er hört aufmerksam zu, lächelt plötzlich, als ich von Vinzenz' Annäherungsversuchen erzähle. Als er von dem Herzchen hört, das ich ihm statt meiner Adresse in sein Buch gemalt habe, lacht er laut.

Und dieses Lachen begleitet uns den ganzen Tag über. Es ist dabei, als wir sein Gepäck im Hotel abgeben, als wir ein Weißwurstfrühstück machen, als wir in Schwabing von Lokal zu Lokal ziehen.

Enrico hat für uns beide Schiebermützen aus Venedig mitgebracht. Die stülpen wir uns auf die Köpfe. Zwei verwegen aussehende Leute, die sich gegen den Schneesturm stemmen und ganz einfach nur glücklich sind. Ab und zu tanzen wir, wenn uns irgendwo eine Musik besonders gut gefällt. Wir reden mit den Leuten, an deren Tische wir uns quetschen. Wir begegnen keinem einzigen unfreundlichen Menschen, stecken mit unserer Freude einfach alle an.

Am späten Nachmittag werde ich langsam müde. Schließlich habe ich heute nacht höchstens drei Stunden geschlafen. Wo sollen wir uns ausruhen an diesem Faschingsdienstag, wo es rund um uns immer lauter wird? Überall stoßen wir auf Maskierte. In den Lokalen dröhnt die Musik. Beide haben wir fast gleichzeitig dieselbe Idee. Wir werden ins Kino gehen. Dort können wir uns am besten erholen. Nach Hause oder in sein Hotel wollen wir beide nicht. Noch nicht!

Wir setzen uns in die letzte Reihe. Ich kuschle mich an Enrico. Seine großen Hände halten mich fest. Vor uns läuft ein Lustspiel. Es wird viel gelacht. Ich passe nicht sonderlich auf. Enricos Nähe, sein Geruch, seine Wärme sind mir wichtiger. Jetzt erst merke ich, wie sehr ich mich die ganze Zeit über nach diesem Mann gesehnt habe, wie sehr ich ab und zu doch seine tröstliche und tröstende Nähe brauche. Briefe und Telefongespräche, die hin- und herwandern, sind zwar auch schön, aber sie reichen eben nicht. Nicht immer.

Langsam wird mir klar, daß Enrico zu einem wesentlichen Bestandteil meines Lebenswillens geworden ist. Ich darf einfach nicht wieder krank werden. Ich darf nicht sterben, noch lange nicht. Es wird zwar keine gemeinsame Zukunft für uns geben, aber wir werden uns eine eigene kleine Welt aufbauen, in unserer Phantasie, in unseren Träumen.

Nach der Vorstellung rufe ich Linda bei ihrer Freundin an. Sie waren in der Stadt, sind aber wieder heimgefahren, weil ihnen das Wetter einfach zu unfreundlich war. Jetzt spielen sie Karten, später wollen sie zum Hamburger-Essen gehen. Ob sie hier übernachten darf, will sie wissen. Schließlich sei sie heute alleine zu Hause, wenn ich erst spät heimkomme. »Du mußt aber vorher noch heimgehen und Deine Schultasche holen. Die Ferien sind morgen vorbei.« Linda bedankt sich, schickt mir ein Bussi durchs Telefon und wünscht mir noch einen schönen Abend. »Ist es nett bei Dir?« will sie noch wissen. »Sehr schön.«

Enrico hat vor der Telefonzelle gewartet. Er ist mehrmals von Maskierten angesprochen worden, hat jedesmal begeistert mitgespielt. Er scheint diesen Wirbel zu genießen. Nichts an ihm erinnert jetzt an den seriösen Geschäftsmann. Heute ist er wieder Enrico, der Zauberer!

In einem gemütlichen Lokal, etwas abseits von dem allgemeinen Trubel, finden wir einen kleinen Tisch und bestellen Chili con Carne. Am Nebentisch sitzen junge Leute. Sie prosten uns zu, wir lachen zurück. Es dauert nicht lange, und wir gehören zu ihrem Kreis. Wir stellen uns als frisch verheiratetes Ehepaar vor und werden belehrt, daß wir das lieber hätten bleiben lassen sollen. »Ehe killt die Liebe«, klärt man uns auf und wir halten wohlweislich zu diesem Thema den Mund.

»Wann mußt Du zu Hause sein?« fragt mich Enrico leise, für die anderen unhörbar. Stimmt, ich habe ihm noch gar nicht gesagt, daß es für mich heute abend keinen Zapfenstreich gibt. Ich wende ihm mein Gesicht zu, so daß wir uns direkt in die Augen sehen können. »Enrico, ich darf heute machen, was ich will. Linda ist nicht daheim. Ich kann kommen, wann ich mag.« Er schaut mich an, bleibt stumm. Wir kehren wieder zu der Unterhaltung am Tisch zurück. Niemand hat bemerkt, daß sich da unvermittelt Spannung eingeschlichen hat, zwischen dieser Frau und diesem Mann, die so vergnügt ihre Späße mitmachen. Enrico hat nicht die geringsten Sprachschwierigkeiten. Er wirft sein Italienisch, sein Englisch, Französisch und Deutsch durcheinander, verständigt sich prächtig und wird von allen verstanden. Kontaktschwierigkeiten kennt er nicht.

Es geht auf Mitternacht zu. Ich bin müde. Trotz des Protestgeschreis unserer Tischgenossen brechen wir auf. Nach ausgiebigen Umarmungen und der Zusage, bald wieder in den Alten Ofen zu kommen, stehen wir auf der Straße. Es schneit immer noch. Mir ist kalt.

»Ingrid, bringst Du mich noch zum Hotel, oder willst Du gleich nach Hause fahren?« Er hat seine Hand aus der meinen gelöst, steht mir gegenüber, ohne mich zu berühren. So als wollte er mir die Entscheidung ganz und gar alleine überlassen. »Ich will heim. Aber ich will, daß Du mit mir kommst.« Ich habe über diesen Satz nicht nachgedacht. Er ist einfach aus mir herausgebrochen. Er wirft die Arme um mich, wirbelt mich zwei-, dreimal im Kreis herum. Überallhin bekomme ich Bussis. Auf die Wangen, auf die Haare, auf die Hände, auf die Nasenspitze, auf die Brille. Ich gebe sie allesamt zurück, ebenso glücklich wie er.

Jetzt, wo wir endlich wissen, was wir beide wollen, lassen wir uns Zeit auf dem Heimweg. Ein Taxi lehnen wir ab. So eine schnelle Fahrt würde die Vorfreude aufeinander verkürzen. Wir werden diese Fahrt von Schwabing nach Harlaching zelebrieren, werden irgendwann in die U-Bahn, die am Faschingsdienstag länger fährt als sonst, steigen und daheim ankommen. Überall begegnen uns maskierte Menschen. Viele von ihnen sind todmüde. Ihre Gesichter sehen aus, als gehöre die ganze Maskerade gar nicht mehr zu ihnen. Es ist bereits Aschermittwoch in München.

Die Asche scheint man ihnen nicht aufs Haupt gestreut, sondern direkt ins Gesicht geschleudert zu haben, so grau sehen manche aus.

Die Ludwigstraße ist menschenleer. Reges Treiben herrscht indessen noch in der Theatinerstraße, Richtung Marienplatz. Wir vertiefen uns in hell erleuchtete Schaufenster, schenken uns in Gedanken sündteure Kleider und Anzüge, hüllen uns ein in feinstes Leder. Der Schmuck, den Enrico für mich aussucht, könnte mich mühelos in einen Christbaum verwandeln, so penetrant glitzert er. Ein ungewöhnlich scheußlicher Ledergürtel hat es mir besonders angetan: Eine Schlange — goldener Kopf — grüne Brillantaugen — beißt sich in ihren Schwanz — Gold mit Brillantsplittern versetzt. »Enrico, diesen Gürtel wünsche ich mir zu meinem Geburtstag.« »Bekommst du, cara. Er würde ganz hervorragend zu deinen Jeans passen«, albert er zurück.

Am Marienplatz steigen wir in die U-Bahn, stolpern über Betrunkene, die auf ihre Züge warten. Mir wird das langsam zu viel, und ich bin heilfroh, als wir in einer nahezu leeren Straßenbahn den restlichen Weg zurücklegen können.

Bei uns in der Straße ist bereits alles dunkel. In wenigen Stunden werden die ersten Wecker rasseln und einen ganz gewöhnlichen Arbeitstag einläuten. Als wir das Haus betreten, kommt uns Gipsy entgegen. Er ist maßlos beleidigt, weil er den ganzen Tag über alleine zu Hause bleiben mußte. Während ich Keller- und Wohnungstüre abschließe, macht sich Enrico mit meinem Kater bekannt.

Er hat sich einfach auf die Treppe gesetzt, liebkost ihn. Schmusig streicht das Tier an ihm entlang, begrüßt ihn schnurrend mit seinem buschigen Schwanz.

Ich bin inzwischen vorausgegangen, habe die Lampen angemacht, rücke meine Wohnung sozusagen ins beste Licht, mache sie bereit, Enrico zu empfangen. In der Küche hole ich eine Flasche Wein aus dem Eisschrank. Enrico steht in der Mitte des

Wohnzimmers und schaut sich um. Er ist befangen, das merke ich. Mir paßt diese Fremdheit zwischen uns beiden ganz und gar nicht. Lachend werfe ich mich in seine Arme. »Benimm Dich bloß nicht wie ein schüchterner Primaner, der zum ersten Mal mit einem Mädchen alleine ist.« »Wer weiß, vielleicht fühle ich mich im Moment wirklich so«, meint er versonnen und legt sein Gesicht in meine Haare.

In dieser atemlosen Nacht erzähle ich Enrico irgendwann von meinem Baumhaus, schildere ihm meine Träume, sage ihm, daß ich es zunächst mit einem unbekannten Mann bewohne, und daß dieser im letzten Traum seine Züge angenommen hat. Dieses Baumhaus fasziniert ihn sofort. Auf einem Notizblock, den er vom Telefontisch geholt hat, zeichnet er einen Entwurf. Es entsteht ein dicker Baum. Seine Äste sind nach oben gerichtet. Nach unten ist lediglich eine schmale Luke offen, die den Ein- und Ausstieg ermöglicht. Eine Strickleiter hängt nach unten, sie sieht aus wie ein verbeulter Damenstrumpf. An der rechten Hauswand hängen lauter kleine Herzen.

Enrico wird dieses Baumhaus mit mir beziehen. Soviel steht fest.

Im Laufe der Zeit bekomme ich immer wieder kleine Einrichtungsgegenstände dafür, die er irgendwo in Spielwarengeschäften oder sonstwo auftreibt. Eine Strickleiter, einen Tisch, eine Bank und schließlich eine winzige Umzugskiste mit vielen Sägespänen drin. In dieser Nacht haben wir endgültig den Grundstein gelegt für unser Haus. Wir bauen es in einem Land, das nur in unserer Phantasie existiert, an einem Ort, den nur wir kennen. Wir haben Glück, daß wir uns so ähnlich sind, daß wir dieselben Träume träumen. Wir wissen, was der andere meint, wenn er neue Möbel entwirft, wenn er umräumt. In diesem Haus treffen sich unsere Gedanken, auch wenn er in Florenz ist und ich in München lebe. Es kommt häufig vor, daß wir uns telefonisch in unserem Baumhaus verabreden. »Heute um Punkt neun Uhr werde ich da sein«, kündige ich an, und Enrico kommt zur gleichen Zeit. Realisten mögen den Kopf über uns schütteln. Soviel Romantik tut ja fast schon weh, denken sie. Doch darauf können Enrico und ich keine Rücksicht nehmen. Wir bebildern unser Leben und sorgen für Farbe. Die ganzen Jahre über. Bis heute tun wir das.

Bevor sich Enrico zum Flughafen bringe, mache ich uns ein üppiges Frühstück. Sein Einwand, Italiener seien Frühstücksmuffel und hätten schon große Schwierigkeiten am Morgen ein trockenes Hörnchen hinunterzuwürgen, nützt ihm wenig.

Ich setze ihm Spiegeleier auf knusprigem Speck vor, und während wir am Tisch sitzen und die ganze Wohnung von unserem Glück erfüllt ist, bekomme ich Angst vor dem Alleinsein, fürchte mich vor dem Augenblick, wo wir das Haus verlassen, wo wir uns am Flugplatz vor anderen Menschen verabschieden müssen. Enrico weiß sofort, was in mir vorgeht, als ich plötzlich schweigsam werde. Er streichelt meine Hand, will mich trösten. Helfen kann er mir nicht. Das weiß er auch. »Ingrid, bleib zu Hause. Bring mich nicht zum Flugplatz.« Ich verstehe. Er hat Angst vor meinen Tränen, erträgt sie hier, wo wir alleine sind, eher als unter lauter fremden Menschen, die zu Zuschauern werden.

Dann ist es soweit. Er schaut auf die Uhr. Ich rufe ein Taxi. Beim Abschied klammern wir uns aneinander, können uns einfach noch nicht loslassen. »Ich rufe Dich an, bevor ich abfliege«, sagt er heiser. Der Taxifahrer läutet. »Ciao, Bella. Ti amo.« »Anche io, Enrico.«

Ich bin zu unserem Frühstück zurückgegangen. In der Kanne ist noch Tee übrig. Ich nehme Enricos Tasse und gieße mir den Rest ein. Ich wäre nicht im Traum darauf gekommen, meine eigene zu benützen. Ich muß schauen, ob ich eine Namenstasse finde, geht es mir durch den Kopf. Auf meiner steht »Ingrid«. Ich brauche eine zweite, auf der »Enrico« zu lesen ist. Doch augenblicklich verwerfe ich den Gedanken wieder. Wir sind in

Deutschland, nicht in Italien. Hier findet man Vornamen wie Peter, Michael, Dieter, Thomas oder Walter. Enricos, Guidos, Salvatores oder Faustos trifft man nicht.

Bin ich glücklich? Ich weiß es nicht. Bisher hatte ich einfach keine Zeit, mir darüber Gedanken zu machen. Seit Enricos Telefonanruf gestern früh und seinem überraschenden Besuch bin ich nicht mehr zum Denken gekommen. Eigentlich fühle ich mich innerlich total zerrissen. Ich liebe Enrico, das weiß ich jetzt, und Enrico muß ähnliches für mich empfinden, sonst wäre er in der vergangenen Nacht weniger zärtlich, weniger rücksichtsvoll, weniger liebevoll gewesen. Andererseits sehe ich mich in eine Rolle hineingedrängt, die ich nicht spielen möchte.

Ich will keine Ehe ins Wanken bringen. Ich will Laura keinesfalls den Ehemann wegnehmen, aber immerhin bin ich auf dem besten Weg, ihr den Mann streitig zu machen. Laura hat Brustkrebs, ebenso wie ich. Laura hat ihre Brust verloren. Ich habe mich gegen eine Amputation gewehrt. Plötzlich habe ich Angst, daß ich dieses gestohlene Glück büßen muß, daß Laura vor mir sterben könnte und Enrico alle Schuld an unserer verbotenen Beziehung mir zuschieben und mich deshalb verlassen könnte.

Doch diesen Gedanken verwerfe ich wieder. Ich habe heute nacht mit ihm darüber gesprochen, wollte von ihm wissen, inwieweit ich ihn und sein Gewissen belaste. »Nein, Ingrid, unsere Beziehung belastet mich nicht sonderlich. Ich habe auch kein schlechtes Gewissen. Ich war immer darum bemüht, Laura und den Kindern ein gutes Leben zu ermöglichen. Ich bin, wenn du so willst, so etwas wie ein idealer Familienvater. Sieht man einmal davon ab, daß ich vor zwei Jahren kurzfristig ausgebrochen bin. Das, was ich dir gebe, und was ich von dir bekomme, hat Laura nie gehabt und hätte sie auch nie von mir gewollt. Sie ist Realistin, Träume liegen ihr nicht.«

Während ich mir dieses Gespräch ins Gedächtnis zurückrufe, merke ich, wie meine gute Laune wieder die Oberhand gewinnt.

So langsam steigen Erinnerungen in mir hoch an Augenblicke, die uns beide den Atem nahmen. Der Gedanke an das Baumhaus tröstet, und vor allem die Gewißheit, daß ich es gemeinsam mit Enrico bewohne.

Als das Telefon läutet, merkt er mir nichts mehr an von meinen trüben Gedanken. Das erleichtert ihn ungemein. Wie viele Männer kann er mit Tränen, die vielleicht sogar noch wegen ihm geweint werden, überhaupt nichts anfangen. »Ingrid, ich werde wiederkommen. Ich denke an Dich, paß auf auf Dich. Bleib gesund. Und das ist auch ganz wichtig: halte unser Baumhaus schön in Ordnung.« »Ma certo, Enrico« — aber sicher, Enrico.

Frau Waldmann ist wieder am Chiemsee. Von Leni, der Holländerin, habe ich es gehört. Leni muß Ende März zur ambulanten Untersuchung. Dann wird sich entscheiden, ob sie noch einmal operiert wird. Wir machen aus, daß sie und Bruno auf der Hinfahrt bei mir vorbeikommen, eine Tasse Tee trinken und ich gemeinsam mit ihnen in die Klinik fahre.

Beide sind bedrückt, als sie bei mir eintreffen. Lenis Angst vor dem wachsenden Knoten zerstört langsam ihr gemeinsames Leben. Außerdem verträgt sie das Suprefact nicht. Sie hat Beschwerden, als sei sie mitten im Wechsel. Doch dafür ist sie noch viel zu jung. »Ich werde dem Professor sagen: Mit mir nicht, Herr Professor. Ich bin eine junge Frau. Ich will mich nicht fühlen wie eine alte Schachtel. Behalten Sie das Suprefact. Ich will operiert werden«, schimpft sie in ihrem holländischen Deutsch. Bruno nickt zustimmend.

Sie kann fast nicht reden. Sie hätte uns viel zu sagen, aber sie bekommt keine Luft mehr. Die Metastasen haben die Lunge befallen. Ein Knoten in der rechten Augenhöhle drückt das Lid nach unten. Sie kann das Auge nicht mehr richtig öffnen. Frau Waldmann wird sterben. Sehr bald. Das sehen wir sofort, als Leni und ich in ihr Zimmer kommen.

Trotzdem versucht sie uns zuzulächeln. Sie hat einen Sauerstoffschlauch in den Nasenlöchern stecken, ihre Haut ist gelb. »Bitte rede kein Wort«, sagen Leni und ich fast gleichzeitig. »Wir wollen nur bei Dir sein, Dir ein wenig von uns erzählen.« Ich habe ihr einen Osterhasen aus Plüsch mitgebracht. Nicht einen von der kitschigen Art, sondern einen mit frechem Gesicht und grünen Knopfaugen. Frau Waldmann nimmt ihn in die Hand. Leni streichelt ihren Arm, erzählt, daß sie bald hierher kommt und vermutlich wieder operiert wird. Frau Waldmann nickt. »Gut so, laß dich nicht unterkriegen«, flüstert sie. Eine Schwester betritt das Zimmer. Sie hat eine Flasche Franzbranntwein bei sich und will Frau Waldmann damit abreiben. Sie schüttelt den Kopf, als Leni und ich das Zimmer verlassen wollen. »Bleibt da«, bittet sie. »Mir macht das nichts aus, wenn ihr dabei seid.«

Leni bleibt am Bett sitzen. Ich schaue zum Fenster hinaus. Noch habe ich die Kraft nicht, den Rest zu sehen, der von Frau Waldmann übrig geblieben ist. Als wir wieder alleine mit ihr sind, sagt sie uns, daß sie sterben will. »Ich kann jetzt nicht mehr leben, jetzt, wo auch noch die Luft zum Atmen fehlt, jetzt will ich sterben.«

Ihre Worte sind undramatisch. Sie will keinen Eindruck mit ihnen schinden, will uns nicht vor den Kopf stoßen. Sie ist am Ende. Sie möchte auch nicht mehr nach Hause. »Meine Schwiegermutter hat mich am Heiligen Abend beiseite genommen und mich gefragt, ob ich es nicht besser finde, noch mit warmen Händen zu verschenken. Das hat mir genügt.« Sie muß lange Pausen machen zwischen den einzelnen Worten, aber es ist ihr offenbar sehr wichtig, sie bei uns loszuwerden. Es fehlt uns die Kraft, ihr Mut zuzusprechen.

Sie wird müde, ich verabschiede mich von ihr und lasse Leni im Zimmer zurück. Im Gang warte ich auf sie. Zum ersten Mal ist mir dieses Krankenhaus, sind mir die Schwestern, die an mir vorbeigehen und mich begrüßen, die Ärzte, die mir zuwinken, fremd und unheimlich.

Tränenüberströmt kommt Leni aus dem Zimmer. »Ich habe sie zum letzten Mal lebend gesehen. Ich weiß das, und sie wußte das auch.«

Bedrückt setzen wir uns in das Wartezimmer. Li kommt vorbei, sieht unsere traurigen Gesichter und weiß sofort den Grund. »Mit Frau Waldmann geht es zu Ende.« Sie glaubt auch nicht, daß Leni sie noch einmal sehen wird, wenn sie nach Ostern in die Klinik kommt. Mir verspricht sie, mich sofort zu verständigen, wenn es ihr noch schlechter geht. »Ich rufe Dich an, ganz bestimmt.«

Ihr Anruf erreicht mich an einem Sonntag, als ich gerade aus der Kirche komme. Zunächst freue ich mich, Lis Stimme zu hören, hoffe, daß sie Zeit hat zu einer kleinen Unterhaltung. »Ingrid, die Frau Waldmann stirbt«, nimmt sie mir jede Hoffnung. »Komm schnell, wenn Du sie noch sehen willst.«

Ich rufe Florian an, erreiche ihn nicht. Susanne ist daheim. Sie wird mich an den Chiemsee fahren. Wenig später steht sie vor der Türe. Schierek, ein gemeinsamer Freund, ist auch dabei. Die zwei werden spazierengehen, notfalls auch eine Brotzeit machen. Ich soll bei Frau Waldmann bleiben, so lange ich will, sagen sie. Auf der Hinfahrt rede ich kein Wort. Mir fällt einfach nichts ein.

Als ich an der Rezeption vorbeigehe, werde ich zurückgehalten. »Frau Benedict, die Hackethals sind nicht im Haus«, sagt die junge Dame am Emfpang. »Ich will nicht zu den Hackethals, ich will zu Frau Waldmann.« »Da können Sie auf keinen Fall hin«, meint sie erschrocken. »Frau Hackethal hat mich verständigt, ich weiß Bescheid«, gebe ich zurück. »Na schön, gehen Sie rauf, aber melden Sie sich bitte zuerst im Schwesternzimmer.«

Oberschwester Jutta wartet schon auf mich, als ich die Treppe hinaufsteige. »Ein Sohn ist bei ihr. Ich muß ihn erst fragen, ob es ihm recht ist, daß Sie reingehen.« Ich warte vor der Türe. Jutta kommt mit dem jungen Mann heraus. Wir kennen uns, er gibt mir die Hand, sagt, daß ich natürlich zu seiner Mutter kann. »Aber erschrecken Sie nicht. Es geht ihr sehr schlecht.«

Das Zimmer riecht nach Menthol. Da die Sonne draußen scheint, sind die Vorhänge teilweise zugezogen. Sie dämpfen den hellen Sonnenschein, ohne ihn ganz aus dem Zimmer zu vertreiben. Über dem Bett der Sterbenden ist — einem Baldachin ähnlich — ein weißes feuchtes Tuch gespannt. Frau Waldmann hat die Augen geschlossen. In ihrer Nase steckt wieder der Schlauch. Man hat das Bett hochgestellt. Sie sitzt fast darin. Auf dem Galgen, der kraftlosen Patienten dabei helfen soll, sich aufzurichten, sitzt der kleine Osterhase, den ich ihr damals mitgebracht hatte.

Der Sohn setzt sich auf den Stuhl neben dem Bett. Er nimmt ihre Hand. Ich halte mich etwas abseits. Frau Waldmann röchelt leise, atmet unregelmäßig, einmal ganz flach, dann wieder tiefer. Es ist still im Zimmer. Man hört nur das schwerfällige Atmen, das Ringen nach Luft. Meine Augen wandern von ihrem Gesicht weg hin zu der schmalen gepflegten Hand, die jetzt in der ihres jüngsten Sohnes liegt.

»Reagiert sie auf Druck?« frage ich ihn. »Kann ich nicht sagen«, meint dieser. »Manchmal denke ich nein. Manchmal habe ich das Gefühl, als würden sich ihre Finger bewegen, damit sie mich besser festhalten können.«

Erinnerungen an den Tod meines Schwiegervaters gehen mir durch den Kopf. Der lag damals nicht in einem komfortablen, freundlichen Zimmer mit Blick auf die Kampenwand, sondern in einem weißgekachelten Raum, der eigentlich als Labor gedient hatte und später zum Sterbezimmer umfunktioniert worden war. Man hatte ihn in ein Gitterbett eingesperrt, mit ihm im

Raum lag ein Mann, der einen Herzinfarkt hinter sich hatte und an piepsende Maschinen angeschlossen war.

Als ich am Bett meines Schwiegervaters saß, hatte ich auch seine Hand in der meinen. Ich achtete auf die Piepstöne, die vom Nebenbett kamen, doch sie waren unregelmäßig, bisweilen fürchtete ich, sie würden ganz wegbleiben, doch dann kehrten sie wieder zurück. Ich zuckte dann jedesmal zusammen und mein Schwiegervater reagierte ebenfalls ganz schwach. Er hatte lange nichts mehr gesagt. Der schrecklich würgende Husten hatte nachgelassen. Eigentlich wirkte er schon, als sei er tot. Behutsam versuchte ich, meine Hand aus der seinen zu lösen. Aber der sterbende Mann ließ mich nicht los. Ich fühlte, wie er mich festhalten wollte. Ich habe meinen Schwiegervater sehr geliebt.

An all das muß ich jetzt denken in diesem Zimmer, in dem ein Mensch stirbt, den ich auch sehr gern habe. »Sie geben ihr seit gestern Morphium«, sagt der Sohn. »Dann kann sie wenigstens schlafen. Sobald sie wach ist, bekommt sie diese grauenvollen Erstickungsanfälle.«

Er schaut sie liebevoll an, rückt ihr Kissen zurecht. »Wir sind alle hier, meine Brüder und ich. Wir wechseln uns ab am Bett. Allein ist sie nie. Morgen wird der Vater kommen.«

Ich schenke ihm eine Tasse Kaffee ein, biete ihm an, Kuchen mitzubringen, wenn ich jetzt schnell ins »Fischerstüberl« gehe, um dort Susanne und die anderen zu treffen. Wir hatten vereinbart, daß ich nach 2 Stunden zu ihnen stoße und ihnen sage, wann wir wieder fahren können. »Nein danke«, er will keinen Kuchen. »Bis bald«, verabschicde ich mich zunächst.

Auf einem sonnigen Weg gehe ich zu dem Lokal, sehe nichts von den Vorzeichen, die den Frühling ankündigen. Ich weiß, daß ich eigentlich gleich heimfahren könnte, Frau Waldmann wird nicht mehr aufwachen, während ich bei ihr im Zimmr sitze. Sie wird vielleicht überhaupt nicht mehr wach werden. Trotzdem will ich noch eine Stunde bei ihr bleiben. Es geht eine eigenartige Ruhe aus von dieser sterbenden Frau. Der langsame Tod meines Schwiegervaters hat mich gequält und noch monatelang verfolgt. Das Sterben von Frau Waldmann berührt mich auf eigenartige Weise, erschreckt mich nicht. Sie wirkt überhaupt nicht, als müsse sie sich quälen. Ihr Gesicht ist entspannt. Den Kopf hat sie etwas zur Seite geneigt. Der Mund ist zwar geöffnet, aber er stößt seltsamerweise nicht ab.

Natürlich liegt es auch an dem gemütlichen Zimmer, daß der Eindruck des Todes entschärft wird. Aber es ist in erster Linie die Harmonie, die von dem Sohn und seiner sterbenden Mutter ausgeht. Der Sohn wirkt traurig, aber er ist nicht verzweifelt. Als ich beschließe, zu gehen, muß ich mich richtig losreißen von dem Bild. »Darf ich anrufen und mich nach deiner Mutter erkundigen?« frage ich ihn. »Jederzeit. Einer von uns ist immer da. Meine Brüder kennen Sie aus Erzählungen.«

Wortlos geben wir uns die Hand. Ich gehe ganz nah an das Bett von Frau Waldmann, streichle ihre Hand. Ihre Augen flattern ein wenig, aber das hat sicher nichts mit meiner Berührung zu tun. Vermutlich läßt die Wirkung der Spritze nach. Trotzdem werte ich die Reaktion in dem ausgezehrten Gesicht als Gruß an mich. Der Gedanke, sie könnte mich wahrgenommen haben, tröstet mich, und Trost habe ich jetzt dringend nötig.

Am Montag ruft Li wieder bei mir an. Sie kann nichts sagen, weint in den Hörer. Ich weine mit. »Es ist ganz schnell gegangen«, bringt sie schließlich heraus. »Heute nacht ist sie gestorben. Ingrid, ich fühle mich so schrecklich machtlos. Nichts hat genutzt. Der ganze Mut nichts. Die ganze Kraft, die ganze Tapferkeit nichts. Nichts hat genützt.« So verzweifelt über den Tod einer Patientin habe ich Li Hackethal nie vorher und nie mehr nachher erlebt.

Den ganzen Tag über schleiche ich flügellahm durch meine Wohnung. Linda kommt von der Schule, sieht meine verweinten Augen, will den Grund dafür wissen. »Mami, sei nicht so traurig.« Am Nachmittag, als das Herz immer schwerer wird und ich der Hoffnungslosigkeit nichts mehr entgegenzusetzen habe, hole ich mir Susanne, das jüngste Kind von Brigitte. Sie ist acht Monate alt, ein bezauberndes kleines Mädchen mit großen dunklen Augen und einem umwerfenden Bedürfnis nach Zärtlichkeit. Sie kuschelt sich in meine Arme, ich streichle sie mit den Fingerspitzen, zeichne kleine Kreise auf ihre dicken Backen und blase sanft in ihre blonden Locken. Dieser kleine warme Körper weckt plötzlich wieder Leben in mir.

Am Abend rufe ich Enrico an, zum allerersten Mal. Bisher hat er sich immer bei mir gemeldet, denn er ist tagsüber schwer zu erreichen. Ich bin unglücklich und fühle mich momentan so allein, daß ich unbedingt seine Stimme hören muß. Im Hotel ist er nicht. Die Zentrale gibt mir seine Privatnummer. Ich weiß, daß ich einen Fehler mache, daß ich dieses Telefonat bereuen werde, trotzdem rufe ich an.

Laura ist am Apparat. Sie weiß zunächst gar nicht, mit wem sie spricht. Das Italienisch, das ich jetzt von mir gebe, ist auch unverständlich. Das merke ich selbst. Im ersten Moment will ich einhängen, doch diesen Wunsch unterdrücke ich. Sowas liegt mir nicht. Schließlich erkennt sie mich. »Nett, daß Sie anrufen. Aber warum?« Ihr Erstaunen darüber begreife ich durchaus. Wir haben in Cattolica ein paarmal miteinander geredet, an der Bar einmal einen Campari zusammen getrunken. Das Ehepaar hat mit mir geplaudert, mein Italienisch gelobt und mir einen schönen Tag gewünscht. Mehr Kontakt war da nie. Jetzt rufe ich plötzlich an.

»Kann sein, daß ich in den nächsten Wochen nach Florenz komme, da wollte ich mich mal erkundigen, ob ich eventuell in Ihrem

Hotel wohnen kann«, fasle ich dummes Zeug. »Selbstverständlich wird das möglich sein« meint Laura. Sie seien zwar ziemlich ausgebucht, aber wenn ich rechtzeitig den Termin durchgebe, wird sicherlich eine Reservierung möglich sein. Soll ich ihren Mann verlangen? Nein, lieber nicht. Laura wäre dann sicher noch überraschter. Die Frage nach einem möglichen Zimmer ist schließlich geklärt.

Also bedanke ich mich bei ihr, entschuldige mich wegen der späten Störung. »Fa niente, Signora Benedict. Macht nichts. Es hat mich gefreut, von Ihnen zu hören.« Sie will gerade einhängen, da kommt offenbar Enrico ins Zimmer. »Einen Moment, Signora Benedict. Mein Mann will Ihnen noch guten Abend sagen.« »Ciao Ingrid«, höre ich ihn am anderen Ende der Leitung. Ingrid — so hat er mich auch in Cattolica genannt, auch vor seiner Frau. »Wie geht es Ihnen? Sind Sie zufällig in Florenz?« »Nein, aber ich werde vielleicht kommen.« »Das freut mich. Dann müssen Sie unbedingt in unserem Hotel wohnen. Ich reserviere Ihnen auch ein wunderschönes Zimmer.« Mir reicht das jetzt. Ein privates Wort, eine Erklärung für den wahren Grund meines Anrufs ist sowieso nicht möglich.

»Bunona notte, Enrico. Dorme bene. Mi sento solo. Io sono cosi triste. Un baccio per te.« Enrico, ich wünsche Dir eine gute Nacht. Ich fühle mich allein. Ich bin so traurig. Einen Kuß für dich.

An einem trüben, kalten Dienstag im April sitze ich bei Gabi im Büro, mutlos und bekümmert. Die Schmerzen in der Brust sind wiedergekommen. Stärker denn je. Mir ist kalt, innerlich und äußerlich. Gabi ist Sekretärin im Pfarramt. Eine resolute praktische Frau, die befindet, ich müßte augenblicklich zum Hackethal fahren und mich von ihm untersuchen lassen. »Das geht doch nicht, daß Du Dich mit den Schmerzen rumquälst. Du mußt da etwas dagegen tun. Mach einen Termin aus. Ich fahre Dich in die Klinik.«

Ich kenne sie seit vielen Jahren. Unsere beiden Töchter gingen gemeinsam in den Kindergarten und in die Volksschule. Jetzt besuchen sie das Gymnasium. Gabi ist jünger als ich, ebenfalls geschieden und im Grunde viel unternehmungslustiger als ich. Sie hat ein überschäumendes Temperament, eckt bisweilen damit an. Sie ist ein Mensch, auf dessen aktive Hilfe man sich immer verlassen kann. Während ich mich an ihrer Vitalität langsam wieder aufrichte und sogar mein Lachen wiederfinde, betritt Harald Geitner, unser Organist, das Büro. Er muß Programme fotokopieren, hofft, daß er uns nicht stört. »Ich gehe sowieso gleich wieder«, verkünde ich. »Ich bin nur vor diesem grauenvollen Wetter da draußen geflohen und wollte mich im Pfarramt ein wenig aufwärmen. In Italien müßte man halt sein. Da scheint die Sonne bestimmt.«

»Können Sie Italienisch?« will Geitner von mir wissen. »Ja, eigentlich ganz ordentlich«, antworte ich ihm. »Wollen Sie mit uns nach Italien fahren und dort für uns dolmetschen?« Er ist Leiter des Münchner Singkreises und hat mit dem schon eine Reihe erfolgreicher Konzerte gegeben. Jetzt liegt eine Einladung aus Artegna in Friaul vor.

»Wenn Sie wollen, nehme ich Sie mit«, wiederholt Geitner seine Einladung und amüsiert sich über mein völlig überraschtes Gesicht. »Glauben Sie, daß ich im Chor singen kann?« unterbreche ich ihn. Er lacht. »Nein, Sie sollen uns sozusagen als Hofberichterstatterin begleiten. Schreiben Sie halt etwas über die Fahrt und über die Aufführung.« Augenblicklich setzt sich diese Idee bei mir fest. Am 3. Mai, an einem Samstag, soll es losgehen. Am Montag werden wir nach München zurückfahren. Wir müssen lediglich die Busfahrt zahlen, alles andere ist kostenlos. Wohnen werden wir in Privatquartieren. Ich bin sofort begeistert. Gabi auch. Nina, ihre Tochter, ist im Chor, und die Mutter wäre sehr beruhigt, wenn sie wüßte, daß ich mich ihrer annehmen würde.

In Artegna läuten die Kirchenglocken, als unsere Busse auf dem glutheißen Rathausplatz halten. Luigi, unser Dolmetscher und Mädchen für alles in den nächsten beiden Tagen, und Don Gelindo Lavaroni, der Pfarrer von Artegna, begrüßen uns. Auch Vertreter der gastgebenden Familien, bei denen Chormitglieder bereits gewohnt haben, sind erschienen.

Wir sollen gleich in die Kathedrale, heißt es. Die Proben müssen beginnen. Schließlich ist am Abend um 20 Uhr Vorstellung. Das Gepäck will man uns nachbringen. Die Quartiere werden in der Kirche verteilt.

Die anderen kennen dieses Ritual bereits. Für Nina und mich ist es hingegen neu. Nina bleibt in meiner Nähe. Man kann nie wissen. Am Ende werden wir noch getrennt untergebracht, und das wollen wir vermeiden. Ich sitze im Kirchenschiff. Plötzlich kommen zwei Italienerinnen auf mich zu. »Können Sie uns sagen, was Dusche, Frühstück und Ei auf deutsch heißt«, fragen sie mich. »Wir können nicht Deutsch, aber Sie können Italienisch, das hat man uns gesagt.« Ich bin zu überrascht, um mich zu erkundigen, wer das verbreitet hat. »Un poco«, schränke ich ein — ein bißchen. Auf einem Papier schreibe ich ihnen die wichtigsten Sätze in italienisch und deutsch auf. »Mille grazie, Signora, et buona sera.« Während ich mir noch den Kopf darüber zerbreche, wer von meinen Italienisch-Kenntnissen gewußt haben könnte, steht schon wieder eine Italienerin neben mir. Sie hat eine Liste in der Hand. »Prego, Signora, wo finde ich eine Ingrid Benedict und eine Nina Bäuerlein?« will sie von mir wissen. »Sie sollen bei uns wohnen, und ich möchte sie mir gerne vorher ansehen.« Ich fange an zu lachen. »Signora Ingrid Benedict sono io. Schauen Sie mich ruhig an, ich bin das. Und das blonde Mädchen, das da gerade seinen Mund ganz weit aufreißt, damit es auch ja schön klingt, das ist Nina.«

Wir beziehen ein helles kleines Zimmer, in das noch eine Couch hineingestellt worden ist. Es gehört dem Sohn des Hauses, der vorübergehend Quartier bei seiner Schwester gefunden hat. Sie bewohnt mit ihrem Mann und einem Kind das obere Stockwerk.

Remo, der Herr des Hauses, hat es gebaut. Ihr altes war Opfer des Erdbebens vor 10 Jahren geworden. Bevor sich Nina vor dem Konzert noch ein wenig ausruhen kann, müssen wir in Alidas Küche einen Imbiß nehmen, darauf besteht die Familie. Während Nina schläft, will mir Alida den Ort zeigen, mich ihren Freunden und Bekannten vorstellen. Das ist so üblich hier in Artegna. Wenn die deutschen Freunde kommen und bei ihnen wohnen, müssen sie von den Gastgebern auch hergezeigt werden.

Gerade als wir das Haus verlassen wollen, geht ein Gewitterregen nieder. Ich spiele ein wenig mit Alidas Schäferhund, der uns zur Begrüßung beinahe aufgefressen hätte vor Freude, dann lege auch ich mich hin.

Ich bin müde. Zudem habe ich fürchterliche Schmerzen in der linken Brust. Ich weiß gar nicht, wie ich mich hinlegen soll. Nina, die nicht schlafen kann, bekommt etwas von meiner Unruhe mit. »Ingrid, die Mami hat mir gesagt, daß es dir manchmal nicht sonderlich gut geht. Du mußt es mir sagen, wenn du was brauchst. Auf jeden Fall mußt Du Dich nicht verstellen und so tun, als ginge es Dir blendend, wenn Du Schmerzen hast.« Ich finde diese Anteilnahme sehr lieb, und das sage ich Nina auch. Langsam lassen die Schmerzen wieder nach. Die Welle ist vorbei. Doch sie kommt immer wieder: während des Konzerts in der Kirche, beim anschließenden Abendessen mit Alida, Remo und ihren Freunden in der Nacht.

Als einziger Trost bleibt für mich in diesen Momenten, daß ich den Verlauf der verschiedenen Schmerzattacken genau kenne. Sie beginnen mit einem leichten Stechen in der Brustwarze. Nach dieser Einleitung scheint sich im Inneren der Brust alles zusammenzuziehen. Die Schmerzen nehmen zu, wandern bis unter den

Arm in die Achselhöhle. Jedesmal, wenn ich glaube, das alles nicht mehr aushalten zu können, flauen sie plötzlich wieder ab. Das ganze dauert etwa 5-10 Minuten. Dann ist der Anfall vorbei. Ich habe noch immer nicht die geringste Ahnung, wie und warum sie entstehen. Sie sind einfach da. Die Gründe, warum sie kommen, kenne ich nicht. Es spielen weder Temperaturunterschiede eine Rolle noch ungewohnte Bewegungen oder Belastungen. Seelische Aufregung ebenso wenig wie körperliche Überanstrengung.

Würde dieser Schatten nicht ab und zu auf mir lasten, könnte ich den Abstecher nach Italien in vollen Zügen genießen. Wir alle werden eingehüllt in eine Welle von Gastfreundschaft und südländischer Fröhlichkeit. Bei einer Weinprobe in den schattigen Arkaden eines Gutes macht man uns mit der Prominenz der Provinz bekannt. Wir schaukeln mit unserem Bus über das Land, besichtigen Sehenswürdigkeiten, der Chor singt in zahlreichen Kirchen, die wir uns anschauen.

Auf der Rückreise machen wir mehrmals Station, um uns Orte anzusehen, die das Erdbeben vor 10 Jahren besonders hart getroffen hat und die auch heute noch nicht wieder vollständig aufgebaut sind.

In München empfängt uns ein tosendes Gewitter. Als ich aus dem Bus steige, halte ich mein heißes und müdes Gesicht dem brausenden Regen entgegen. Am nächsten Morgen höre ich im Radio, daß er im höchsten Maße radioaktiv war. Es war der erste Regen nach dem Unglück von Tschernobyl.

Gisi, der ich von meinen starken Brustschmerzen erzählt habe, rät mir, mich an meinen neuen Münchner Hausarzt zu wenden. »Ich hatte auch mal solch schreckliche Schmerzen, vermutete Schlimmstes. Eine Mammographie ergab nichts. Da verschrieb mir mein damaliger Arzt ein homöopathisches Mittel, und die Beschwerden hörten sofort auf«, erzählt sie mir. Obwohl ich mir vorgenommen hatte, nie mehr wieder zu einem anderen Arzt als zu Professor Hackethal oder einem seiner Mitarbeiter zu gehen, melde ich mich an. Seine Frau ist ebenfalls Ärztin, macht gynäkologische Untersuchungen. Sie befühlt beide Brüste, will wissen, ob ich tatsächlich nichts unternommen habe, damals als Krebs bei mir festgestellt wurde. »Nein, ich ließ einen Nachschnitt machen. Der ergab nichts mehr. Deshalb ließ ich mich auch nicht bestrahlen.« »Welche Medikamente nehmen Sie?« »Mistelkräutertabletten aus dem Reformhaus, Magnesiumtabletten aus der Apotheke.« »Was nehmen Sie sonst noch?« »Ich hatte bis jetzt keine Beschwerden.«

Die Schmerzen in der Brust kann sie sich auch nicht erklären. »Sie sollten sich wenigstens zu einer neuen Mammographie entschließen«, meint sie schließlich. »Dann wüßten wir eher, woran wir sind.« »Nein, ich lasse keine Mammographie machen. Ich bin gesund. Diese Schmerzen können nichts mit Krebs zu tun haben«, sage ich zu ihr. »Es heißt doch immer, wenn der einmal weh tut, ist der Patient schon im Endstadium, und diesen Eindruck mache ich doch bestimmt nicht. Nein, da muß es andere Gründe geben. Vielleicht wird ab und zu etwas eingezwickt. Vielleicht gibt es durch innere Nähte Stauungen, was weiß ich.«

Die Ärztin selbst ist ratlos. Sie zuckt mit den Schultern, kommt mit dieser selbstbewußten Patientin nicht zurecht, will ihr aber auch nichts von ihrer Hoffnung und ihrem Optimismus nehmen.

»Natürlich können das auch Beschwerden sein, die mit einem beginnenden Wechsel zu tun haben.« Schließlich verschreibt sie mir Tropfen, die ich morgens und abends nehmen muß. Ich fange gleich am Abend damit an. In der Nacht schlafe ich seit langem wieder durch, ohne Schmerzen. Mein Mut und meine Zuversicht nehmen wieder zu. Lange Zeit habe ich Ruhe. Langsam vergesse ich die Schmerzen. Doch sie kommen wieder. Mitte Juli.

Franz hat sich bei mir gemeldet. An einem Montag, kurz vor Mittag, ruft er mich an. Er will mich sehen. Er ist schon an der Straßenbahnhaltestelle. In 10 Minuten kann er bei mir sein. Ich protestiere heftig. Im Januar habe ich ihm geschrieben. Jahrelang hat er nichts von sich hören lassen und ausgerechnet heute, an meinem Wasch- und Putztag, will er in 10 Minuten bei mir sein. Ich habe nichts zu essen im Haus. Meine Haare sind ungewaschen. Ich trage alte, aufgefranste Bermudas und ein verfärbtes T-Shirt. Nein, ich will ihn nicht sehen. Nicht in dieser Aufmachung. Franz hört mir geduldig zu. Er kennt mich schließlich. Schon damals, vor vielen Jahren, ist es ihm gelungen, dieses Temparament zu bezähmen. Nicht zuletzt dadurch, daß er das Ende solcher Ausbrüche geduldig abwartete und dann, als der Dampf bei mir draußen war, doch das durchsetzte, was er wollte. So auch jetzt. »Schau, Ingrid. Mich interessiert das wenig, ob du aussiehst wie ein Staubwedel. Ich bin auch nicht schöner geworden und essen will ich durchaus nichts. Es ist viel zu heiß. Ich will ein Glas Mineralwasser, und das wirst du ja auch ohne größere Vorbereitung einschenken können.« Ich gebe nach. »Na schön, aber laß wenigstens eine Straßenbahn durchfahren. Ich will nur noch duschen.« Resigniert hänge ich ein. Als er dann eine halbe Stunde später am Gartentor steht, freue ich mich doch sehr, ihn wieder zu sehen. Die ersten 10 Minuten füllen wir mit Komplimenten, die wir uns gegenseitig zu Füßen legen.

Unvermittelt wird Franz ernst. »Sag mal, ich habe da einiges gelesen von dir und über dich. Du hast Krebs. Stimmt das wirklich?« Wir bewaffnen uns mit zwei Flaschen Mineralwasser und setzen uns auf den Balkon. Ich erzähle ihm meine Geschichte. Angefangen von der Diagnose im Sommer vor zwei Jahren bis hin zu den jetzt sich meldenden Beschwerden. Ich versuche ihm mitzuteilen, daß meine Zuversicht und mein Vertrauen in den Erfolg der Behandlung ungebrochen sind.

»Gibt es eigentlich einen neuen Mann in deinem Leben? Von

Peter bist du geschieden. Das habe ich gehört.« »Ja, es gibt einen.« Franz scheint diese Auskunft zu genügen, er hakt nicht nach.

Dann erzählt er mir einiges von sich: Er hat nicht wieder geheiratet, lebt jetzt mit einer jungen Frau zusammen. Seine beiden Buben sind längst erwachsen, er hat wenig Kontakt mit ihnen. Im Augenblick schreibt er an einem Roman, hat aber auch wie immer noch tausend andere Geschichten im Kopf, verkauft sie an Illustrierte und Magazine. Das große Geld hat er bisher noch nicht gemacht. Der ganz große Erfolg läßt immer noch auf sich warten. Während er sich mit mir unterhält, wird er zunehmend unaufmerksamer, ist eigentlich nur mit halbem Herzen dabei.

Ich kenne Franz gut genug, um zu wissen, daß ihn längst etwas anderes beschäftigt. »Hast du irgendwelche Geschichten da, die du in letzter Zeit geschrieben hast?« will er von mir wissen. Ich gehe an meinen Schrank, hole ein paar »Gemeindebriefe« und einige Artikel jüngeren Datums. Er vertieft sich in sie, während ich uns einen Eiskaffee zubereite. Linda und Florian baden im Garten, es ist heiß heute, und ich habe Herzklopfen. Was hat er vor?

»Würdest du dir zutrauen, über die Krebserkrankung und deine Art, damit fertig zu werden, ein Buch zu schreiben?« Das also war es! »Aber Franz, wer soll denn so etwas lesen?« »Glaub mir, das Interesse ist da. Es gibt so viele Menschen, die unter dieser Krankheit leiden und die sich schon bei ihrer Diagnose aufgeben. Denen müßtest du mit deiner Einstellung und deinem Auftrieb doch eigentlich Mut machen können.«

Er redet ganz sanft, ganz leise auf mich ein. Längst habe ich den ersten Widerstand aufgegeben, höre ihm aufmerksam zu.

Mein Einverständnis voraussetzend wolle er mit einem Verlag reden, erkunden, ob er an so einem Buch überhaupt interessiert sei und wenn ja einen ersten persönlichen Kontakt herstellen.

Den Rest des Nachmittags schwelgen wir beide in alten Erinnerungen. Während er mir gegenübersitzt und seinen Eiskaffee schlürft, bin ich plötzlich sehr glücklich darüber, daß ich im Januar die Initiative ergriffen und ihm geschrieben habe. »Ich wollte mich immer mal bei dir melden«, sagt Franz. »Aber dann kam halt meistens etwas dazwischen. Entweder war ich nur für ein paar Tage in München, oder ich hatte soviel Termine, daß die Zeit für ein Privatleben einfach nicht reichte. Außerdem war mir klar, daß ein Wiedersehen mit dir nicht nach drei, vier Sätzen beendet ist.« Als er dann von meiner Krebserkrankung gelesen habe, hätte er sich ganz einfach nicht getraut, bei mir anzurufen. »Es hätte ja auch sein können, daß du recht elend beisammen bist und annimmst, ich wollte dir so etwas wie einen letzten Gruß zukommen lassen.«

Mich so munter und fröhlich anzutreffen, bereitet ihm Freude. Das merkt man ihm an. Wir werden uns von nun an öfters sehen, nehmen wir uns vor.

Am späten Nachmittag bringe ich ihn an die Straßenbahn. Da fällt ihm ein, daß er noch etwas für das Abendessen braucht. Mein Angebot, für ihn zu kochen, lehnt er ab. Er hat noch genau 10 Mark in der Tasche. Davon will er einkaufen. Ich soll ihn dabei beraten.

Wir gehen in den Großmarkt um die Ecke. Der Filialleiter, ein junger Mann mit dunklem Schnauzbart und liebenswürdigem Charme, lacht mir entgegen. »Herr Bauer, heute brauche ich Ihre Hilfe. Wir wollen um 10 Mark Köstlichkeiten für ein Abendessen. Was bekommt man bei Ihnen dafür?«

Er schaut mich erst zweifelnd von der Seite an. Doch als er merkt, daß es uns wirklich ernst ist, spielt er mit. Wir erstehen Brot, Butter, Milch, Tomaten und Käse. Zum Abschied legt er uns noch zwei braune Bananen in den Korb. Franz und ich bedanken uns lachend bei ihm, versprechen, seine Filiale und vor allem ihn wärmstens weiterzuempfehlen.

Nun warten wir auf die Straßenbahn. Zwei alte Freunde, die sich verstehen. Zwischen den Schwellen der Straßenbahnschienen wächst ein Löwenzahn. Franz sieht ihn und er macht das, was ich von ihm erwartet habe und immer erwarten kann: Er pflückt ihn und schenkt ihn mir. Ich habe früher von ihm nie Rosen, aber sehr häufig Gänseblümchen bekommen. Ihm ist es gelungen, im Lokalteil einer angesehenen Münchner Tageszeitung einen Artikel zu plazieren, der einen Liebesbrief an mich enthielt. »Ich habe dich so besonders lieb« lautete die Botschaft an mich, versteckt in einen Rückblick auf den Dreikönigstag 1958 in München.

So war das, so ist das und so bleibt das auch mit uns beiden!

Am Abend sitze ich ganz alleine auf dem Balkon. Linda liegt schon im Bett, Florian ist vor kurzem gegangen. Ich habe mir ein Glas Rotwein eingeschenkt und hänge meinen Gedanken nach. Franz war der erste Mann in meinem Leben. Ihm habe ich es zu verdanken, daß ich eine selbstbewußte Frau geworden bin. Er hat mich mit meinem Körper vertraut gemacht, mit seinen Bedürfnissen und Wünschen, aber auch mit seinen Möglichkeiten, einen Mann wirklich glücklich zu machen. Erst kürzlich las ich irgendwo über die Skorpionfrau: ». . . dafür schlägt sie in der Liebe jedoch jede Konkurrenz. Das liegt nicht nur an ihrer Erfahrung, denn angeborene Neugierde hat sie früh mit dem Sex bekanntgemacht. Sie lebt von der Erotik und für sie. Sie ist eine Frau, die so sexy ist, daß sie jeden haben kann, den sie nur will. Zugegeben, sie will nicht immer. Doch alleine ihre Existenz genügt, Konkurrentinnen das Fürchten zu lehren.« Ich habe damals darüber gelächelt und dabei an Franz gedacht. Sollte diese zunächst angeborene und später liebevoll geweckte Sinnlichkeit die Triebfeder dafür gewesen sein, daß ich mich so heftig gegen eine Amputation gewehrt habe? Ich weiß es nicht.

Fest steht auf jeden Fall, daß ich Enrico niemals kennengelernt hätte, wäre ich den üblichen Weg der Brustkrebspatienten gegangen. Was hat diesen fremden Mann gleich zu Beginn unserer Bekanntschaft zu mir hingezogen? Ich habe ihn danach gefragt, damals in der Nacht vom Faschingsdienstag auf Aschermittwoch, und er meinte, das seien wohl Signale gewesen, die nur ihm gegolten hätten und die er auffangen mußte, nur er allein.

Er hätte sich nie vorher einer Frau so genähert wie mir damals in unserer Pizzeria in Cattolica, als ich so unerwartet neben ihm saß. »Ich mußte dich einfach berühren, etwas anderes gab es in diesem Moment einfach nicht für mich.«

Es ist kühler geworden auf meinem Balkon, es muß schon nach Mitternacht sein. Rund um mich höre ich noch gedämpftes Reden und vereinzeltes Auflachen. An diesen heißen Sommertagen, die hierzulande sehr selten sind, leben wir alle in unseren Gärten oder auf den noch sonnenwarmen Balkonen. Nachbarn, die sich in den üblichen Zeiten hinter verschlossenen Fenstern und Haustüren zurückziehen, werden dann vorübergehend zu Freunden, laden sich gegenseitig spontan zum Kaffee, auf ein Bier, ein Glas Wein oder zum abendlichen Grillen ein. Zäune sind dann plötzlich keine trennenden Grenzen mehr, sondern willkommene Möglichkeiten, sich während der Unterhaltung daran anzulehnen. Ich genieße diese Zeit der offenen Fenster und Türen sehr, doch leider dauert sie bei uns in der Regel nur bis zum nächsten Wettersturz. Die Fenster bleiben dann wieder geschlossen. Auch die Gesichter sperren sich wieder zu.

Mein Wunsch, in dieser Nacht von unserem Baumhaus zu träumen, geht nicht in Erfüllung. Ich bleibe allein.

Im Juli vertrete ich Gabi im Pfarramtsbüro. Sie muß für einige Tage ins Krankenhaus, um am rechten Bein einen Eingriff vornehmen zu lassen. Da ich Freude am Umgang mit Menschen und vor allem Zeit habe, übernehme ich ihren Dienst gerne. Außerdem habe ich einen Hintergedanken dabei. Wenn ich sowieso den ganzen Vormittag über an einem Schreibtisch sitzen muß, kann ich ja mit meinem Buch beginnen. Doch daraus wird nichts. Es gibt überraschend viel Arbeit für mich. Ich bin jedesmal froh, wenn ich mit allem um 12 Uhr fertig bin. Auf meinem Block steht lange Zeit nur ein Satz: »Ich habe Brustkrebs«.

Als ich mich dann wirklich intensiv um einen Anfang bemühte, fielen mir eine Reihe von Möglichkeiten ein. Doch dieser erste Satz, niedergeschrieben zwischen zwei Telefonaten, ist mein Einstieg geblieben. Gabi kommt aus der Klinik und will wissen, wann und wohin Linda und ich heuer in den Urlaub fahren. Sie war mit Tochter Nina im vergangenen Sommer für zwei Wochen in Jugoslawien und fühlte sich nicht sonderlich glücklich dort. Von Linda und mir weiß sie hingegen, daß wir uns auch im vergangenen Jahr blendend unterhalten haben in Cattolica. »Hättet ihr etwas dagegen, wenn wir mitkommen würden?« fragen die beiden.

Linda und ich sind einverstanden. Gabi will mit dem Auto fahren. »Dann können wir an Tagen, an denen das Wetter nicht ganz so schön ist, etwas unternehmen«, meint sie.

Enrico und ich telefonieren häufig in letzter Zeit. Er kann nicht nach Cattolica kommen. Zu Pfingsten hat er zwei neue Hotels eröffnet, eines in Mailand und eines in Rom. Er ist dauernd im Flugzeug, um nach dem Rechten zu sehen. »Es ist nicht gut, wenn alles auf eine Person zugeschnitten ist«, klagte er vor kurzem. »Manchmal bleibt mir ganz einfach die Luft weg. Ich bin nur noch eingezwängt in Termine und Verpflichtungen.« Ich lasse ihn ausschimpfen, sage wenig. Wie sollte ich auch? Ich habe mit seiner Arbeit nichts zu tun, kann ihm dabei nicht helfen. Ich bin nicht seine Partnerin. Ich bin eine Frau, die ihn liebt. Eine Frau in weiter Entfernung zur besonderen Verfügung, wohnhaft in einem Baumhaus, irgendwo im Reich der Phantasie.

Einmal sage ich ihm das auch. Er wird wütend. Drei Tage später ist er in München. Wir verbringen einen berauschenden Tag zusammen. Am Abend nimmt er die letzte Maschine und fliegt nach Italien zu seiner Arbeit zurück. »Du brauchst dich nicht auf dem Abstellgleis zu sehen. Du stehst nicht im Abseits, auch wenn wir uns wochenlang nicht sehen«, schärft er mir zum Abschied ein. »Ich denke immer an dich, na sagen wir, fast immer. Ciao, Cara, ti voglio bene.« »Anche io, Enrico.«

Bevor ich in den Urlaub fahre, habe ich noch einen ambulanten Termin bei Professor Hackethal. Ich nehme den Zug. Diesmal habe ich zu große Angst vor der Untersuchung.

Die Schmerzen sind nach der kurzen Pause, die ich diesem homöopathischen Mittel zugeschrieben habe, wiedergekommen. Außerdem ist die Brust hart, die Warze ist verdickt und leuchtend rot.

»Du mußt wieder in die Klinik zurück«, befindet Hackethal nach einer ausgiebigen Untersuchung. »Mir gefällt das alles gar nicht. Vermutlich hat sich da was nachgebildet.« Er ist bekümmert.

»Ich werde dir das Procain in die Brust spritzen, die ganze Narbe entlang. Vielleicht nützt es was. Wenn ja, kannst du dir das in München auch von Deiner Ärztin machen lassen. Das kann jeder. Du brauchst dich ja nicht auf Grundsatzdiskussionen einzulassen.«

Ich lege mich auf das Untersuchungsbett in seinem Sprechzimmer und bekomme sechs Spritzen in die Brust. Danach ist mir schwindlig.

»Wann kannst du wiederkommen? Ich muß dich stationär beobachten.«

Ich sage ihm, daß ich Ende August für Wochen nach Italien fahren werde und frühestens Ende September kommen kann. Er ist damit einverstanden, vorausgesetzt, daß nichts Gravierendes passiert. »Dann allerdings mußt du sofort kommen. Aber vielleicht braucht's das alles gar nicht. Ich setze große Stücke auf die heilende Wirkung von Sonne und Wärme.« Zum Abschied legt er die Arme um mich. »Mach mir keinen Kummer, Alte«, murmelt er. »Den können wir beide nicht brauchen.«

Unser Urlaub zu viert, zwei mittelalterliche Damen mit zwei noch recht jugendlichen Töchtern, wird gemischt, zumindest was das Wetter anbelangt. Noch bevor wir kommen, hat es sich gedreht. Die ganz große Augusthitze ist gebrochen. Jetzt mehren sich die Gewitter, kommt bisweilen Sturm auf, der das Meer für Touristen unbenutzbar macht. Der Strand bleibt dann verwaist, der kühle Wind bläst die enttäuschten Urlauber in ihre Quartiere zurück.

Ich bleibe zunächst etwas befangen, wenigstens die ersten beiden Tage. Die Erinnerungen an Enrico, die hinter jeder Ecke lauern und mich unvermutet anspringen, erdrücken mich fast. Die Signora freut sich sehr, uns gesund zu sehen, und begrüßt Gabi. Sie ist charmant wie immer, ebenso Fausto, ihr Mann. Linda und ich erkennen viele alte Bekannte aus den vergangenen Jahren wieder, grüßen und werden herzlich empfangen. Das »Caravelle« ist kein Touristenhotel. Die meisten sind Stammgäste. Enzo, unser ehemaliger Frühstückskellner, strahlt uns entgegen. Er hat inzwischen einen Sprung nach oben gemacht, trägt beim Servieren ein dunkles Sakko und sieht immer sehr verantwortungsbewußt aus. Fällt sein Blick allerdings ab und zu auf die blonde Nina, kann Enzo sehr lieb dreinschauen. Ich erkundige mich bei Mario, dem Getränkekellner, ob Pedro wieder hier ist. »Nein, Signora, der ist im Ausland.«

Am zweiten Abend führe ich Gabi, Nina und Linda in die heißgeliebte Pizzeria. Eine Enttäuschung bahnt sich an. Wir sind die einzigen Gäste, unerwünschte, wie ich sehr schnell bemerke. Es dauert ein wenig, bis ich das junge Mädchen dazu überrede, uns Wein und Pizzabrote zu bringen. »Eigentlich haben wir geschlossen«, sagt sie. Ich erzähle Gabi und Nina, wie herrlich es hier im vergangenen Jahr war, daß ich gerade hier einen der glücklichsten Abende meines Lebens verbracht habe. Sie schauen verständnislos drein. Hier soll mal was losgewesen sein? Im Laufe der Woche versuchen wir unser Glück noch einmal. Doch das Lokal ist endgültig zu und bleibt das auch. Ein Schild weist darauf hin, daß es den Besitzer gewechselt hat und erst wieder im nächsten Jahr öffnen wird. Aus der Traum!

Großen Spaß bereiten uns vier die Spaziergänge zum Hafen. Fast jeden Tag wandern wir dorthin und genießen unser Mittagessen. Gabi und ich teilen uns eine Portion gemischte Fische, eine riesige Schüssel gemischten Salat und einen Liter Wein. Linda und Nina bevorzugen Spaghetti, Cola und Eis. Der Kellner kennt uns bereits, wenn wir zu viert auf der Kaimauer entlangbalancieren. Der Tisch ist jedesmal schon gedeckt. Das Lokal ragt ins Meer hinein, unter den Brettern können wir das Wasser sehen. Ist uns der Weg zum Hafen einmal zu weit, essen wir in einer Pizzeria in der Viale Carducci. Dort ist es allerdings laut und ungemütlich. Die Busfahrer nehmen wenig Rücksicht auf die Menschen, die in den Straßencafés sitzen und ihre Espressi schlürfen. Unbekümmert lassen sie ihre Motoren laufen und nebeln die ganze Umgebung ein.

Eines schönen Tages mache ich einen Fehler. Gabi hat einen großen Teller mit frischen Muscheln verzehrt. Ich will ebenfalls welche bestellen. Wie immer, wenn ich Muscheln esse, wird es mir schlecht. Am Strand merke ich noch nichts. Als ich mir am Abend die Haare wasche, muß ich mich hinsetzen, so schwindlig ist mir. Mario staunt nicht wenig, als ich beim Abendessen eine Portion Kamillentee und nicht den gewohnten Wein bestelle. Ich kann nichts essen und gehe schließlich ins Bett. Gabi ist in Sorge. Gemeinsam mit Nina und Linda sucht sie eine Apotheke, vermutet eine Muschelvergiftung bei mir.

Eigentlich ist es mir ganz recht, daß ich heute abend alleine bin. Die ganze Zeit über habe ich mich zusammengenommen und die Sehnsucht nach Enrico unterdrückt, habe es vermieden, Erinnerungen an den Urlaub vom vergangenen Jahr wachwerden zu lassen. Jetzt aber bin ich unbeobachtet. Ich habe mein Kopfkissen am Fußende des Bettes plaziert, so daß ich auf das dunkle Meer und die hell erleuchteten Boote sehen kann. Der Himmel ist voller Sterne. Ich fühle mich grenzenlos verlassen in diesem Moment. So will ich nicht weiterleben. Ich kann unmöglich mein Leben nach einem Mann ausrichten, der verheiratet ist, in einem anderen Land lebt, den ich nur hin und wieder sehe, selten genug. Mit dem ich zwar häufig telefoniere, mit dem ich aber keine Zukunft habe.

Was geschieht, wenn ich wieder krank werde? Wenn die Schmerzen Hinweise dafür sind, daß ich doch nicht mehr sehr lange zu leben habe? Er wird nicht bei mir sein, wenn ich mich elend fühle. Er wird gar nicht wissen, daß ich eigentlich Trost brauchte, denn ihm gegenüber gebe ich diese Schwächen ja gar nicht zu. Wir haben auch gar keine Zeit für sorgenvolle Gespräche. Wenn wir uns sehen, ist der Zauber zwischen uns zu groß, um an Betrübliches zu denken. Auch am Telefon haben wir uns viel zu viel zu erzählen, da bleibt einfach keine Gelegenheit, einen Hilferuf auszustoßen.

Ich muß eine Lösung finden. Das beste wird sein, ich packe diese herrliche Zeit mit Enrico in eine bunte Schachtel, verschließe sie fest mit tausend Knoten und lasse keine einzige Minute mehr heraus.

Noch während ich diese Trennung plane, weiß ich, daß ich sie nicht vollziehen werde.

Unglücklich und traurig schlafe ich schließlich ein. Als Linda ins Zimmer kommt, wache ich nicht auf. Sie sieht mich am Fußende liegen und glaubt, mir sei ernsthaft schlecht geworden und ich hätte dringend frische Luft gebraucht. Als sie mir das am nächsten Morgen erzählt, lasse ich sie in diesem Glauben. Daß ich die Sterne gebraucht habe, muß sie ja nicht unbedingt wissen, zumal auch die trüben Gedanken vom Vorabend wieder verschwunden sind.

Unseren Gang zum Hafen mache ich wieder mit, allerdings verzichte ich künftig auf Meeresfrüchte. Da ein kalter Wind weht, binden wir uns unsere Strandtücher um. Es dauert nicht lange, da melden sich die Schmerzen in der Brust wieder. Ich sage nichts, aber Gabi merkt mir an, daß etwas nicht in Ordnung ist. Noch dreimal habe ich diese Attacken. Dann sind sie plötzlich vorbei. Bis Ende September tauchen sie auch nicht mehr auf.

Ich lege mich in die Sonne, spüre die heißen Strahlen auf meiner Brust und entspanne immer mehr. Schon meinen Gabi und ich, die Beschwerden hätten doch etwas mit dem Heiß-Kalt-Kontrast zu tun. Friert es mich, ziehen sich die inneren Narben zusammen, verhärten und tun weh. Ist es mir warm, erweitern sich die Gefäße. Ich bin schmerzfrei. Lange glauben wir an diese Version. Doch sie stimmt nicht. Der Herbst in München ist strahlend schön und warm, trotzdem kehren die Schmerzen zurück.

Nachdem wir die kalten Tage in Cattolica überstanden haben und es wieder heiß geworden ist, werden Gabi und Nina wieder fröhlicher und beschwingter.

Linda verbringt sie meist am Swimmingpool unseres Hotels mit ihren zwei englischen Freundinnen. Nina hingegen liegen die Wasserspiele der drei Mädchen weniger. Sie ist auf dem besten Wege, eine junge Dame zu werden, gibt langen Sonnenbädern und der Lektüre von Krimis den Vorzug. Meine Bootsfahrten mit Vittorio muß ich allein unternehmen. Gabi mag das Geschaukel nicht, außerdem muß sie sich vor der Sonne in acht nehmen. Mir macht das nichts aus. Ich lächle Vittorio an und lege mich ganz vorne auf das Schiff. Manchmal kommt er zu mir und bringt mir einen Becher Wein. »Grazie, Vittorio, Cin-cin.«

Während ich mich von den Wellen schaukeln lasse und in der

Sonne dunkelbraun brate, bastle ich in Gedanken an meinem Buch. Ich habe mir zwei dicke Blöcke eingepackt in der Hoffnung, es fiele mir etwas Vernünftiges ein.

Jeden Abend setze ich mich auf den Balkon, verbringe die Wartezeit, bis wir zum Abendessen gehen, dort und schreibe alles nieder, was mir so durch den Kopf geht.

Daß es sich lediglich um Fingerübungen gehandelt hat, merke ich Wochen später in München, als ich die Seiten durchlese. Ich habe Tagebuch geführt, nichts weiter. Schön als Erinnerung an sonnige Ferientage.

Gabi ist enttäuscht über Lindas und meine Unbeweglichkeit. Während wir uns vom Hotel nur ungern entfernen, will sie etwas erleben. »Schließlich habe ich doch das Auto mitgenommen, daß wir uns die Gegend ein wenig ansehen«, wirft sie uns am Frühstückstisch vor. Also planen wir eine Fahrt nach San Marino. Doch wir haben Pech mit unserem Ausflug. Autoschlangen, wohin man sehen kann. Touristen, die sich den Hang hinauf- und wieder hinunterschieben.

Wir verlassen deshalb das Zentrum und suchen nach einem kleinen Restaurant, um etwas zu essen. In einem winzigen Ort am Fuße des Festungshügels entdecken wir eine gemütliche Trattoria. Gabi und ich genießen einen herrlichen Wein und werden immer fröhlicher. Es dauert ein wenig, bis wir merken, daß ganz San Marino samt unserem idyllischen Plätzchen im dichten Nebel versinkt. Es ist eiskalt, und wir fliehen zurück in Richtung Cattolica.

Den letzten Abend verbringen wir in Gradara, einer imposanten Festung. Wir schlendern über glatte Pflastersteine die Geschäftsstraße entlang. Die Häuser sind uralt, haben verträumte Ecken und Erker.

Da die meisten Fremden inzwischen drei große Tanzlokale an der Peripherie des Burgkerns bevölkern, ist es hier nun verhältnismäßig ruhig. Wir vier setzen uns auf eine alte Bank, die vor einem wackeligen Tisch steht. Von geschliffener Gastronomie keine Spur.

Die Menschen hier sind müde. Die Saison war lang und wie immer anstrengend. Jetzt sind sie froh, wenn der Wirbel vorüber ist und sie ein halbes Jahr unter sich sein können. Dieses Aufatmen geht in diesen Tagen durch ganz Italien.

Ein Glück, daß sich in diesem Jahr ein traumhafter Herbst anbahnt. Zum erstenmal kommen wir aus einem heißen Italien in ein angenehm warmes München. Wir können sogar unsere Bräune noch etwas zur Schau stellen, wenigstens zur Mittagszeit, in der die Sonne noch ungeahnte Kräfte entwickelt.

In meiner Post finde ich ein Schreiben der Versicherung vor, in dem man mir mitteilt, daß nach Lage der Dinge ein neuer Aufenthalt in der Klinik von Professor Hackethal nicht gerechtfertigt sei. Ich erschrecke. Was heißt, nach Lage der Dinge? Meine Schmerzen sind zwar verschwunden, doch die Verhärtung im Narbenbereich ist geblieben. Ich muß behandelt werden, selbst eine Operation scheint in greifbare Nähe gerückt zu sein. Ich rufe den zuständigen Sachbearbeiter an, spare nicht mit Vorwürfen. Gut, so ein Aufenthalt am Chiemsee kostet viel, liegt aber bei weitem unter dem, was man für mich hätte zahlen müssen, wenn ich mich der üblichen Behandlungsmethode unterzogen hätte. Chemotherapie und Bestrahlungen kosten sehr viel Geld, wesentlich mehr als man bisher für mich ausgeben mußte. Außerdem habe ich seit meiner ersten Behandlung durch Professor Hackethal kein Geld für Medikamente ausgegeben. Mistel- und Magnesiumtabletten kosten nicht viel, und etwas anderes habe ich nicht gebraucht.

»Warum haben Sie denn zu Anfang alles bezahlt? Wieso soll ich plötzlich nichts mehr bekommen?« schimpfe ich durchs Telefon. »Sie haben wohl gedacht, bei der können wir ruhig großzügig sein, die überlebt das doch nicht.« Mein Gesprächspartner ist entsetzt über diese Unterstellungen. »Es gibt Richtlinien, und die müssen wir befolgen«, erklärt er mir geduldig. Mir kommen fast die Tränen. »Ich habe eine Verhärtung an der Stelle, an der ich operiert wurde. Ich muß vermutlich wieder aufgeschnitten werden.«

»Das geht aus der Notwendigkeitsbescheinigung von Professor Hackethal nicht klar hervor«, sagt man mir. Ich rufe in der Klinik dort an, bitte »Lyrisches« zu unterlassen und meine Versicherung in knappen Worten darüber zu informieren, daß ein stationärer Aufenthalt für mich wirklich wichtig ist. Vier Tage später schicke ich die notwendigen Korrekturen an die Versicherung. Daraufhin bewilligt man mir zunächst zwei Wochen, sollte eine Operation vonnöten sein, einen entsprechend längeren Aufenthalt.

»Enrico, warum betrügst du Laura mit mir?« Wir sitzen auf meinem Balkon und genießen die warmen Sonnenstrahlen. Am Vormittag hatte er bei mir angerufen, er sei zu einer Besprechung überraschend nach München gekommen, könne so gegen 15 Uhr bei mir sein und müsse am frühen Abend wieder zurück nach Florenz fliegen.

Er ist auf diese Frage überhaupt nicht vorbereitet. Ich hatte ihn wie immer strahlend begrüßt, nichts deutete darauf hin, daß ich ausgerechnet heute Grundsätzliches von ihm wissen will. Eigentlich hat er keine Lust, mir zu antworten, das sehe ich ihm an. Er ist sicherlich auch abgespannt nach einem anstrengenden Geschäftstermin. Trotzdem lasse ich nicht locker. »Ist ihre Amputation daran schuld?«

»Ingrid, es ist neu, daß du etwas über Lauras und mein Leben wissen willst«, sagt er und zündet sich eine Zigarette an. »Deine Zurückhaltung in dieser Richtung hat mich sowieso immer gewundert. Eigentlich habe ich diese Frage schon viel früher erwartet.« Es ist das erste Mal, seit wir uns näher kennen, daß ich

Enricos Gedanken und Gefühle überhaupt nicht abschätzen kann. Ist er ärgerlich? Fühlt er sich überrumpelt? Habe ich ein Gebiet betreten, zu dem mir der Zugang eigentlich verboten ist? »Wenn mich Lauras Brustoperation in deine Richtung getrieben hätte, wäre unsere Beziehung wohl nichts wert«, meint er schließlich. »Bräuchte ich nur einen hübschen Körper, könnte ich das wesentlich einfacher haben. Außerdem solltest du dich hin und wieder daran erinnern, daß unsere Geschichte begann, als ich dich zum ersten Mal mit Pedro traf. Damals wußte ich noch gar nichts von Lauras Erkrankung. Nein, Ingrid, die Amputation meiner Frau hat nichts damit zu tun, daß ich jetzt bei dir hier sitze und daß ich immer wieder den Wunsch habe, dich zu sehen, und sei es nur für zwei, drei Stunden.«

Obwohl ich mir diese Antwort im Grunde gewünscht habe, bohre ich weiter. »Aus uns wäre doch sicherlich kein Paar geworden, wenn auch meine Brust amputiert gewesen wäre.«

»Nein, sicher nicht, Ingrid. Aber das hätte weniger an mir gelegen. Du hättest dich bestimmt ganz anders verhalten. Ich habe einfach Signale aufgefangen, die von dir ausgingen, und die hättest du nicht ausgesandt, wenn du in deinem Selbstbewußtsein reduziert gewesen wärst.«

Auf der Stirne zeigen sich plötzlich Falten. »Wenn es nach der Operation extreme Schwierigkeiten gegeben hat zwischen Laura und mir, lag das mit Sicherheit in erster Linie an ihr. Sie hatte sich in die Idee verrannt, daß damit unsere Ehe gelaufen sei, daß sie mir einfach nicht gefallen könnte mit dieser großen Narbe an der rechten Seite, dort wo früher ihre Brust war. Sie verriegelte die Badtüre, trennte unser Schlafzimmer, war eigentlich dauernd auf der Flucht vor mir und meinen möglichen Blicken.

Dabei war dieses Verhalten absolut nicht notwendig. Wir sind fast 30 Jahre verheiratet. Ich werde 50 Jahre alt. Ob der Körper meiner Frau, die mir drei Kinder geschenkt hat, makellos ist, interessiert mich wirklich nicht. Ich glaube, daß ihr Frauen da wesentlich hysterischer reagiert als wir Männer. Ich kann mir durchaus vorstellen, daß ich mich auch in eine Frau verlieben könnte, die eine Brustamputation hinter sich hat. Nur, so fürchte ich, würde diese das gar nicht zulassen.«

Nach diesem Monolog Enricos herrscht erst einmal Ruhe zwischen uns beiden. »Enrico, ich wollte nicht in eurem Leben bohren«, sage ich schließlich kleinlaut. »Aber ich bin soviel allein, da brausen manchmal die abscheulichsten Gedanken durch meinen Kopf. »Steck sie weg, cara, und denke manchmal daran, daß mein Leben durch dich auch nicht einfacher geworden ist. Manchmal bin ich sehr glücklich, daß es dich gibt, aber bisweilen habe ich auch Angst, daß wir in dieser Situation ganz einfach überfordert sind. Laura geht es gut. Sie weiß, daß ich nie mehr wieder ausbrechen werde, daß der unruhige Zauberer in mir endgültig gestorben ist. Aber was geschieht mit dir, wenn du mich wirklich einmal brauchst? Ich kann dir nicht helfen.«

»Habe ich dich eigentlich hinreichend gewarnt vor mir?« Plötzlich lacht Enrico wieder. Er hat mich auf seinen Schoß gezogen und beide Arme um mich gelegt. Ich mache die Augen zu und öffne mein Herz weit, wie immer, wenn er in meiner Nähe ist.

Jetzt hat er es eilig. Sein Flugzeug geht in einer Stunde. Diesmal fahre ich mit ihm zum Flugplatz, warte, bis sein Flug aufgerufen wird. Er reiht sich in die wartenden Passagiere ein, winkt mir noch einmal zu, dann ist er verschwunden. Mal wieder! Für wie lange?

Zur Wies'n-Zeit ruft Ursula bei mir an. Sie klingt am Telefon ziemlich verzweifelt, fragt mich, ob sie ein paar Tage zu mir kommen kann. »Natürlich, ich freue mich auf dich«, sage ich sofort. Linda ist mit Florian und dessen Freunden übers Wochenende in die Wildschönau gefahren, ich habe also Zeit für sie. Die werde ich auch brauchen. Das merke ich, als sie Freitagnachmittag aus ihrem Auto steigt. Vor mir sitzt ein Problemkind. »Wie geht es dir denn?« fragt sie mich, ohne sich für die Antwort wirklich zu interessieren.

»Ingrid, ich habe mir im August die Brust abnehmen lassen«, sprudelt es aus ihr heraus. »In Hannover. Bei dem Arzt, bei dem ich schon mal war. Es ging ganz schnell. Ich fühle mich blendend. Jetzt bin ich beruhigt.« Ich glaube ihr kein einziges Wort, mit Ausnahme der Mitteilung, daß sie sich hat amputieren lassen.

Vor Überraschung, Entsetzen und Schreck bringe ich zunächst keinen Ton heraus. »Gell, jetzt bleibt dir die Luft weg.« »Ursula, wenn du dich jetzt wirklich besser fühlst, ist ja alles okay. Aber am Telefon hast du dich völlig anders angehört.«

»Na ja. Man fühlt sich schon zwischendurch äußerst *beschissen*«, kommt es kleinlaut aus ihr heraus. Obwohl ich sie eigentlich nicht darum bitte, zieht sie ihr T-Shirt aus und zeigt mir die Narbe. Gleich während der Operation hat man die Brust wieder aufgebaut. Keiner würde auf die Idee kommen, daß sie nicht echt ist. Auf den ersten Blick. Doch sie ist ein Fremdkörper, paßt sich den natürlichen Bewegungen nicht an. Wenn sie liegt, wird die gesunde Brust breit, dehnt sie sich aus. Die aufgebaute bleibt steif nach oben gerichtet, sie gehört nicht zu dem Körper. Während sie mir noch über ihre »richtige Entscheidung« die Ohren volljubelt, höre ich längst die Molltöne in ihren Erzählungen: Das Leben mit dem Freund stimmt ganz und gar nicht mehr, doch sie ist zu gescheit, um das Scheitern ihrer Beziehung nur auf die Amputation zurückzuführen. Die Schwierigkeiten liegen woanders. Der Freund lebt in einer anderen Stadt, sie sehen sich nur noch an den Wochenenden. Er ist jünger als sie, mit großer Anziehungskraft auf Frauen. Sie ist zwar immer noch eine attraktive Blondine, aber Krankheit und vor allem Sorgen haben ihr Gesicht gezeichnet, haben einiges von ihrem ursprünglichen Schwung verbraucht. Der Freund hat also eine jüngere

Partnerin, er ist mit ihr zum Surfen an den Gardasee gefahren, wohnt in einem Hotel, das sie gemeinsam entdeckt haben. Ursula ist gekränkt, traurig, hoffnungslos. Den ganzen Abend verbringen wir damit, ihre Situation zu analysieren, kommen zu keinem Ergebnis.

Um sie auf andere Gedanken zu bringen, schlage ich ihr vor, am morgigen Samstag zur Eröffnung des Oktoberfestes zu gehen. Natürlich ist sie sofort damit einverstanden. An einem strahlenden Samstagnachmittag sehen wir uns den Einzug der Wies'nwirte an. Ursula zieht wie immer die Blicke der Männer auf sich. Sie trägt eine knappe Jeans, blaue Lederstiefel und eine Jacke in derselben Farbe. Sie spürt, daß sie gestreichelt wird und ist augenblicklich guter Laune. Nach Bier und Hendl an einem sonnigen Tisch formieren sich Albernheiten in meinem Kopf. »Ursula, paß auf«, warne ich die Freundin. »Ich habe da so eine Idee . . .«

Ich kaufe mir eine Tüte gebrannter Mandeln und beginne, diese wildfremden Menschen zu offerieren. »Darf ich Ihnen im Namen der Wies'n-Leitung einige gebrannte Mandeln anbieten?« werde ich bei zwei Blondinen vorstellig, deren üppige Busen überdimensionale Schokoladenherzen zieren. »Danke sehr, wir essen grundsätzlich nichts Süßes«, zischt das beleidigte Duo zurück. Erste Erfolge bahnen sich bei einem lederbehosten Zwirbelbärtigen an. »Des is aber nett von dir, Deandl«, freut er sich, taucht mit seiner Pranke in die kleine Tüte und steckt zwei zuckerglänzende Mandeln zwischen die kräftigen Zähne. Das »Deandl« hat mich beschwingt. »Bist a ganz a netter Has«, werde ich von einem kleinen Rundlichen mit roten Backen und ebensolcher Nase begrüßt. »Brauchst doch net mit einer Guatltüt'n umananda geh'n, wennst oan aureiß'n wuillst.« Ich schaue mich nach Ursula um. Sie hält gebührenden Abstand zu mir. Mit dieser verrückten Ingrid muß sie sich erst einmal befreunden.

Mit Ursula wandere ich in Richtung Bierzelt. Wir landen an einem Tisch mitten im schlimmsten Gewühl. Ich bekomme bereits Platzangst, die Freundin hingegen erhält einen innigen Begrüßungskuß vom zunächst wildfremden, doch wenig später schon recht vertrauten Wolfgang.

Schwungvoll wirft er hintereinander einen vollen Maßkrug und zwei halbleere Limoflaschen um und teilt jedem mit, daß er bereits einen »Mordsrausch« hat.

Während sich Ursula nach seinem Familienstand und anderen ungeheuer wichtigen Details aus seinem Leben erkundigt und wahrhaft Verwirrendes zur Antwort bekommt, diskutiere ich mit Gino aus Neapel und Giovanni aus Rom die Qualitäten von Karl-Heinz Rummenigge — auf italienisch, wohlgemerkt!

Die beiden Italiener sitzen seit geraumer Zeit an unserem Tisch, betrachten die immer munterer werdende Ursula mit begehrlichen Augen. In mir sehen sie glücklicherweise mehr den Sportkameraden. Inzwischen tobt das halbe Zelt auf den Tischen. Ich bereite meinen Rückzug vor. »Willst du noch bleiben?« erkundige ich mich bei Ursula. »Nein, nein«, sie kommt mit mir nach Hause. Wolfgang, der Bierselige, protestiert. Er wolle sich noch heute abend mit der flotten Ursula verloben, verkündet er. Doch daraus wird nichts.

Zu Hause hören wir noch ein wenig Musik und lassen die vergangenen Tage an uns vorüberziehen. Es war zwischendurch recht lustig. Ursula wirkt entspannt und ist ganz sicher, daß sie die Sache mit dem Freund auch wieder hinbekommt. »Vielleicht habe ich sogar die Kraft, endgültig Schluß zu machen.«

Doch die hat sie nicht. Das wird bereits beim Frühstück am nächsten Morgen klar. Sie ist traurig, hält es nicht mehr aus bei mir. »Heute kommt der Andreas vom Gardasee heim. Vielleicht ruft er mich an. Ich will dann zu Hause sein.«

Die Schmerzen in der Brust sind wieder da, stärker als je zuvor. Sie überfallen mich eines Morgens schon nach dem Duschen, kommen immer wieder. Jetzt gibt es plötzlich keine Regelmäßigkeiten mehr, keine Uhrzeit, keine Tageszeit. Jetzt muß ich immer und überall mit einer Schmerzattacke rechnen. Langsam bin ich froh, daß ich am 3. Oktober in die Klinik fahre.

Bis dahin arbeite ich jeden Tag an meinem Buch. 17 Seiten sind bereits fertig. Die Anlaufschwierigkeiten scheine ich überwunden zu haben. Ich sitze vor einer Schreibmaschine, die mir Gabi geliehen hat, diktiere die fertigen Seiten auf ein Tonbandgerät, das mir Pfarrer Söllner überließ und gebe die Kassetten weiter an Christl, die alles noch einmal ordentlich tippt und in einem Computer speichert. Das klassische Beispiel von Teamwork!

»Wie geht's denn unserm Buch?« werde ich mal von Gabi, mal von Pfarrer Söllner gefragt. Christl liefert eifrig gedruckte Seiten, und ich genieße diese Gemeinschaft.

Vor allem mit ihr verbindet mich in dieser Zeit eine besondere Beziehung. Sie ist der einzige Mensch, der so ziemlich alles über mich weiß. Sie kennt meine Gedanken, und sie ist beim Tippen natürlich auch Enrico begegnet. »Hast du eigentlich keine Angst, daß man über dich herfallen könnte, wenn man liest, daß der Mann verheiratet ist und daß seine Frau Brustkrebs hat«, will sie von mir wissen, als wir eines Abends bei einem Glas Wein zusammensitzen. »Gibst du nicht zu viel preis?«

Mit dieser Frage bohrt sie in offenen Wunden. »Ich habe mit Enrico darüber gesprochen, und der meinte, ich sollte unsere Geschichte ruhig erzählen. Sie gehöre in mein neues Leben, und niemand habe das Recht, über uns zu urteilen. Weißt du, Christl, Enrico und ich sehen uns nicht oft. Wir telefonieren ab und zu miteinander. Ich bringe in sein Familienleben eigentlich keine Unordnung. Lauras Leben hat sich durch mich nicht verschlechtert. Enrico meinte sogar, daß er jetzt viel geduldiger und ausgeglichener sei als früher. Er unternimmt weite Reisen mit seiner Frau, erfüllt ihr alle Wünsche. Er sagt, daß seine Ehe schon lang nicht mehr so harmonisch gewesen sei wie jetzt.«

Christl schaut mich nachdenklich an. »Und was ist mit dir? Hältst du das aus?« »Bis jetzt schon«, antworte ich ihr. »Ich habe in Enrico einen Mann getroffen, von dem ich weiß, daß er meine Sprache spricht und daß er meine Träume träumt. Ich will gar nicht mehr. Ich brauche keinen Liebhaber, sondern einen Mann zum Liebhaben.

Wenn er heute bei mir auftauchen und mir mitteilen würde, er hätte Laura und die Familie verlassen, um mit mir zu leben, wäre mein Entsetzen über diesen Schritt vermutlich riesengroß. Achten könnte ich ihn jedenfalls nicht mehr.« Christel schaut etwas ungläubig drein, aber schließlich versteht sie mich. »Hoffen wir, daß unsere lieben Mitmenschen das auch so sehen, sonst kannst du dich auf eine Unmenge dummer Bemerkungen gefaßt machen«, meint sie skeptisch. »Ich werde mir von keinem mehr vorschreiben lassen, wie ich mein Leben zu leben habe«, halte ich ihr entgegen. »Darauf kannst du dich verlassen. Ich habe einmal am Rande meines Lebens gestanden, und seither gehe ich meinen eigenen Weg. Wie der von anderen beurteilt wird, ist mir egal.«

Natürlich habe ich vor, im Krankenhaus weiter zu schreiben. Doch daraus wird nichts. Zu viele Sorgen plagen mich in diesen zwei Wochen.

Diesmal fahre ich mit Frau Sixt und ihrem Mann an den Chiemsee. Florian und Linda verabschieden mich zärtlich. Sie werden alleine bleiben und sich selbst versorgen. Mittags, wenn sie aus der Schule kommt, ißt Linda bei der »Oma«, der es auf ein »Enkelkind« mehr oder weniger an ihrem großen Tisch nicht ankommt. Florian hat versprochen, daß er Lindas Hausaufgaben beaufsichtigt und dafür sorgt, daß sie nicht sämtliche Vokabeln vergißt.

Bevor wir uns in der Klinik melden, führt uns Herr Sixt noch zum Essen aus. Trude und ich nehmen uns vor, die zwei Wochen ausschließlich unserer Gesundheit zu widmen, nur Vollwertkost zu essen und ausgiebig spazieren zu gehen. Das Wetter soll auch schön bleiben. Wir haben zwei Zimmer nebeneinander und können uns sozusagen mit Klopfzeichen verständigen. Trotzdem sind wir traurig, in Trude nagt bereits das übliche Heimweh, und ich habe ganz einfach Angst vor den kommenden Tagen. Werde ich operiert? Woher kommen die Schmerzen? Ist der Krebs zurückgekehrt?

Dr. Bauer macht eine Aufnahmeuntersuchung. Er ist befangen wie immer, wenn er eine Brustpatientin vor sich hat. Ich gebe mich so natürlich wie möglich, lache mit ihm, versuche ihn aufzulockern. Vergeblich! Immer wieder entschuldigt er sich, daß er mich abtasten muß. Die Verhärtung im Warzenbereich zeichnet er mit einem roten Stift an. »Ich finde es schrecklich, auf Körpern malen zu müssen«, schüttelt er den Kopf. Ich zucke mit den Schultern, schließlich werde ich bemalt und nicht er, und mir macht das nun mal nicht das geringste aus. »Der Professor wird bei Ihnen wohl doch schneiden müssen«, vermutet er. »Die Brust schaut nicht gut aus.«

Ich gehe rechtzeitig aus dem Zimmer, bevor die Tränen kommen. Am Nachmittag machen Trude und ich einen ersten Spaziergang am See entlang. Es ist herrlich warm. Die Natur sieht noch lebendig aus, wenig weist darauf hin, daß es schon Herbst ist und Kälte und Nebel auf die Menschen warten. Die Sonne schafft es sogar, meine trüben Gedanken vorübergehend zu vertreiben.

Beim Abendessen lernen wir unsere Tischgenossen kennen. Einen hochgewachsenen Rheinländer mittleren Alters, der ausschließlich von seiner Frau erzählt, was sie sagt, was sie tut, was sie gern hat, was sie nicht mag, was ihr gefällt und was sie verabscheut.

Nachdem ich mir das einige Tage angehört habe, frage ich ihn, ob er vielleicht frisch verheiratet ist. »Woher wissen Sie das denn?« kommt es hocherfreut zurück. Ja, woher wohl!

Mit von der Partie sind noch eine resolute Geschäftsfrau aus Hessen, die viel jammert, aber trotzdem manchmal überraschend humorvoll und lustig sein kann; ein quirliger Grauhaariger, der selten zum Essen kommt und wenn, dann meistens zu spät. Nach drei Löffeln Suppe hat er bereits genug. »Nee, det schmeckt ma nicht«, schimpft er, reißt sich seine Serviette vom Hals und geht wieder. Tagsüber liegt er dunkelbraun gebrannt auf seiner Terrasse in der Sonne, am Abend macht er die Lokale in der Umgebung unsicher. Er liebt Bier und bayerische Gesellschaft. »Det is det Schönste am Chiemsee«, erklärt er mir. Warum er hier in der Klinik ist, sagt er nicht. Zumindest bekommt er viele Spritzen. »Die gibt mir der Professor persönlich, von de anderen lasse ick ma nich spritzen!«

Dann gibt es da noch einen blassen jungen Mann namens Herz an unserem Tisch, dem es ganz offensichtlich schlecht geht. Er ißt wenig, redet anfangs fast nichts. Doch Trude und mir gelingt es, ihn aus seiner Isolation herauszuholen. Er hat einen Tumor im Darmbereich, hat Chemotherapie und Bestrahlung hinter sich. Beides war ohne Erfolg. Der Tumor wächst, man wird wieder operieren müssen. Hier erhofft er sich durch eine Reihe von Spritzen einen Stillstand. Doch auch der Professor meint, daß er noch einmal unter das Messer muß. Herr Herz hat große Angst vor einer neuen Operation. Vor allem fürchtet er, daß sie ihn nur weiter schwächen und ihm nicht wirklich nutzen wird.

Trude und ich mögen den Mann auf Anhieb. Ab jetzt schafft er es nicht mehr, sich vom Tisch zu stehlen, ohne einen Bissen gegessen zu haben. Wir sorgen dafür, daß er wenigstens eine Kleinigkeit zu sich nimmt. Ob er Skat spielen kann, will ich eines Abends von ihm wissen. »Oh ja.« Er habe hier schon nach Partnern gesucht, aber niemand gefunden. Noch am gleichen Tag treibe ich unseren dritten Mann auf. Er ist stiller Zuhörer, als ich dem Mädchen am Empfang von meiner Suche nach einem weiteren Skatspieler erzähle. »Würden Sie mit mir vorlieb nehmen«, lächelt Herr Stingl. »Sehr gerne«, freue ich mich. Wir drei verabreden uns noch am selben Abend um halb acht zur ersten Runde.

Bis dahin hat noch jeder Zeit, nach dem Abendessen mit seinen Angehörigen zu telefonieren. Nach einer vorläufig letzten Zigarette, die meine beiden Partner vor dem Haus rauchen — inzwischen hat Hackethal ein allgemeines Rauchverbot in allen Räumen ausgesprochen, mit der Drohung, jeden Patienten eigenhändig vor die Türe zu setzen, den er mit einer heimlichen Zigarette erwischt — formiert sich unsere Skatrunde. Die Premiere verläuft so erfolgreich, daß wir uns von jetzt ab jeden Abend zusammenfinden. Meistens spielen wir bis gegen 22 Uhr, außer einer der Herren hat Beschwerden. Herrn Herz fällt manchmal das lange Sitzen schwer, Herr Stingl bekommt bisweilen wenig Luft. Rund um den Hals hat er lauter kleine Knoten. In der Lunge ist ein Tumor. So sorgenvoll die Tage aussehen, am Abend haben wir alle drei viel Spaß. Trude sitzt meistens bei uns, strickt einen Pullover und sorgt sich um mich. Irgendwie ist sie der Meinung, das Kartenspielen sei Männersache und Frauen müßten dabei notgedrungen den kürzeren ziehen. Dabei irrt sie sich gewaltig. Obwohl ich da zwei Meisterspielern ausgesetzt bin, verbuche auch ich meine Pluspunkte. Wir spielen natürlich nicht um Geld, bloß zum Vergnügen. Unser Lachen macht den Aufenthaltsraum auch für andere Patienten anziehend. Allabendlich füllt er sich, wenn wir die ersten Karten ausgeben.

Julius Hackethal nimmt sich viel Zeit, als er mich zum ersten Mal untersucht. Immer wieder befühlt er die Verhärtung im

Warzenbereich, ist unsicher, ob er gleich operieren oder lieber noch warten soll. Weiterhin unerklärlich sind auch für ihn die Schmerzen. »Die Sache ist einfach ungewöhnlich«, murmelt er immer wieder.

Schließlich beschließt er, mich mit Suprefact zu behandeln. Er will es alle zwei Tage direkt in die Verhärtung spritzen. Zunächst wehre ich mich dagegen, doch dann gebe ich auf. Wie konnte ich auch so verwegen sein, anzunehmen, daß ich von Krebs geheilt bin, daß er mich für alle Zeit in Ruhe lassen würde! Jetzt hat er mich eingeholt! Ich bekomme Suprefact, eine Operation ist in den Bereich des Möglichen gerückt.

Obwohl er die dünnsten Nadeln nimmt und ganz langsam spritzt, habe ich schreckliche Schmerzen. Er weiß, er ist besonders liebevoll zu mir. Aber diesmal klappt es nicht so ganz mit dem Mutmachen. Er ist selber in Sorge, ebenso Li. Sooft sie Zeit hat, schaut sie bei mir vorbei. Ich habe ihr von meinem Buch erzählt. Sie will die ersten 17 Seiten davon lesen — mehr habe ich nicht. Meine Bemühungen, mich an die Schreibmaschine zu setzen, scheitern hier nämlich kläglich.

Enrico ruft mich oft an in diesen Tagen. Das tröstet. Ich erzähle ihm, daß ich vermutlich doch operiert werde, und er ist traurig. Kommen kann er nicht. An einem Tag, als ich nach Traunstein zu einer Spezialuntersuchung muß, geht bereits um 7 Uhr das Telefon. Er will mir nur noch schnell einen Gruß durch den Hörer schicken, will mir Mut machen.

So gut mir seine Anteilnahme auch tut, beschließe ich trotzdem, ihm nichts mehr über meine Beschwerden zu erzählen. Ich will ihn nicht belasten. Schließlich hat er genug Sorgen um seine Frau.

Diesen Vorsatz habe ich bis heute nicht vergessen und vor allem nicht gebrochen. Immer, wenn er sich zwischendurch erkundigt, wie es mir geht, kommt ein fröhliches »Danke, bestens« zur Antwort. Er ist davon nicht immer überzeugt, aber er versteht, daß ich diesen Bereich meines Lebens nicht mit ihm teilen will.

Die Spritzen scheinen erste Erfolge zu haben. Tagsüber bin ich jetzt beschwerdefrei, doch nachts sind die Schmerzen um so schlimmer.

Schließlich lasse ich mir im Schwesternzimmer Zäpfchen geben, die mir meine schwarzhaarige Leibärztin, Frau Dr. Groll, verordnet. Da ich an Schmerzmittel überhaupt nicht mehr gewöhnt bin, wirken sie sofort. Augenblicklich bessert sich meine Laune. Zwei Nächte brauche ich die Zäpfchen noch, dann kann ich schmerzfrei durchschlafen.

Ein ausgesprochenes Stimmungshoch bahnt sich bei mir an! Julius versucht es sofort zu dämpfen. »Sei nicht so euphorisch, meine Liebe. Die Warze schaut nach wie vor verdächtig aus. Es ist durchaus möglich, daß sich da wieder Mikrometastasen gebildet haben.« Bevor er das Messer endgültig aus der Hand lege, werde er halt doch noch aufschneiden müssen, damit wir Sicherheit bekommen. Ich winke ab. »Das hat Zeit. So schnell wirst du ja noch nicht abtreten.«

Doch darin zumindest habe ich mich gründlich getäuscht. Am 4. November geht der Chirurg Julius Hackethal in den Ruhestand. Als er mir das erzählt, halte ich die Ankündigung zunächst für einen Scherz. Einen schlechten obendrein. »Mein liebes Kind. Am 6. werde ich 65 Jahre alt und da ist es höchste Zeit, mit dem Operieren aufzuhören. Erstens habe ich immer leidenschaftlich die These vertreten, daß Chirurgen ab einem gewissen Alter Schluß machen sollten, und zum zweiten sehe ich heute schon die Schlagzeilen vor mir, wenn mir tatsächlich einmal etwas passieren sollte.«

Wie wird es dann weitergehen in seiner Klinik, will ich von ihm wissen. »Ich habe in Dr. Berger einen hervorragenden Nachfolger gefunden. Er kann mich als Chirurg sehr gut ersetzen«, meint er. Außerdem werde er nach wie vor die Untersuchungen vornehmen. »Bloß weil ich nicht mehr operiere, mache ich doch die Praxis nicht zu«, beruhigt er mich. »Im OP schaue ich halt jetzt zu.«

Was mache ich, wenn er einmal ganz aufhört, frage ich mich insgeheim. Nun, ich werde nicht in Panik geraten, soviel steht fest. Ich weiß, daß hier in dem Krankenhaus eine Ärztegeneration arbeitet, die seine Methode, Krebs zu behandeln, beibehalten wird.

Außerdem habe ich in letzter Zeit viel darüber gelesen, daß junge Ärzte in der ganzen Welt bei der Krebsbehandlung eingetretene Wege verlassen haben und nach neuen Möglichkeiten suchen. Nur die alten sind es noch, die verbissen auf traditionellen Behandlungsmethoden bestehen. Und die werden gottlob immer weniger.

Außerdem scheint sich bei den Krebspatienten inzwischen auch ein neues Bewußtsein angesiedelt zu haben. Immer weniger lassen sich von ihren Ärzten so mir nichts, dir nichts überfallen, lassen sich zu Chemotherapien und Bestrahlungen zwingen. Sie wollen Aufklärung und sich selbst die letzte Entscheidung über die Behandlungsmethode vorbehalten.

Die zwei Wochen vergehen wie im Flug. Trude und ich haben ein dichtes Behandlungsprogramm klaglos hinter uns gebracht. Wir haben keine Anwendung ausfallen lassen, die freie Zeit verbrachten wir an der frischen Luft. Wir fühlen uns gesund.

»Wie verkraftest Du eigentlich das große Vertrauen, das Dir deine Patienten entgegenbringen?«

Es ist mir gelungen, Hackethal am Ende eines langen Tages, an dem er allgemeine Sprechstunde hatte, in seinem Zimmer alleine anzutreffen. Den Nachmittag hatte ich unter den Wartenden gesessen, habe ihnen zugehört, habe sie beobachtet. Nach zwei Stunden bin ich schließlich geflohen. Sie alle sind an den Chiemsee gekommen, um sich helfen zu lassen, um dem Krebstod zu entgehen. Ich habe Bruchstücke von der Unterhaltung mitbekommen. Von »einziger Rettung« war da die Rede, von »letzter Hoffnung«, von »sicherer Hilfe«.

»Julius, wie machst Du so einem Patienten, der in Dir die letzte Rettung sieht, klar, daß auch Du ihm nicht helfen kannst?« »Schau mal«, läßt er sich schließlich auf die strapaziöse Unterhaltung mit mir ein und verabschiedet sich insgeheim von seinem geplanten Feierabend, »ich kann ihm immer helfen, nur nicht so, wie Du Dir das vorstellst. Natürlich bin auch ich bei Krebs ab einem bestimmten Stadium machtlos, aber ich nehme dem Patienten, der zu mir kommt, nie die Hoffnung. Und schon das hilft ihm. Kein Arzt der Welt kann mit Sicherheit sagen, wann ein Krebspatient — und sei er noch so krank — wirklich stirbt. Das heißt, daß es immer wieder Faktoren gibt, die vorübergehende Besserungen hervorrufen, die ein aufgegebenes Leben unvermutet um Wochen und Monate verlängern.« Es sei also grundfalsch, bei einem Patienten Hoffnungslosigkeit zu erzeugen, indem man ihm eine Wahrheit um die Ohren schlage, die nur relativ sein könne. »Ein Mensch ist nicht nur Körper. Er ist auch Geist und Seele. Schwäche ich seine Seele, indem ich ihm jede Hoffnung nehme, töte ich ihn.«

»Was empfindest Du, wenn Dir ein Patient, um den Du jahrelang gekämpft hast, am Ende doch wegstirbt?« Er wischt sich mit der Hand über die Stirne, bevor er mir antwortet: »Einen solchen Tod, vor allem bei jüngeren Menschen, empfinde ich immer als eine persönliche Niederlage, die mir wochenlang zusetzt«, sagt er schließlich.

Plötzlich lehnt er sich in seinem Sessel zurück, kreuzt die Arme über der Brust und schaut mir in die Augen. »Warum quetscht Du mich eigentlich heute so aus?« will er von mir wissen. »Ich habe am Nachmittag die Patienten beobachtet, die darauf warten, endlich zu Dir gerufen zu werden. Manche unter ihnen sehen so elend aus, daß ich mir nur sehr schwer vorstellen konnte, daß Du ihnen tatsächlich helfen kannst.«

»Wenn ich daran zweifeln würde, hätte ich schon längst aufgegeben. Vor etwas mehr als 10 Jahren habe ich damit angefangen, nach neuen Methoden zur Krebsbekämpfung zu forschen, und ich werde damit nicht aufhören. Kleine Teilerfolge, die ich bei meiner Behandlung erziele, spornen mich natürlich dabei an.« So habe er kürzlich gelesen, daß ein amerikanischer Arzt bei bestimmten Krebsarten eine BCG-Behandlung, also starke Fieberschübe, verordne und dabei gute Erfolge erzielt habe. »Siehst Du, Ingrid, das mache ich schon seit Jahren in meiner Klinik. Solche Sachen bestätigen mich natürlich in meiner Arbeit.«

Während er mir das alles erzählt, fällt mir auf, daß wir uns zum ersten Mal eigentlich wirklich unterhalten. Bisher gab es entweder das Arzt-Patient-Gespräch zwischen uns oder ein leichtes Geplänkel unter Freunden, die sich gerne haben. Über seine Arbeit und das, was ihn dabei bewegt, haben wir nie geredet.

Weil die Stimmung zwischen uns beiden freundlich und sehr vertraut ist, wage ich auch eine Frage, die mich schon lange bewegt. »Julius, warum bist Du manchmal so laut und so rigoros, wenn Du an die Öffentlichkeit trittst?« Er lacht. »Ich weiß, dann könntest Du mich in der Luft zerreißen. Der Li geht es im übrigen ähnlich wie Dir. Paß auf, Ingrid, ich bin laut, weil mir sonst keiner zuhört. Ich will so laut schreien, daß mich der Mann auf der Straße hört, auch wenn die oberen Zehntausend, sprich die Alten, Verbohrten in unserem Beruf, sämtliche Fenster und Türen verschließen wollen, damit nur ja kein Ton nach außen dringt. Der kleine Mann soll hören, was mit ihm geschieht.« Er hat sich in Rage geredet. Wir sind also wieder soweit! »Bitte halte mir zugute, daß ich chirurgischer Ganzheitsarzt bin«, sagt er schließlich, als ich ihn betrübt anschaue. »Chirurgie ist aggressive Nächstenliebe. Chirurgen müssen oft tief ins Fleisch schneiden, um heilen zu helfen.«

Daß er in der Öffentlichkeit, oder besser gesagt, von manchen Journalisten falsch oder aus dem Zusammenhang zitiert wird, glaube ich ihm sofort. »Ich kann sicher sein, daß sich die Herrschaften nur das aus einem Vortrag oder einem Interview rausholen, was sie ihren Lesern vorsetzen wollen, damit denen bei dem Namen Hackethal speiübel wird. Das sind ganz schreckliche Manipulationen.«

Das Telefon auf dem Schreibtisch läutet. Li ist am Apparat und erkundigt sich bei ihrem Mann, ob er gedenke, heute noch einmal nach Hause zu kommen. »Ich geb Dir den Störfall lieber gleich an den Apparat«, lacht Julius und hält mir den Hörer hin. »Li, ich bitte um Milde, aber heute habe ich eine Unterhaltung mit meinem Professor dringend gebraucht. Da waren ein paar Fragen offen«, entschuldige ich mich bei ihr. »Aber jetzt schick ich ihn Dir nach Hause. Das verspreche ich Dir.«

Auf dem Weg zum Ausgang begegnen wir einer jungen Frau. Tränenüberströmt lehnt sie an der Treppe. Ihre Mutter ist vor zwei Stunden gestorben. Julius Hackethal legt seinen Arm um ihre Schulter und geht mit ihr in sein Zimmer zurück.

Ich bekomme für den 3. November einen ambulanten Termin. Dann will Hackethal endgültig darüber befinden, ob ich noch einmal operiert werden muß.

Die Schmerzen sind weg — sie waren sicherlich hormonell bedingt. Ich soll mich nur bis auf weiteres genau beobachten. Schließlich werde ich im November 48 Jahre, da kündigt sich halt der Wechsel an. »Behalte deinen Optimismus«, verabschiedet mich der Chef. Und genau das sage ich ihm zu.

Herr Herz wird auch nach Hause fahren. Von unserer Runde bleibt lediglich Herr Stingl übrig. Beiden Herren geht es nicht besonders gut. Sie sind deprimiert. Herr Herz wird sich nun doch noch einmal operieren lassen, nicht hier, sondern in seiner Heimatstadt. »Meine Versicherung bezahlt den Hackethal nicht.

Also muß ich in eine andere Klinik«, klagt er. »Soviel Geld, daß ich den Aufenthalt hier aus meiner eigenen Brieftasche zahle, habe ich nicht.« Herr Stingl hat neue Knötchen bekommen. Eine kurze, hoffnungsvolle Weile sah es so aus, als ob die Krankheit zum Stillstand gekommen sei. Wir verabschieden uns wie alte Freunde und versprechen, daß wir uns gegenseitig anrufen werden. Ich habe mit beiden einige Male telefoniert. Die Nachrichten waren immer schlecht. Jetzt unterlasse ich die Anrufe besser. Ich will nicht aufdringlich sein. Sie wissen ohnedies, daß ich an sie denke.

Dichter Nebel liegt über dem Chiemsee, als uns Herr Sixt nach zwei Wochen wieder abholt. Es ist ungemütlich kalt, und Trude und ich freuen uns noch nachträglich, daß wir wirklich jeden Sonnenstrahl ausgenutzt haben.

Als ich meine Sachen auspacke, geht das Telefon. Ich habe eigentlich gar keine Lust, den Hörer abzunehmen, tue es aber dann doch. »Ciao, cara, da bin ich aber froh, daß ich dich erreiche.« Enrico.

Er war den Tag über in München, fliegt in knapp drei Stunden zurück nach Italien. »Es wäre schön gewesen, wenn ich dich noch hätte sehen können«, sage ich traurig. »Was heißt, es wäre schön gewesen? Es ist schön. Ich komme mit dem Taxi zu dir. Ich lasse den Fahrer warten, trinke einen Tee mit dir und brause wieder ab.«

Eine halbe Stunde später ist er da. Ich falle ihm um den Hals, bin einfach nur glücklich. Eine schönere Heimkehr kann ich mir gar nicht vorstellen.

»Enrico, hast du schon was gegessen?« Er will nicht, daß ich jetzt in der Küche verschwinde, aber Hunger hat er schon. Das sehe ich ihm an. »Schau, komm einfach mit mir raus und ich mach' dir schnell ein paar Spiegeleier mit Speck, wie damals bei unserem ersten Frühstück.« Er ist sofort einverstanden damit.

Ich stehe am Herd, er lehnt am Eisschrank und schaut mir zu. Ein bißchen sieht das alles nach Ehepaar aus.

Augenblicklich schiebe ich diese Vision wieder in die hinterste Ecke meines Herzens. Im Baumhaus wohnen wir gemeinsam, sonst nirgendwo.

Die wenige Zeit, die uns bleibt, füllen wir mit Zärtlichkeiten, mit viel Lachen und Freundlichkeit. Diese Stimmung bleibt in meinem Wohnzimmer zurück, als ich ihn zu seinem Taxi bringe. Wir wissen, daß es eine geschenkte Stunde war, nicht geplant, eigentlich gar nicht vorgesehen. Hätte er nicht versucht, mich doch noch zu erreichen, hätte ich das Telefon einfach läuten lassen, weil ich noch viel zu sehr im Krankenhaus war, hätten wir zwei glückliche Stunden unseres gemeinsamen Lebens glatt verschenkt. Und das können wir uns nicht leisten. Dafür ist die Zeit zu kurz, die uns bleibt.

Noch in der ersten Woche nach meiner Rückkehr setzte ich mich wieder an meine Schreibmaschine. In Lindas ehemaliges Zimmer habe ich mir Florians alten Schreibtisch gestellt. Rund um mich stehen und hängen lauter Dinge, die ich liebe, die mich an etwas erinnern. Enricos Skizze vom Baumhaus mit dazugehöriger Strickleiter zum Beispiel, ein Poster, das von einem bunten Regenbogen beherrscht wird. Zwei getrockene Blumensträuße, die die Krallen meines Katers überlebt haben. In diesem Zimmer scheint die Sonne ab Mittag, wärmt meine Schreibmaschine, liegt auf den Manuskriptblättern, die sich beständig stapeln.

Den ambulanten Termin bei Professor Julius Hackethal am 3. November kann ich getrost absagen. Die Schmerzen sind nicht mehr aufgetaucht, die Verhärtung hat sich zurückgebildet. Die Warze sieht fast normal aus. Drei Tage später bin ich mit 80 anderen zu Gast zu seinem 65. Geburtstag, den er in einem Landgasthof in Frasdorf feiert. Eine Formulierung auf der Einladungskarte »Kleidung: schön« hätte mich beinahe bewogen, abzusagen. So richtig schöne Kleidung gibt es nämlich schon lange nicht mehr in meinem Schrank. Eine Freundin aus der Straße, der ich zufällig meine Kleidersorgen mitteile, weiß Rat. Für genau solche Gelegenheiten hat sie ein langes Kleid im Trachtenstil, das würde sie mir leihen. Ich probiere es an. Es paßt nicht ganz, aber die kleinen Mängel sind leicht zu beheben. Das Oberteil ist etwas eng, also lasse ich einfach einen Knopf mehr offen. Der Rock ist etwas zu lang, den näht sie nach oben.

Als ich mich in die Kette der Gratulanten einreihe und ihn schließlich erreiche, fallen dem Julius beinahe die Augen aus dem Gesicht. »Ingrid im Kleid, sowas muß man erlebt haben«, lacht er. »Bist ja glatt ein Weibchen, wenn du dich so herrichtest.«

Es wird ein zauberhafter Abend. In Günter Strack, dem beleibten Dr. Renz in einer erfolgreichen Fernsehserie, habe ich einen sehr unterhaltsamen Tischherrn gefunden. Ich begegne auch Guido Baumann wieder, dem Ratefuchs aus Lembkes »Was bin ich?« Einem Freund aus der Vergangenheit.

Leni sitzt auch an meinem Tisch. Sie hat gerade wieder eine Operation überstanden. Gemeinsam mit Bruno, ihrem Mann, will sie heute noch den Geburtstag mitfeiern, morgen geht es wieder zurück nach Holland. Für wie lange? Sie zuckt die Schultern. Da ist es wieder, das große Fragezeichen, das hinter unserem Leben steht. Wie viele Patienten sind unter seinen 80 Gästen, frage ich mich plötzlich. Ich weiß es nicht. Einige kenne ich, die meisten sind mir unbekannt.

Zwei Wochen später feiere ich meinen Geburtstag, wieder mit vielen Freunden bei bester Gesundheit. Unter der Geburtstagspost vermisse ich ein gewohntes Kuvert. Fast 22 Jahre ist es nun her, daß ich die Lokalredaktion der Zeitung, in der ich meine ersten journalistischen Schritte gemacht habe, verließ. Florian war damals unterwegs, ich wollte daheim bleiben und Zeit für mein Kind haben. Ich wechselte in die Fernsehredaktion und lieferte dort einmal in der Woche zu Hause recherchierte Berichte ab.

Im Lokalen erschien ich nur noch als Besucherin. Seitdem hat mir mein ehemaliger Chef jedes Jahr zum Geburtstag gratuliert. Auch zu Weihnachten bekam ich immer eine Karte von ihm. In diesem Jahr fehlt der Geburtstagsgruß. Ich versuche zwar mir einzureden, daß die Karte morgen im Briefkasten liegen wird, doch ich bin traurig. Ich habe ganz einfach Angst, daß diesem von mir so sehr geschätzten Lehrmeister etwas zugestoßen ist. Vielleicht ist er krank, schwerkrank, sonst würde er mir doch trotzdem schreiben?

Beim Mittagessen läutet das Telefon. »Ibe«, höre ich seine vertraute Stimme. »Ja, sang's amal, wie geht's Ihnen denn?« Ich bin so froh über diesen Anruf, daß ich ihn erst einmal gar nicht zu Wort kommen lasse. Er hat in seiner Anrede die Abkürzung gebraucht, mit der ich früher einspaltige Berichte zeichnete. »Gell, Sie haben diesmal meinen Geburtstag vergessen und jetzt rufen Sie schnell noch an, damit ich versöhnt bin und Sie wenigstens im Februar Ihre gewohnten Glückwünsche bekommen, zu Ihrem Geburtstag.« »Nein, Ibe, so ist das nicht. Ich habe Ihren Geburtstag nicht vergessen, ich hatte Angst, daß Sie sehr krank sind und meine Glückwünsche nur belasten.« Ich bin erschrocken. »Aber nein«, beruhige ich ihn. »Ich habe doch erst im September eine Glosse im Lokalteil veröffentlicht, also muß ich doch noch leben.« »Man hört so vieles Schlimmes über den Krebs«, sagt er. »Keine Sorge, ich beiß mich schon durch. Und wehe, ich bekomme zu Weihnachten keine Karte von Ihnen, dann entfällt der Geburtstagsgruß im Februar für Sie.«

Ich habe die Karte heute in den Briefkasten geworfen. Der Frühling ist ganz nah. Ich sitze in meinem improvisierten Schreibbüro, die Sonne fällt auf die Maschine, draußen zwitschern die Vögel. Ich bin aus einem eiskalten Winter wieder aufgetaucht, einem neuen Jahr entgegen. Am 16. März habe ich einen neuen Termin, ambulant. Beschwerden gibt es momentan keine. Ende März soll ich das Manuskript abliefern.

Wer wird dieses Buch lesen? Wen wird mein Leben interessieren? Kann ich mit dieser Schilderung irgendjemandem helfen?

Jeder muß mit so einer Situation alleine fertigwerden. Nicht alle haben das Glück, daß der Tumor frühzeitig genug erkannt wird, nicht jeder hat die Fähigkeit, sich einer Therapie zuzuwenden und niemals an deren Wirksamkeit zu zweifeln.

Ich habe mit Ursula gesprochen und sie gefragt, wie sie sich fühlt, jetzt nachdem sie die Brust hat abnehmen lassen und den Hackethal'schen Weg verlassen hat. »Ich bin okay«, sagt sie und ich glaube ihr das auch. Schon lange hat ihre Stimme nicht mehr so selbstsicher geklungen. Sie erwähnt zwar eine neuerliche Operation, aber diesmal soll lediglich der Sitz des Siliconkissens korrigiert werden, nichts weiter. »Ingrid, ich wäre meines Lebens nicht froh geworden, wenn ich nicht rigoros hätte amputieren lassen. Immer wieder hat man Krebszellen gefunden bei den Nachschnitten. Jetzt ist Schluß damit.«

Was macht Leni, die, wie ich, niemals einen anderen Arzt als Professor Hackethal oder einen seiner Nachfolger konsultieren würde? Sie wird am 14. März wieder an den Chiemsee kommen. Im November hat man einen Knoten unter der Achselhöhle entfernt. Jetzt hat sich einer in der Schlüsselbeinhöhle angesiedelt. Sie sollte ihn beobachten. Mittlerweile ist er so groß wie eine Kastanie. Leni geht es also nicht gut. Sie ist knapp davor aufzugeben und sich in ihr Schicksal zu fügen. »Was will ich machen, Ingrid«, meint sie. »Der Krebs läßt mir keine Ruhe.« Trotzdem wird sie sich keiner konventionellen Behandlung unterziehen. Die Angst vor der gedankenlosen Routine so vieler Ärzte hält sie davon ab. Ein finanzielles Problem bahnt sich auch an. Das Delikatessengeschäft von Leni und Bruno geht gut. Doch soviel, daß die beiden rund 70.000 DM, die die Behandlung bis jetzt gekostet hat, bedenkenlos verkraften könnte, wirft es auch nicht ab. Ihre holländische Versicherung zahlt ihnen keinen Gulden.

Trude Sixt hat keine Probleme mit ihrem Hautkrebs. Seitdem

man ihn vor nun zwei Jahren feststellte, hat sich die Stelle nicht verändert. Trude Sixt ist manchmal deprimiert. Die Amputation macht ihr immer noch zu schaffen.

Herr Hacker hat keine Probleme mit dem Prostatakrebs. Kürzlich erzählte er mir, daß er unter Angina-Pectoris-Anfällen zu leiden habe. »Vermutlich hatte der Professor doch recht, als er mir vor drei Jahren sagte, Herr Hacker, an dem Tumor sterben Sie nicht«, scherzt er tapfer, »jetzt schafft mich das Herz.«

Meine Skatbrüder Herz und Stingl wage ich nicht mehr anzurufen. Beiden ging es sehr schlecht, als ich mich Anfang Dezember bei ihnen meldete. Herr Herz ist im Mai gestorben. Zwei Tage vor seinem Tod hat er sich telefonisch bei mir verabschiedet.

Und wie geht es mir? Dreimal hat es so ausgesehen, als wollten die gefürchteten Schmerzen in der operierten Brust zurückkehren. Nicht ganz so heftig, wie gewohnt, aber immerhin so, daß die Erinnerung an ausgestandene Ängste und Sorgen wieder wach wurde.

Manchmal schleiche ich ins Bad, stelle mich vor den Spiegel und betrachte mich ganz genau. Dabei interessieren mich neu aufgetauchte Falten und Fältchen am wenigsten. In zwei Jahren werde ich 50 Jahre alt, da darf meine Haut da und dort schon anfangen zu knittern.

Was geht in Dir vor? frage ich in solchen Momenten meinen Körper. Hat sich irgendwo ein neuer Krebsherd gebildet, den man jetzt nur noch nicht sieht?

Wie geht es dir? Diese Frage wird schon lange nicht mehr ernsthaft an mich gerichtet. Daß es mir gut geht, setzt meine Umgebung ganz einfach voraus. Warum auch nicht! Ich sehe gesund aus, mache jeden Unsinn mit, bin strapazierfähig wie eh und je. Ich gebe mich selbstbewußt, hoffnungsvoll, aktiv, und im Prinzip bin ich das auch. Meine Kegelrunde feiert mich inzwischen als zuverlässiges und zielsicheres Mitglied, niemand achtet mehr darauf, daß vor mir das Thema Krebs ausgespart werden sollte. Die Schonzeit ist endgültig vorbei!

Im Auftrag von Pfarrer Söllner begleite ich eine Krankenschwester aus unserer Sozialstation, die bettlägerige Menschen in ihren Wohnungen betreut. Ich soll eine Reportage für die Weihnachtsausgabe des »Gemeindebriefes« machen. Wir besuchen eine Frau, die im Sterben liegt. Ihr Körper ist voller Metastasen. Sie soll gewaschen und umgebettet werden. Ich muß der Schwester helfen, allein kann sie die Frau nicht tragen. Diese schreit vor Schmerzen, als wir sie von einem Bett auf das andere heben. Ihre Beine sind dunkelblau angelaufen und eiskalt. Als wir fertig sind, streichle ich die todkranke Frau. Sie hat die Augen geschlossen, stöhnt leise vor sich hin. »Lieber Gott, laß mich nicht so sterben« bete ich auf dem Weg nach Hause.

In einer Rundfunkdiskussion werde ich neben einem Schüler, einem Theologen, einer Psychotherapeutin und einem Zukunftsforscher zum Thema »Lebensangst — Lebensmut« befragt. »Frau Benedict, Sie haben vor einiger Zeit erfahren, daß Sie an einer Krankheit leiden, deren Ausgang ungewiß ist, die oft mit dem Tod endet. Wie haben Sie ihre Angst in den Griff bekommen?« »Angst kann und will ich mir gar nicht leisten«, gebe ich spontan zur Antwort. Die Runde hört mir zu, versteht mich aber eigentlich nicht. Sie alle haben mehr die großen Ängste im Auge, führen Tschernobyl und seine Folgen an, das rapide Sterben der Natur, die Angst vor einem neuen Krieg mit immer grauenvolleren Waffen, die Not der Arbeitslosen. Allesamt Ängste, die ich nicht habe, nicht mehr!

Natürlich bekümmert mich die Sorglosigkeit, mit der die Menschen ihren Lebensraum abtöten, schließlich habe ich zwei Kinder. Aber das alles ängstigt mich nicht wirklich. Meine Freundinnen machen sich Sorgen um ihre künftigen Enkelkinder. An die denke ich gar nicht mehr. Ja, früher, als immer nur andere Leute Krebs hatten, nicht ich, da träumte ich von Enkelkindern, mit denen ich spielen könnte, die ich nicht zu erziehen, sondern nur zu lieben bräuchte. Heute glaube ich nicht, daß ich je ein Enkelkind erleben werde.

Machen Sie etwas aus Ihrem Leben, lassen Sie sich nicht unterbuttern! Habe ich diese Ratschläge von Julius Hackethal für mein Leben übernommen? Ich denke doch! Natürlich lassen sie sich nicht immer und zu jeder Gelegenheit anwenden. Natürlich würde ich mit meinen Kindern gerne ein sorgloseres Leben führen, ihnen etwas von der Welt zeigen, ihnen viele Wünsche erfüllen, sie noch ein wenig verwöhnen.

Florian ist inzwischen Volontär in der Sportredaktion einer Münchner Zeitung, will Journalist werden. Nebenher studiert er. Er kann sich vieles nicht leisten, was für seine Kollegen üblich ist. Als Volontär verdient man wenig. Als Journalist im übrigen auch, es sei denn, man steht ganz oben in der Hierarchie.

Linda würde gerne einem Tennisclub beitreten. Ihre Freundinnen machen Ski-, Segel- und Surfurlaube. Wir bleiben zu Hause und gehen an der Isar spazieren.

Das alles regt mich aber nicht sonderlich auf. Wir drei sind mittlerweile ein ganz gutes Team geworden, meine beiden Kinder und ich. Wir sind froh, daß mich die Krankheit bis jetzt in Ruhe gelassen hat und nehmen jeden Tag als neue Zeiteinheit an. Florian beginnt sich immer mehr für mein Buch zu interessieren. »Wie wird eigentlich der Schluß aussehen?« will er eines Tages von mir wissen. »Das weiß ich selber nicht«, gebe ich zur Antwort.

Da fällt mir eine makabre Möglichkeit ein: »Was glaubst du, wie gut sich dieses Buch verkaufen ließe, wenn ich während des Schreibens sterben würde und du das letzte Kapitel schreiben müßtest?« Der Sohn ist empört, hört mir dann aber doch zu, versteht mich schließlich.

Ich werde regelmäßig von einem Boulevardblatt angerufen und nach meinem Befinden befragt. »Lassen Sie mich in Ruhe«, entgegnete ich eines Tages. »Für Sie bin ich doch erst eine Meldung, wenn ich gestorben bin.«

Oft habe ich gespürt, daß meine Mitmenschen darüber verwundert sind, wie fröhlich und wie optimistisch ich bin. Manche nehmen mir meine zeitweilige Respektlosigkeit vor dem Krebs sogar übel, das sehe ich ihnen an.

Wie kann man nur so oberflächlich sein? Schließlich ist Krebs die zweithäufigste Todesursache in Deutschland. Die Menschen fürchten sich vor so einer Diagnose.

Keine Sorge, würde ich diesen Leuten am liebsten zurufen. Ich zittere schon auch vor dieser Krankheit. Ich habe auch Angst, daran sterben zu müssen, aber ich will nicht dauernd zittern und vor allen Dingen nicht schon jetzt. Ich bin oft sehr glücklich gewesen in diesen vergangenen drei Jahren, glücklich wie nie zuvor in meinem Leben. Das »Glücklichsein« habe ich offenbar endlich gelernt. Es wird mir dabei helfen, wenn ich sterben muß — wann immer das auch sein wird. Bis zu dieser schrecklichen Diagnose vor drei Jahren hatte ich häufig das Gefühl, etwas versäumt zu haben. Das ist jetzt vorbei!

Ich habe Zeit gutgeschrieben bekommen, und die möchte ich nutzen. Noch pflücke ich duftende Sommersträuße, Astern und Chrysanthemen sind später dran. Laßt mir meine bunten Farben! Bitte!

Noch möchte ich in meinem Baumhaus leben, gemeinsam mit Enrico. Das Fundament unseres Hauses hat gehalten, obwohl es da bisweilen auch einen kälteren Wind gab, der es durchrüttelte. Kein Ast ist dabei abgeknickt, kein Blatt haben wir verloren, nichts ist zerbrochen. »Wer keinen Mut zum Träumen hat, hat keine Kraft zum Kämpfen.« Diesen Satz habe ich kürzlich gelesen und ihn mir sehr genau gemerkt.

In den drei Jahren, die seitdem vergangen sind, habe ich einiges dazugelernt, hat sich mein Verhalten in verschiedenen Punkten grundlegend geändert. Hätte man mir nicht damals das Ende meines Lebens angedroht, wäre ich wohl nie richtig aufgewacht. Ich bin tapferer und damit auch mutiger geworden. Sogar mit meiner Platzangst komme ich jetzt zurecht. Zwar betrete ich noch immer keinen Lift, aber in die U-Bahn-Schächte tauche ich mittlerweile bedenkenlos ein. Auch ins Kino gehe ich wieder. Ich achte zwar noch immer darauf, möglichst am äußersten Platz und in der Nähe eines der beleuchteten Notausgänge zu sitzen, aber kürzlich hielt ich es auch in der Mitte einer Sitzreihe aus, ohne gleich Herzklopfen zu bekommen. Das ist alles sehr wichtig für mich, denn ich habe unter diesem Problem sehr gelitten. Ich konnte in kein Kino, in kein Konzert, in kein Theater gehen, weil ich mich unter den vielen Menschen eingesperrt fühlte.

Kleinigkeiten, über die sich mancher einen ganzen Tag lang grämen kann, regen mich nicht mehr auf. Gute Beziehungen zu Menschen in meiner Umgebung sind besser geworden, schlechte habe ich mit der Zeit einfach einschlafen lassen. Ich bin mittlerweile zu einer Wiederaufbereitungsanlage für Tag- und Nachtträume geworden. Die Strahlen, die ich aussende, gefährden niemanden, sie wärmen nur.

Ich mag keine Streitereien, dafür ist mir meine Zeit zu schade. Ich verunsichere meine Kinder nicht mehr, indem ich sie mit meinen Ängsten um sie belaste. Ich bemühe mich um ein großes Maß an Toleranz, und ich bekämpfe hartnäckig zwei Eigenschaften, die mir und meiner unmittelbaren Umgebung lange Jahre schwer zu schaffen gemacht haben: meine Empfindlichkeit und meine Unversöhnlichkeit. Ich trage nichts mehr nach, ich versuche es zumindest.

Außerdem kann ich jetzt sehr gut mit mir alleine sein. Früher brauchte ich manchmal ein Programm, um das Denken abschalten zu können. Heute bin ich gerne alleine, fühle mich nicht gleich verlassen und einsam. Ich fahre weg, wenn mir das verlockend erscheint, ohne mir den Kopf darüber zu zerbrechen, ob Sohn und Tochter für diese Zeit auch ausreichend versorgt sind.

Sie können ohne weiteres ein paar Tage ohne mich auskommen.

Ich habe mich von dem Urteil anderer weitgehend unabhängig gemacht. Es macht mir nichts aus, wenn sie manches, was ich tue, nicht verstehen können. Sie brauchen das auch gar nicht.

Ich bin vor 48 Jahren wohl mit einem großen Malkasten auf die Welt geschickt worden. Vor drei Jahren lernte ich nun, welche Farben ich nehmen muß, damit meine Bilder auch wirklich bunt werden. Es hat lange genug gedauert, bis ich dieses Talent in mir aufgestöbert habe. Jetzt aber werde ich es pflegen, so lange die Kraft dazu noch ausreicht. Ich werde mir den Blick zu den Sternen erhalten und mich an ihrem Leuchten erfreuen. Ich werde den Elefanten im Bauch der Schlange erkennen, so wie der kleine Prinz das tat. Ich werde Steine, über die ich stolpere, so lange polieren, bis sie zu Perlen werden.

Warum Gott manchen Menschen die Gnade gewährt hat, in jedem Tropfen den bunten Regenbogen mit all seinen schillernden Farben zu sehen und die anderen hastig zum Regenschirm greifen läßt, wenn es zu tröpfeln beginnt, bleibt eines seiner Geheimnisse.

Erfahrungen

Als Band mit der Bestellnummer 61 156 erschien:

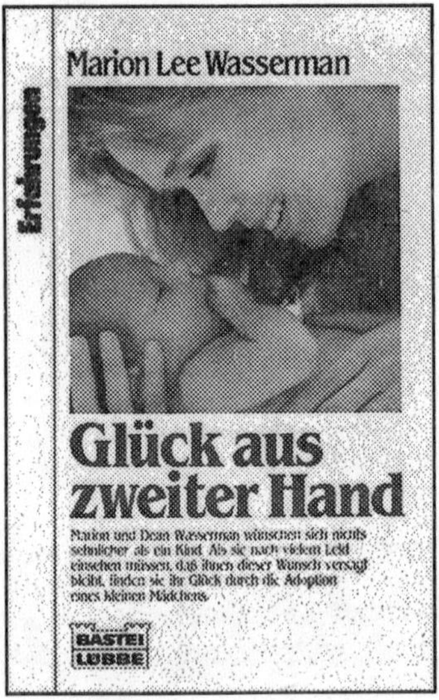

Viele Probleme und Rückschläge müssen Marion Lee Wasserman und ihr Mann überstehen, bevor sie endlich ihre kleine Adoptivtochter in den Armen halten dürfen.

Eine packende Autobiographie,

in der Probleme zwischen
Partnern aus verschiedenen
Kulturkreisen deutlich werden!

Als Band mit der Bestellnummer 61 130 erschien:

1984 fliegt Betty Mahmoody mit ihrer kleinen Tochter und ihrem persischen Ehemann in den Iran, um dessen Familie zu besuchen. Bereits nach kurzer Zeit muß sie feststellen, daß sich ihr Mann immer mehr verändert und keineswegs in die USA zurückkehren will. Ihre einzige Hoffnung ist die Flucht . . .

BASTEI LÜBBE